Zwischen allen Stühlen

Das Buch

Streitbar, irritierend und bodenständig führte er sein Amt: Franz-Josef Antwerpes hat sich immer eingemischt und mit den Leuten vor Ort geredet. Und ob es um Tagebau, Garzweiler II oder die Ladenschlußzeiten geht – kompetent und meinungsfreudig läßt Antwerpes mehr als zwanzig Jahre Amtszeit Revue passieren. Auch als Genießer zeigt er sich von seiner besten Seite: amüsante Exkurse zu Wein, Zigarren und dem richtigen Teewasser zeigen ihn als sinnenfreudigen und weltgewandten Menschen, der auch schon mal bei Fidel Castro eine Havanna raucht.

Der Autor

Franz-Josef Antwerpes, geb. 1934 in Viersen, SPD-Mitglied, war 1961–1968 im Viersener Stadtrat, 1962–1975 in der Stadtverwaltung Duisburg, 1965 Landesvorsitzender der Jusos in NRW, 1970–1978 Landtagsabgeordneter und 1978–1998 Regierungspräsident von Köln.

Franz-Josef Antwerpes

Zwischen allen Stühlen

Ungezähmte Erinnerungen
eines Regierungspräsidenten

Econ Taschenbuch

Abbildungsverzeichnis

Archiv Antwerpes S. 211, 279
Express, Köln S. 94/95, 216, 310
Olaf Hirschberg, Düsseldorf S. 129
Kölner Stadt-Anzeiger S. 75, 119, 176, 193 (Holnbovsky/Schiestel)
Kölnische Rundschau, / Stachowski, S. 85
Manfred Knopp, Bonn S. 116
Helmut Steickmann, Gummersbach, S. 250

Econ Taschenbücher erscheinen im Ullstein
Taschenbuchverlag, einem Unternehmen der
Econ Ullstein List Verlag GmbH & Co. KG, München

Lektorat: Andreas Graf, Köln
Umschlagkonzept: Büro Meyer & Schmidt, München – Jorge Schmidt
Umschlaggestaltung: DYADEsign, Düsseldorf
Titelabbildung: Max Grönert
Gesetzt aus der Walbaum, Linotype
Satz: Josefine Urban – KompetenzCenter, Düsseldorf
Druck und Bindearbeiten: Ebner Ulm
Printed in Germany
ISBN 3-548-75007-9

Inhalt

Vorwort zur Taschenbuchausgabe 11

I Von Viersen nach Duisburg – Wo alles begann 15

Wie wird »Antwerpes« betont? 17
Kleine Brötchen, blauer Pons 22
Statistik und Stadtentwicklung 29
Verwaltungsmann und Ratspolitiker 34
Meine Landtagsjahre 38
Exkurs über das Essen 45

II Köln, Kölner, am Kölnsten – Lokale und Patrioten 55

Wie ich Regierungspräsident wurde 57
Der erste RP in Köln: Friedrich Reichsgraf zu Solm-Laubach 62
Wie ich meiner Tochter »Milkstöpp« beibringen wollte 66
Das goldene Flügelauto 67
Die Stadt Köln und der RP 74
Der Garten des Regierungspräsidiums 83
Was ich vom Karneval halte 91
Exkurs über den Tee 99

III Verwaltung und Politik – Wirksam Handeln 103

Von Bürgermeistern und Stadtdirektoren 105
Autobahnsperren, Tempolimit, Verkehrskontrollen 125
Verkehr an sich 135
Garzweiler zwei 142
Denkmalschutz 149
Ladenschluß und Sonntagsruhe 156
Genehmigungsverfahren 164
Exkurs über Restaurants 168

IV Skandälchen und Skandale – Als medialer Autodidakt unterwegs 173

Die Medien und ich 175
Golf mit Handicap 185
Stillmutter Elfi 187
Storch Hansi 190
Reality TV 195
Einbürgerung von ausländischen Sportlern 198
Überkreuz mit dem Roten Kreuz 202
Die Kelly-Family 212
Das 20jährige Jubiläum und der Staatsanwalt 215
Exkurs über das Teewasser 220

V Wir in Nordrhein-Westfalen – Land, Verwaltung und Reformen 223

Die Landesverwaltung – und ihre Reform 225
Reform des Landtags? 234
Vom Landesrechnungshof 236
Die Landes-SPD 243
Johannes Rau 249
Exkurs über Hausabfälle 255

VI Über den Tellerrand – Europa, Kuba und wir 259

Euregio Maas-Rhein 261
Kuba und wir 269
Exkurs über das Rauchen 290
Ungarn 299
Reformen im übrigen 304
Exkurs über politische Moral 309
Meine Ehen 314

Namensregister 318

Vorwort zur Taschenbuchausgabe

*I*ch habe nicht damit gerechnet, daß meine Autobiographie soviel tausend Mal gedruckt wurde und als Leinenbuch sogar in der Kölner Bestseller-Liste stand – gleich mehrfach. Sie werden einwenden: »Und in Berlin?« Meine Antwort: »Die werden mich auch noch kennenlernen und demnächst lese ich auch dort.«

Da bin ich auch schon bei meinen Lesungen. Mehr als 10.000 Leute haben bei knapp 50 Lesungen feststellen müssen, daß ich überhaupt nicht las, sondern irgend etwas erzählte, was nur teilweise in der Autobiographie steht. Ich finde vorlesen langweilig, es sei denn, man kann es wie Gerd Westphal oder ähnliche Koryphäen.

Was mich am meisten überraschte, war der völlige Reinfall mit dem Titelbild. Da hatte man sich große Mühe gemacht, meinen Kopf in einen kurfürstlichen Hintergrund zu stellen. Man hatte extra das Gemälde des Clemens-August auf Schloß Augustusburg mit Hermelin geschmücktem Gewand fotografiert, aber kein noch so schlauer Betrachter hat da eine intellektuelle Verbindung gefunden, obwohl man mich gerne den Kurfürsten nannte. Ich habe sogar ein T-Shirt mit der Aufschrift »Mac Kurfürst«.

Ebenso überrascht war ich über die positiven Reaktionen der Medien. Nicht eine einzige vernichtende Kritik, noch nicht einmal zarter Tadel. Ich habe da den schlimmen Verdacht, die Journalisten haben nichts Sensationelles gefunden und nicht weitergelesen. Andere sind bei den Kochrezepten hängengeblieben und haben sich sofort hinter den Herd gestellt oder das nächste von mir empfohlene Restaurant aufgesucht. Von der Landesregierung hat sich auch keiner gemeldet. Ich habe sie wohl nicht scharf genug kritisiert.

Aber ich bin nicht wie Oskar, der nachtritt. Das sollte man nicht tun, auch wenn einem danach ist und wenn man dazu auch noch glaubt, recht zu haben.

Nach einem Jahr Ruhestand sehe ich auch manches gelassener, wie etwa die partielle Ineffektivität der öffentlichen Verwaltungen. Da werden Initiativen abgeblockt und oft angepaßte Figuren schnell befördert, damit sie besser ihren Herrn dienen können. Ich hätte mich jederzeit in Wut schreiben können. Schon der Gedanke an manches kleine Karo im Innenministerium. Kein Schotte trüge ein solches Muster.

Unabhängig von der politischen Zugehörigkeit verhalten sich politische Administratoren völlig gleich. Sowohl Kohl wie auch Rau hatten immer Leute um sich versammelt, die nicht als potentieller Brutus Messer in der Tasche hatten, um Cäsar zu stürzen. Sie haben es immer mit milderen Leuten gehalten, die auch in den Triumviraten zu Rom alle Umstürze überlebten. War Geißler eine Art Brutus, war Ackermann Lepidus? Und wenn Sie nicht wissen, wer Lepidus war, dann kann ich Ihnen auch nicht helfen.

Lesen Sie bitte mein vorletztes und besorgen sie sich anschließend mein nächstes Buch.

Demnächst schreibe ich einen Krimi und lasse darin mindestens fünf Minister auftauchen mit verschiedenen Aktenkoffern. Um Ähnlichkeiten zu vermeiden, verlege ich den Ort der Handlung nach Kanada, aber Vorsicht, da sitzt schon Herr Schreiber und zählt die Tausender.

»Was ein Regierungspräsident ist, wußte man in der Republik eine Zeitlang nur halbwegs. Daß er Vorsteher einer Bezirksregierung ist und daß Bezirksregierungen Mittelinstanzen darstellen zwischen Landesregierung und kommunaler Selbstverwaltung, ist ein viel zu komplexes Konstrukt, als daß die Vergnüglichkeit an gründlicher Aufklärung gemeinhin in den Himmel gewachsen wäre. Aber seitdem es Franz-Josef Antwerpes gibt, hat sich im Rheinland ganz spezifisch und in der Republik Schritt für Schritt das Informationsdefizit über dieses Amt erstaunlich reduziert: Antwerpes ist nicht bekannt durch das Amt des Regierungspräsidenten – das Amt des Regierungspräsidenten ist bekannt durch Franz-Josef Antwerpes!«

Rheinischer Merkur vom 17. April 1998

I

Von Viersen nach Duisburg – Wo alles begann

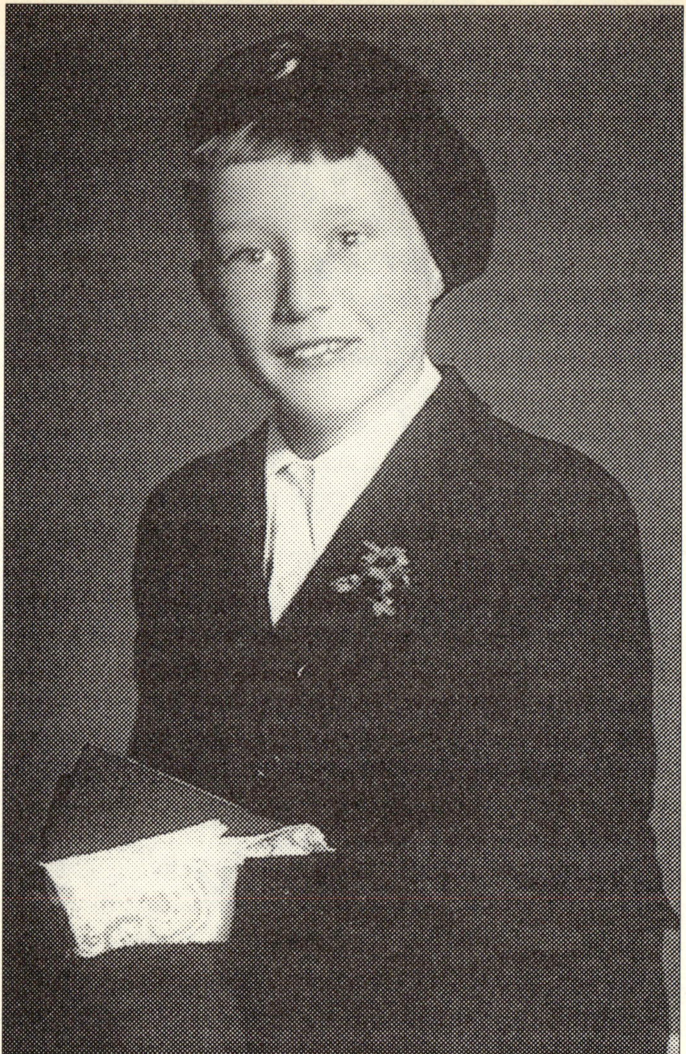

Wie wird »Antwerpes« betont?

(Auf der ersten Silbe)

Daß meine Vorfahren aus Antwerpen kommen, vermuten die meisten Leute sehr begründet. Sie müssen zwischen 1576 und 1578 vertrieben worden sein, und zwar vermutlich von Isabella, der Statthalterin der Spanier, bevor Herzog Alba kam, der zu den schlimmsten Typen der letzten 500 Jahre gehörte. Mehr als 30.000 Antwerpener, ganz unabhängig von ihrem Glauben, wurden von ihm aus den spanischen Niederlanden verjagt, weil sie König Philipp nicht huldigen wollten.

Mit den spanischen Habsburgern wollten nicht nur die Nordholländer wenig zu tun haben, zumal die importierte Inquisition die Leute scharenweise zu den Reformierten trieb. Meine Vorfahren blieben seltsamerweise katholisch, wechselten aber den unwirtlichen Ort, nach dem sie dann benannt wurden, und ließen sich Ende des 16. Jahrhunderts in Wegberg und Dülken am Niederrhein nieder.

Warum eigentlich Dülken? Weil dieser Ort, der heute zu Viersen, meiner Heimatstadt, gehört, im Herzogtum Jülich lag, das für seine liberale Haltung gegenüber Emigranten bekannt war. Ich erinnere beispielsweise an die Aachener Tuchweber, die sich nach Monschau absetzten und dort eine blühende Industrie begründeten. Monschau gehörte auch zu Jülich. Viersen war dagegen gelderisch. Das Herzogtum Geldern lag, so sagt man, mit den spanischen Habsburgern unter einer Decke.

Die Rubens' sind zum gleichen Zeitpunkt wie wir Antwerpes' aus Antwerpen rausgeflogen. Die hatten allerdings im Gegensatz zu meiner Familie bereits einen Namen und sind nach Köln gekommen. Dann hat es allerdings bei den Rubens' Knatsch gegeben. Er soff wohl reichlich, und die Frau ist nach Siegen verzogen, wo Peter-Paul geboren wurde. Nach einer Amnestie sind sie später zurück nach Antwerpen gegangen.

Meine Vorfahren haben immer »Antwerpes« geheißen und nicht »van Antwerpen« oder »Antwerpen«, von denen es eine ganze Reihe gibt. Die Antwerpes' sind eine kleine Sippe mit weniger als einem Dutzend Familien in Deutschland. Die meisten wohnen im Rheinland, und zwar wie eh und je am Niederrhein.

Der erste Antwerpes, den ich ganz genau dingfest machen konnte, war 1622 Zunftmeister der Bäcker in Dülken. 1655 war ein anderer Bürgermeister. Der erste hieß Jan, der Bürgermeister Peterken. Mein zweiter Sohn heißt Jan, der dritte hat als dritten Vornamen Peterken. Ein Name, der erst nach zähem Ringen mit einer Kölner Standesbeamtin durchgesetzt werden konnte. Ihr war dieser Name noch nie begegnet.

Woher ich das alles weiß, wollen Sie wissen? Mein Vater kannte noch nicht einmal den Namen seines Großvaters! Er wußte nur den Namen seines Vaters und konnte mir über unsere Familie nicht das geringste berichten. Da habe ich mir gesagt: Unser Name ist so selten, ich habe bisher in der ganzen Bundesrepublik kein halbes Dutzend Leute gefunden, die Antwerpes heißen, das muß doch rekonstruierbar sein. Also bin ich als 16jähriger Schüler mit dem Rad nach Wegberg gefahren. Ich erinnere mich noch genau daran, wie ich in den Kirchenbüchern von Wegberg nachgeguckt habe. Ich habe festgestellt, daß mein Großvater etwa Mitte 1885 nach Viersen gezogen ist und noch in Wegberg geboren war. In Wegberg habe ich herausgekriegt, daß die Antwerpes' dort insgesamt nur von 1750 bis 1880 gelebt haben. Sie waren über Dülken dorthin gekommen. Zufällig fiel mir dann eines Tages bei einer Ausstellung in Viersen ein Zunftbuch der dortigen Bäckerinnung in die Hände. Dort fand ich die Antwerpes'. So konnte ich genau an meine Recherchen in Wegberg anknüpfen. Damit hatte ich die Kette geschlossen. Der Hauptzweig der Sippe der Antwerpes' lebt in Viersen. Sechs der Familien entstammten dem Zweig meines Großvaters, zwei von einem Urgroßonkel aus Mönchengladbach.

Von mütterlicher Seite aus waren die Recherchen leichter. Die hatten schon einen kompletten Stammbaum. Die Familie – meine Mutter hieß Kesselburg – kommt aus der Provinz Gelderland in Holland. Im Grunde stammt also meine gesamte Familie aus den hispanischen Niederlanden, also dem klassischen Holland plus Belgien bis 1830. Die Familie der Mutter waren Burgsassen »op de Kesselburg«, also nichts Besonderes. Meine Großmutter mütterlicherseits ist Kölnerin. Damit ist also ein Viertel von mir aus Köln. Meine Eltern haben sogar in St.Aposteln in Köln geheiratet, obwohl sie in Viersen wohnten! Sie hatten immer einen starken Bezug zu Köln. Von den Niederrheinern wird Köln überhaupt als heimliche Hauptstadt empfunden, niemals Düsseldorf. Das nimmt man schon mit der Muttermilch auf. Ich auch. Köln war für mich immer *die* Stadt im Rheinland, nicht Düsseldorf. Meine Mutter hat noch am Mauritiussteinweg im Schreibwarengeschäft ihrer Großeltern gestanden und Konrad Adenauer bedient. Er galt übrigens als besonders kniepig, weil er jeden Pfennig nachzählte. Adenauer wohnte zwar seit 1911 in Lindenthal, Max-Bruch-Straße 6, später Max-Bruch-Straße 4, aber das Rathaus war in der Nähe des Mauritiussteinwegs. Deswegen kaufte er dort, also bei meiner Mutter, Bücher und Bleistifte.

Aber ich komme noch mal auf die Betonung zurück. Am Niederrhein sagt jeder, ohne es beigebracht zu bekommen, *Ant*werpes. Das ist richtig. Denn die Stadt wird im Niederländischen *Ant*werpen ausgesprochen, besser noch *Ant*werp, weil die Holländer und Flamen dazu neigen, das »en« wegzulassen. Der Name soll aus »An der Werp« entstanden sein. Die armen Schlucker, die sich keine »Warft«, also einen Hügel, wie auf den Halligen, leisten konnten, wohnten unterhalb dieser schützenden Erhebungen. Die Statue des sogenannten Handwerfers in Antwerpen ist eine Fehldeutung, wie Historiker herausgefunden haben. Ich jedenfalls wurde, je mehr ich im übrigen Deutschland herumkam, desto mehr mit Ant*werp*es angesprochen. Das ärgerte mich. Ich bin dieser Fehlbetonung jedoch nie Herr geworden. Obwohl auch der Literaturwissenschaftler Peter Wapnewski eindeutig feststellt: »Die germanische Anfangsbetonung fordert auch im Deutschen, daß die Namen auf der ersten Silbe betont werden.«

Ich erinnere mich beispielsweise an eine hitzige Auseinandersetzung mit dem damaligen Innenminister Burkhard Hirsch, FDP, im Koalitionsausschuß zwischen SPD und FDP in Nordrhein-Westfalen 1977. Wir lagen uns heftig in den Haaren, und meine Nebenleute erwarteten schon, ich würde über den Tisch springen und Herrn Hirsch körperlich nahe rücken. Da sagte ich schließlich im höchsten Zorn: »Was Ihre Argumente wert sind, Herr Dr. Hirsch, erkennt man daran, daß Sie noch nicht einmal meinen Namen richtig betonen können.« Seit diesem Tag nennt mich Burkhard Hirsch, den ich im übrigen für einen wahren Liberalen halte und sehr schätze, korrekt Herr *Ant*werpes.

Mein Gefecht um die richtige Betonung meines Namens erreichte aber erst 1990 seinen vorläufigen und einsamen Höhepunkt. Ich hatte mir interessehalber die Habilitationsschrift von Friedrich Schiller über den Abfall der Niederlande von der spanischen Krone als Hörspiel gekauft und entdeckte, daß von den vier Schauspielern, die als Sprecher fungierten, zwei die Betonung von *Ant*werpen richtig trafen, zwei nicht. Darauf schlug ich im Duden nach. Der Rechtschreibeduden entschied sich für Ant*werp*en. Der Fremdwörterduden für *Ant*werpen. Also selbst in der Duden-Redaktion: die helle Wirrnis.

Ein Brief an die Redaktion sollte weiterhelfen. Aber die Leute in Mannheim zogen sich pflaumenweich aus der Affäre, blieben ohne besondere Begründung bei Ant*werp*en, gestanden noch nicht einmal den Irrtum ein. Sie verwiesen auf Heil*bronn*, die Ignoranten! Und wie steht es mit *Ham*burg oder *Stutt*gart? So sitze ich mit der falschen Betonung in der Welt und habe es aufgegeben, die Sache weiter zu klären, und lasse es sogar zu, daß mittlerweile zwei Drittel aller Menschen meinen Namen falsch aussprechen – manchmal sogar mein Vorzimmer in voller Unschuld.

Einen kleinen Sieg habe ich aber davongetragen! Die Duden-Redaktion hat jetzt den Namen *Ant*werpen alternativ angeboten.

Kleine Brötchen, blauer Pons

Bürgermeister Peterken war ein ungewöhnlich erfolgreicher Mann, wie ich einmal gelesen habe. In meiner Familie gibt es eine Fülle von Gestalten, die alle, soweit ich das übersehen kann, offensichtlich nicht ohne beruflichen Erfolg waren. Es ging nicht gerade hoch hinaus, aber man stand mit beiden Beinen auf der Erde. Ich sage immer: Wir haben kleine Brötchen zu vernünftigen Preisen gebacken und auch verkauft. Es müssen ja nicht die größten sein.

Meinen Großvater, der auch schon Bäcker war, habe ich nicht gekannt. Er ist bereits 1916 gestorben. Mein Vater war der jüngste Sohn von zehn Kindern. Er war fünfzehn Jahre alt, als sein Vater starb. Die Bäckerei am Stadtrand von Viersen, Süchtelner Straße 148, ist zuerst eine Zeitlang von der Großmutter mit Hilfe von Gesellen geführt worden. Dann hat mein Vater diese Bäckerei Ende der zwanziger Jahre übernommen. Die anderen Geschwister sind weggezogen und haben anderwärts zum Teil ebenfalls Bäckereien aufgemacht.

Mit 59 Jahren hat mein Vater dann seine Bäckerei verkauft. Er war krank und konnte das nicht mehr. Bäcker, muß man wissen, wurden früher im allgemeinen nicht sehr alt. Kein Wunder, bei den Arbeitsbedingungen. Überall in der Backstube ist dieser Mehlstaub, offensichtlich einer der Gründe, warum Bäcker zum Beispiel schon mit Dreißig ihre Zähne verloren. Auch die Lunge wurde in Mitleidenschaft gezogen. Viele Bäcker sind an Lungenentzündung gestorben, auch mein Großvater. Dazu kam der ständige Temperaturwechsel. Eine Bäckerei besteht ja aus einem extrem heißen Bereich mit dem Backofen und einem Verkaufsteil, der kälter ist. Erkältungen waren an der Tagesordnung. Obwohl ich der einzige Sohn war, hat deshalb mein Vater gesagt: »Werde du nicht Bäcker.« Er wollte nicht, daß auch ich zum Beispiel samstags in der Nacht um zwei aufstehen mußte. An besonderen Tagen auch schon nachts um zwölf. Mein Vetter in Dülken stand bis vor kurzem noch jeden Samstag um zwei Uhr auf, oder auch schon um zwölf wie mein Vater. Wenn ich samstags gegen 13 Uhr zu ihm kam und meine Brötchen kaufte, dann schlief er schon.

Obwohl mein Vater also nicht wollte, daß ich Bäcker werde, hat er trotzdem gesagt: »Wenn mal Not am Mann ist, mußt du wissen, wie man Brot backt.« So habe ich zwar keine Lehre gemacht, aber ich kann bis heute Brot backen. Ich kann auch Brot aufgeben. Es ist übrigens gar nicht so einfach, zum Beispiel ein Wiener, das aus Weizenmehl hergestellt wird, in den Backofen hineinzuschieben, ohne es kaputtzumachen. Das habe ich alles gelernt. Ich habe mich viel in der Bäckerei aufgehalten, mein Vater brauchte mich gar nicht zu zwingen. Es hat mich einfach interessiert. Mein Vater war auch Konditor. Ich fütterte als kleiner Junge mit den Konditoreiwaren manchmal die Hühner, was sie dick und fett werden ließ. Mein Vater wunderte sich dann, daß die Hühner hinter mir herliefen wie hinter einem Heerführer.

Mein Vater mußte selbst an Sonntagabenden den Sauerteig verlängern. Er war immer unter dem Druck, daß seine Sauer kaputtgeht. Die Sauer muß ja geführt werden. Sie hält nur etwa 24 Stunden, dann muß sie weitergeführt werden, am besten über Jahre. Wenn der Sauerteig kaputt ist, muß man neuen ansetzen. Der Sauerteig bestimmt die Qualität von Oberländern, in einer bestimmten Mischung von Weizen und Roggen.

Er hat damals auch ein Mischbrot aus Sauerteig und Hefe gemacht, das die Bäcker haßten, weil es schwer hinzukriegen war. Sauerteig-Hefebrote haben den optimalen Geruch und Geschmack. Bei manchen Bäkkern heißen sie heute Schweizer Krustenbrote.

Daß ich nicht Bäcker wurde, sondern auf das Gymnasium ging, hatte aber auch mit meiner ehrgeizigen Mutter zu tun, die aus einer Familie stammte, in der bereits die älteste Schwester Zahnärztin geworden war. Ihr Mann war Zahnarzt auf den Alëuten und hatte sogar ein Buch geschrieben. Die zweitälteste Schwester war ebenfalls auf die höhere Schule gegangen, nur meine Mutter mußte mit der Untertertia von der Schule abgehen, weil es für die Großeltern zuviel war, drei Töchter auszubilden. Sie besaßen eine Brauerei und ein Wirtshaus mitten in der Viersener Innenstadt. Der Großvater belieferte auch andere Wirtshäuser. Sein eigenes Wirtshaus war ein prächtiges Gebäude, wunderschön, langgestreckt, aus dem vorigen Jahrhundert. Leider wurde es später abgerissen.

Meine Mutter sprach im Gegensatz zur Familie meines Vaters Hochdeutsch. Das gab es sonst in der Familie überhaupt nicht. Sie war die einzige in meiner Umgebung, die des Hochdeutschen wirklich mächtig war. Kein Mensch sprach Hochdeutsch, es sei denn die Leute trafen jemanden aus höheren Kreisen oder sie mußten sich auf Amtsstuben herumschlagen. Ansonsten sprach man Platt, mit ganz geringem Wortschatz, aber für die Verständigung hervorragend. Meine erste Sprache ist also gar nicht Hochdeutsch, sondern Niederdeutsch, und zwar dieses Niederfränkische von nördlich der Benrather Linie. Dieses Niederdeutsche ist dem Holländischen näher als dem Hochdeutschen. Auch heute spreche ich Platt, wenn ich in Viersen bin.

Zuerst ging ich in Viersen in die Volksschule. Dann kam das Gymnasium, ein altsprachliches Gymnasium mit neusprachlichem Zweig. Erzkonservativ. Ich bin auf der Penne oft unangenehm aufgefallen, was man den Betragensnoten entnehmen kann. Ich habe alle Zeugnisse aufgehoben. Auch meine Deutschaufsätze habe ich aus dem Keller der Schule geholt, als sie die als Altpapier wegtransportieren wollten.

1956 habe ich Abitur gemacht. Meine gesammelten Aufsätze stammen von 52 bis 56, also den ersten Jahren der Bundesrepublik. Ich erinnere mich an einen Deutschaufsatz mit dem Thema »Bin ich bereit, für etwas mein Leben einzusetzen? – Besinnungsaufsatz«. Ich habe auf zwei Seiten ziemlich kurz und bündig erklärt, nach sorgfältiger Prüfung aller Umstände und aller möglichen Werte, die man im Augenblick in Erwägung ziehen könnte, käme ich zu der Überzeugung, ich sei dazu nicht bereit. Der Aufsatz wurde sehr karg bewertet – mit drei oder drei minus. Meine Klassenkameraden dagegen starben für alles mögliche. Die waren bereit, für die Eltern, fürs Vaterland, für was weiß ich zu sterben, reihum. Das Klassenzimmer war nach dieser Deutscharbeit ein regelrechter Heldenfriedhof. Auf solchem Niveau wurde damals Deutschunterricht getrieben.

Ich war kein besonders guter Schüler. Mein bestes Zeugnis war das Abiturzeugnis. Das war zielgerichtete Arbeit gewesen. Weil ich so ein typischer Saisonarbeiter war, bin ich auch einmal sitzengeblieben. Ich hatte mir beim Handballspielen drei Monate vor Schluß des Schuljahres ein Bein gebrochen und mußte im Krankenhaus liegen, so daß ich den Stoff nicht mehr aufholen konnte. In der Schulhandballmannschaft war ich immer derjenige, der die meisten Tore warf. Dann standen alle am Rand und riefen »Fanny« – das war mein Spitzname. Ich sollte die Tore werfen, was mir manchmal auch gut gelang.

Unser Direktor hieß Schuwerack, ein sehr belesener Mann, der Philosophie und unter anderem auch katholische Religion unterrichtete. Er stellte die folgende abenteuerliche These zum Katholizismus auf: »Ich will Ihnen jetzt einmal erklären, was der Unterschied ist zwischen Katholiken und Evangelen. Merkt es euch.« Er neigte auch in der Oberstufe noch zum Duzen. »Also die Katholiken kommen, wenn sie sich anständig aufführen, auf einer Autobahn mit sieben Tankstellen zum Himmel. Die Evangelen müssen sich seitlich durch die Büsche schlagen, nur zwei Tankstellen, da nur zwei Sakramente.« Das war seine Vorstellung vom Unterschied zwischen Katholizismus und evangelischem Glauben. Das war kein Witz, der dachte tatsächlich so.

Allerdings hat der rheinische Katholizismus ja gottlob etwas sehr Antiklerikales. Er liebt das Prunkhafte und ist nicht allzu fromm. Ich bin als eine Art Milieukatholik aufgewachsen. Wunderbar. Ich habe das Weihrauchfaß geschwenkt, bin Meßdiener gewesen. Schon deswegen sind mir heute manche Äußerungen eines Herrn Meisner fremd. Das ist für mich eine ganz andere Welt. Warum ist der eigentlich Kardinal in meiner Kirche? Ich habe den doch gar nicht gewählt. Auf der Beerdigung des ehemaligen Ministerpräsidenten Kühn hatte ich ein Erlebnis mit Meisner. Graf Henckel zu Donnersmarck, der katholische Repräsentant im Landtag, ein ganz dicker Pater, kam zu mir und sagte: »Sie rauchen doch auch Havanna«, und er reichte mir ein Dobble Corona, ein sehr teures Machwerk. Da habe ich Herrn Henckel zu Donnersmarck versprochen, daß er von mir auch eine kriegt. Sofort mischte sich Herr Meisner in dieses Gespräch ein, ohne auch nur die geringste Ahnung von Dobble Corona, Pinar del Rio, Hoye de Monterey zu haben. Das kam mir merkwürdig vor.

Manchmal fand der Unterricht in meiner Schule übrigens in einem alten Pferdestall statt. Das war eine Dependance, weil wir nicht genügend Raum hatten. Eine Zeitlang hatten wir Jungen morgens Unterricht und die Mädchen nachmittags und umgekehrt, weil das Lyzeum im Krieg zerstört worden war. Wenn ich daran denke, wie heute manche in den Schulen jammern, kann ich darüber nur lachen. Schichtunterricht ist sogar am rationellsten. Die Schule ist dann ausgelastet. Wir sind damals dabei auch nicht verblödet.

Einmal hatten wir eine Lateinarbeit zu schreiben, die mir nicht behagte, weil der Lateinlehrer zu hohe Anforderungen stellte und uns, die durchschnittlichen Pfuscher, alle von drei auf fünf brachte. Und das kurz vor dem Abitur! Ein großes Unglück für unsere Noten. Dann kam der entscheidende Tag mit einer Arbeit, und wir wurden alle krank, die ganze Klasse. Wir waren alle mit Attesten ausgerüstet, aber alle sind bei der nachfolgenden Befragung umgefallen. Nur ich habe bis zum Schluß gesagt, ich sei tatsächlich krank gewesen. Ich war eben krank von dem Gedanken, die Arbeit schreiben zu müssen. Die Rettung kam dann durch die Abberufung dieses Lehrers. Der hatte die ganze Klasse auf Null gebracht. Wir haben uns bei dem alten Lehrer schnell wieder auf drei gedient.

Ich hatte einen etwas anderen Pons als meine Kollegen. Meine Schulkameraden hatten immer den gelben Pons, aus dem sie abschrieben, und deshalb hatten sie immer gleichlautende Formulierungen. Deswegen hatte ich mir den blau-grauen Pons besorgt, den Schulmann, ein etwas exotischer Pons, der eine andere Sprache hatte. Und so fiel es nicht so sehr auf,

wenn ich abschrieb. Dafür lobte mich dann mal der Lateinlehrer wegen des schönen Stils. Aber ganz sicher war er wohl nicht, ob das von mir stammte.
In der Untertertia hatte ich einmal in Mathematik eine Aufgabe zu lösen, die eine ganz unbekannte Rechenart voraussetzte. Ich nehme an, aus der Funktionslehre. Ich habe die Aufgabe als einziger gelöst, indem ich geknobelt habe. Der Mathelehrer Jansen kam nach vorne und sagte: »Der Antwerpes ist der einzige hier in der ganzen Klasse, der die Aufgabe richtig gelöst hat. Was sagt ihr dazu?« Sie guckten alle sehr verwundert, aber ich war stolz wie Oskar. Und da sagte er: »Dies ist der typische Fall, daß ein blindes Huhn auch mal ein Korn findet.«

Statistik und Stadtentwickung

Zur Bundeswehr brauchte ich nicht, ich war ein sogenannter weißer Jahrgang. Ich habe überlegt, was ich studieren wollte, und mich für Volkswirtschaft entschieden: Mich interessierten Zahlen, Statistiken, Kosten. Mit Leidenschaft habe ich schon damals immer Kostenberechnungen angestellt. Mein erstes Semester verbrachte ich an der Universität Frankfurt, weil da ein Schulkamerad mitging. Frankfurt war damals bekannt dafür, daß es besonders gute Kostenrechner hatte und führend in der Buchhaltung war. Ich hatte einen regelrechten Hang zu diesen Dingen und habe auch schon im ersten Semester verschiedene Scheine in Buchhaltung und Statistik gemacht.

Im Regierungspräsidium beherrscht heute kaum einer Statistik. Juristen lernen das nicht. Ich raufe mir immer die Haare, wenn die Behörden zum Beispiel eine Verkehrsstatistik benötigen. Die sind nicht in der Lage, eine Korrelation zu bilden. Das macht mich ganz krank. Da herrscht offensichtlich auch ein Mangel in der Ausbildung des gehobenen Dienstes. Es gibt hier im Amt höchstens sechs oder acht Wirtschaftswissenschaftler, die Statistik beherrschen.

Danach habe ich bis 1959 in Köln Jura studiert, Scheine gemacht, die Zwischenprüfungen, aber dann erkrankte mein Vater schwer. Ich sollte mein Studium sofort beenden bzw. abbrechen, obwohl ich es zum großen Teil selbst finanziert hatte. Auch meine Mutter erkrankte fast zur gleichen Zeit. Das war eine ganz schwierige Lage, und ich habe gedacht: Ich muß sehen, daß ich ganz schnell fertig werde. Deswegen bin ich von Köln nach Graz gegangen und habe dort innerhalb von vier Semestern, insgesamt also acht Semestern, promoviert.

Ich habe mir dann sofort eine Stelle gesucht und landete beim Internationalen Wollsekretariat in Düsseldorf. Dort war eine Stelle für Marketing, volkswirtschaftliche Abteilung, ausgeschrieben, und ich habe mich sofort beworben. Sie haben mich genommen. Später wurde mir aber gesagt: Glauben Sie ja nicht, daß wir Sie eingestellt haben, weil Sie so gut sind. Nein, wir haben Sie genommen, a) weil Sie den Doktortitel haben, das haben die meisten nicht, und b) weil sie groß sind, das brauchen wir, wenn die australischen, neuseeländischen und südafrikanischen Wollbarone mit ihren Söhnen kommen. Die wollen keine Brünetten oder Schwarzhaarigen treffen, die haben ein bestimmtes Bild vom Deutschen, und wenn sie mit uns zu tun haben, dann wollen die einen Gesprächspartner nach ihrer Vorstellung: einen großen blonden Deutschen. Und damals war man mit einsfünfundachtzig groß, heute ist man da nur noch Mittelmaß.

Die Arbeit in der Marketingabteilung hat mir großen Spaß gemacht. Ich habe für damalige Verhältnisse gut verdient. Dann sollte ich nach London gehen, wollte das aber nicht wegen meiner Familie. Und so wechselte ich zu den Stadtwerken Duisburg. Das wiederum hat eine Vorgeschichte.

Meine erste Frau hatte ich noch als Schüler über eine Annonce kennengelernt. Ich hatte aus Jux mit einem guten Freund in der Schule in der »Constanze« eine Anzeige aufgegeben: »Endzehner sucht nette Brieffreundin.« Das las meine spätere Frau in einem Ruderboot auf einem Holsteiner See in der Nähe von Bad Segeberg, wo sie bei Verwandten zu Besuch war.

Sie schrieb mir, obwohl die Eltern ihr so etwas strikt verboten hatten. So habe ich sie am 14. August 1953 um 15 Uhr auf dem Bahnsteig 3 des Duisburger Bahnhofs kennengelernt. Als ich dann Vater wurde, heirateten wir. Das gehörte sich damals so. Es brachte mich während des Studiums aber in die allergrößten Schwierigkeiten, denn ich mußte neben dem Studium noch meine Familie ernähren. Meine Frau arbeitete im Planungsamt der Stadt Duisburg als Stenotypistin BAT VIII, und so kam es, daß ich während der Semesterferien häufig beim Statistischen Amt für die Volkszählung und bei allen anderen Mikrozensen tätig war und mir als Student etwas dazu verdiente.

Über mich erschien damals in der Zeitung ein Artikel, in dem ich als »Spion« entlarvt wurde. Ich hatte nämlich meine Arbeitsstätte fotografieren wollen, die im Polizeipräsidium lag. Ein reiner Zufall. Sofort wurde ich von einigen Polizisten umringt und als Spion verdächtigt. Das gelangte über meinen Zimmernachbarn an die Zeitung. Und für diesen Artikel wollte mich auch noch die Amtsleiterin rügen, was mich empörte. An diesen Vorfall erinnerte sich Jahre später jener Beigeordnete, der für das Statistische Amt zuständig war, und er fragte mich, ob ich nicht sein persönlicher Referent werden wollte. Der Posten war gut bezahlt, ein schönes Angebot. Ich verbesserte mich im Gehalt um 50 Prozent. So bin ich in der Stadtverwaltung Duisburg gelandet.

Der Beigeordnete war für wirtschaftliche Betätigungen der Kommune, für Wohnungswirtschaft, die Stadtwerke, die Verkehrsbetriebe, den Hafen und eine Menge andere Beteiligungen der Stadt zuständig. Die Stadtwerke hatten eine Stadtwerkeleitung, das war ein Eigenbetrieb. Einer der Leiter war entlassen worden, weil er hinter seiner Vorzimmerdame hergewesen sein soll, und der zweite Leiter hatte Silberkännchen in manchen europäischen Hotels geklaut, ein Kleptomane *comme il faut*. Der mußte auch entlassen werden. Also mußte plötzlich mein Chef die Werkleitung der 1.500 Mitarbeiter umfassenden Stadtwerke übernehmen, wofür er aber gar keine Zeit hatte. Das überließ er dem 27jährigen Antwerpes. Der machte das dann, bis der neue Werkleiter kam. So habe ich zweieinhalb Jahre einen großen Teil der Aufgaben der Stadtwerke miterledigt. Der Laden war mir gerade groß genug. Das war eine faszinierende Zeit, in der ich gelernt habe, mit so einer Institution umzugehen. Mein Chef wurde dann Kämmerer, und ich habe auch in der Kämmerei gearbeitet. Dann wurde er Oberstadtdirektor, und ich wurde auch dort sein persönlicher Referent. Zuletzt war ich Leiter des Städtischen Planungsstabes, der zwanzig Mann umfaßte und sich mit Stadtentwicklung beschäftigte. Das war die erste städtische Institution in der Bundesrepublik, die sich mit Stadt*entwicklung* beschäftigte, nicht mit Stadtplanung. Aus allen Städten Deutschlands kamen Politiker und Verwaltungsleute zu uns gepilgert.

Ich blieb von 1962 bis 1975 in Duisburg. Beigeordneter bin ich übrigens dort nicht geworden. Das war auch nicht nötig, denn ich hatte als Angestellter der Stadt einen beamtenähnlichen Vertrag, der so gut war, daß meine Sehnsucht nach einem Beigeordnetenposten verhältnismäßig klein war. Es hätte politisch mehr Ärger bereitet, und ich wäre in der Hierarchie zurückgefallen. So war ich unterhalb des Oberstadtdirektors ein recht einflußreicher Mitarbeiter. Als ich 1970 nach dreimaliger Kandidatur auch noch in den Landtag kam, allerdings über meine Heimatstadt Viersen, war ich an der Gebietsreform beteiligt, die auch Duisburg betraf. Danach hatte ich in Duisburg innerhalb von zwei Jahren plötzlich einen Bekanntheitsgrad von 17 Prozent. Mich kannten also mehr als 100.000 Leute.

Ich habe die Stadt ziemlich umgemodelt, das war ein dramatischer Prozeß: Rheinhausen, Homberg, Rumeln-Kaldenhausen, Walsum und Baerl kamen zu Duisburg. Duisburg hat damals bei der Gebietsreform die meisten Einwohner dazubekommen, mehr als Köln. Ich saß im entscheidenden Zehnerclub im Landtag, unter anderem mit John van Nes Ziegler aus Köln. Schließlich bot man mir 1975 in der Duisburger SPD einen Wahlkreis an. Man hätte in Duisburg aber auch einen Besenstiel hinstellen können, der wäre auch gewählt worden. Ich konnte also nicht ablehnen, obwohl ich dadurch aus der Stadtverwaltung ausscheiden mußte, weil 1974 das Rechtstellungsgesetz im Landtag – gegen meine Stimme – verabschiedet worden war, das solche Doppelfunktionen nicht mehr erlaubte.

Verwaltungsmann und Ratspolitiker

In Duisburg habe ich zunächst nur in der Verwaltung gearbeitet. Erst als ich in den Landtag gewählt wurde, kam es zu einer Verknüpfung von Politik und Verwaltung, die an sich sehr günstig ist. In diesem Bereich liegen meine Fähigkeiten, das habe ich erkannt.

Der damalige Oberbürgermeister Walter Möller wollte mich nach Frankfurt holen. Der spätere Ministerpräsident und heutige Finanzminister Hans Eichel aus Hessen – ich erinnere mich noch genau – wollte mich zum Oberbürgermeister von Kassel machen. Zunächst sollte ich dort Kämmerer werden. Später ist er selbst Oberbürgermeister geworden. In Kassel war die Kämmererstelle B 4. Ich saß damals in Duisburg mit BAT I herum, nicht schlecht bezahlt, aber unterbezahlt. Also habe ich den Duisburgern gesagt: Ich gehe jetzt nach Kassel, ich kriege da B 4, und Möller in Frankfurt hat mir B 3 geboten. Nur ihr bezahlt mich so schlecht, dabei bin ich doch so gut! Wenn ich allerdings hier mehr Geld bekomme, bleibe ich. Sie waren sehr zögerlich, wollten nicht plötzlich mein Einkommen von 1.700 auf 3.500 verdoppeln. Das war für damalige Verhältnisse viel Geld. Sie machten nicht voran mit ihrer Entscheidung, und ich habe mich geärgert. Eines morgens bin ich dann mit meinem Renault Dauphine nach Duisburg gefahren. Als ich die Duisburger Stadtgrenze überschritten hatte, habe ich das erste Telefonhäuschen in Duisburg benutzt, in Mündelheim, von Viersen aus wäre es ja noch ein Ferngespräch gewesen, habe 20 Pfennig eingeworfen und den SPD-Fraktionsvorsitzenden Ernst Ermert angerufen: »Ernst, jetzt guck mal, daß das läuft, sonst bin ich weg. Ich warte nicht mehr lange. Sieh zu, daß das in den nächsten Rat kommt.« Das hat der Ernst dann gemacht, also bin ich in Duisburg geblieben. In Duisburg bekam ich dann zunächst B 3, nach einem halben Jahr B 4.

Im Rat in Viersen bin ich neun Jahre gewesen, dreizehn Jahre in der Kommunalverwaltung in Duisburg. Das sind zusammen immerhin 22 Jahre Erfahrung. Deswegen konnte mir hier in Köln keiner von den Kommunalen ein X für ein U vormachen. Ich kenne mich ziemlich aus. Das ist für einen Regierungspräsidenten wichtig. Das ist etwas, das ich den meisten Kollegen in Nordrhein-Westfalen und anderen Bundesländern voraushabe. Die Kollegen versuchen das teilweise dadurch zu kompensieren, daß sie mit den Gemeinden besonders pfleglich umgehen und versuchen, sich in deren Lage hineinzuversetzen. Dadurch werden sie oft zu beredten Vertretern der Gemeinde gegenüber dem Land. Das mache ich überhaupt nicht. Ich bin allgemeiner Vertreter der Landesregierung.

Ich kenne aber die Probleme der Gemeinden. Und aufgrund meiner Erfahrung in den Kommunen rede ich mit denen, wie mir der Schnabel gewachsen ist: immer gleich hart zur Sache. Das ist ein ganz wichtiger Punkt. Wenn mir beispielsweise einer was von einem Sparkassenrat erzählt, dann lache ich mich tot. Ich war neun Jahre Sparkassenrat, ich weiß, wie die Finanzen da durchgelaufen sind. Und wie »sachkundig« die Herrschaften waren, die im Rat sitzen. Mir braucht kein Sparkassendirektor etwas von der Wichtigkeit seines Verwaltungsrates zu erzählen. Der Revisionsdirektor in Viersen hätte beinahe mal einen Herzinfarkt gekriegt, als ich ihm sagte: Ich fechte die Bilanz an, die Wertberichtigungen stimmen nicht. Sie betrügen den

Gewährträger. Sie schütten 10 Prozent aus und könnten 15 Prozent ausschütten, weil Sie die Bilanz zugunsten der Sparkasse und zu Ungunsten des Gewährträgers frisiert haben. Die haben einen regelrechten Schock gekriegt. Seitdem behandelten mich die Sparkassendirektoren dort in Viersen wie ein rohes Ei.

Viele wissen gar nicht, wie eine Bilanz aussieht, und kennen diese Finessen nicht. Dabei sind das immer dieselben Tricks. Man braucht da nicht besonders intelligent zu sein, man muß sie nur kennen. Ich habe in meiner Duisburger Zeit jahrelang Bilanzen auswerten müssen, Cash-flow usw. Meine Vergangenheit als Ratspolitiker und Verwaltungsmann ist also für meinen Posten als Regierungspräsident ein hervorragender Erfahrungsschatz. Das erklärt auch, warum ich hier sehr autonom agiere. Viele meiner süddeutschen Kollegen fragen mich zum Beispiel: Können Sie sich das denn alles leisten, werden Sie nicht vom Innenminister zurückgepfiffen oder vom Ministerpräsidenten ermahnt?

Manchmal werde ich allerdings ermahnt, und das landet dann in meiner Personalakte. Die ist ohnehin dick, schätze ich. Sie haben mich ständig im Blick. Als ich mal angeblich zu einem Busfahrer Arschloch gesagt haben soll, was nie geschehen ist, lag der entsprechende Zeitungsausschnitt beim Staatssekretär im Justizministerium – um das Ganze zu beobachten, wie mir ein guter Bekannter aus dem Ministerium, der dicke Richter, mitteilte. Ich sagte zu ihm: »Hat der Staatssekretär nichts anderes zu tun, als so einen Unflat abzuheften und mich zu verfolgen für Dinge, die ich nie gesagt habe?« Sagte der dicke Horst Richter, den ich noch von Juso-Zeiten her kenne: »Als ich das gelesen habe, dachte ich, das hat der Antwerpes sicher gesagt. Auf jeden Fall hätte er es sagen können.

Ich war nicht sicher, ob du es tatsächlich gesagt hast, aber zuzutrauen wäre es dir. Deswegen haben wir erst einmal eine Akte angelegt.« Ich sagte: »Schließt sie wieder.«

Mein Umgang mit der Landesregierung ist also nicht ohne Reiz, wie man sieht.

Meine Landtagsjahre

*M*an muß klein anfangen, vor allem, wenn man in der Diaspora lebt. Viersen, meine Heimatstadt, wählte meist brav über 50 Prozent CDU und um 35 Prozent SPD, der Rest FDP und Sonstige. Auch bei Landtagswahlen verhielten sich die Wähler danach – zu meinem großen Leidwesen. In der festen Überzeugung, meine Gegenkandidaten, die nette Leute waren, weit zu überragen, kämpfte ich als Kandidat der SPD wie wild, und am Wahlabend schrumpfte ich dann auf meine natürliche Größe zurück.

Ich bin 1956 sofort nach dem Abitur in die SPD eingetreten. Das Motiv war damals für mich die Anti-Atom-Kampagne. Die SPD spielte darin eine führende Rolle. In der Untersekunda war ich noch teilweise für Adenauer gewesen, schon weil meine Mutter ihm Bleistifte verkauft hatte. Konflikte mit meinem Vater gab es darüber nicht. Er war ein ausgesprochen liberaler Mann, was auch zu meiner Hinwendung zur SPD beigetragen hat. Er ist übrigens nie Nazi gewesen. Er mochte die Nazis einfach nicht, hielt sie für mittelmäßig und wollte mit ihnen nichts zu tun haben. Meine Onkels dagegen neigten mehr zu den Uniformen. Allerdings auch nur, weil man das nun mal als Kaufmann, auch als Bäcker einfach machte. Man ging eben mit. Mein Vater war während der ganzen NS-Zeit Bäcker. Nur 1939 war er Soldat. Übrigens war er einer derjenigen, die das »Glück« hatten, gleich zwei Weltkriege mitzuerleben. 1940 hat man ihn u. k. gestellt.

Mein Vater ist wenige Jahre vor seinem Tod auch in die SPD eingetreten. Vorher, meinte er, dominierten zu viele Ballonmützen. Die SPD von 1959 war nun die SPD des Godesberger Programms geworden, die Partei einer neuen Wirtschaftspolitik. Ich bin der jüngste Delegierte des Godesberger Parteitages gewesen. Nach meinem Eintritt 1956 wurde ich bei den Jungsozialisten zuerst stellvertretender Schriftführer. Mein Bemühen, in der Partei Karriere zu machen, scheiterte erst einmal daran, daß andere das gar nicht wollten. Die hatten gar nicht auf mich gewartet. Vier Jahre später war ich aber Vorsitzender im Ortsverein Viersen. Der vorherige Ortsvereinsvorsitzende war in die DDR entflohen. Ich bin aber nicht etwa gewählt worden, weil ich der einzige Abiturient war oder studierte. Ich bin gewählt worden, weil ich mit den Parteimitgliedern Platt sprach! Ich konnte mit denen so reden, wie sie reden wollten. Ich habe diese Arbeit im Ortsverein aber immer nebenher betrieben, auch als ich später Landtagsmitglied wurde. Die Landtagstätigkeit, die damals viel intensiver war als heute, weil die Gebietsreform und die Funktionalreform anstanden, hat mich schon genug strapaziert. Das reichte als Nebenjob neben dem Beruf.

1958 wollte ich das erste Mal antreten. Dummerweise konnte damals nur jemand gewählt werden, der mindestens 25 Jahre alt war. Erst in den achtziger Jahren wurde das passive Wahlalter auf 21, später auf 18 Jahre gesenkt. Ich zählte damals erst 23 1/2 Lenze. Fehlanzeige.

Aber 1962 war es dann soweit. Erst mußten mich meine Viersener Genossen aufstellen, das ging noch ziemlich reibungslos. Der Wahlkreis umfaßte jedoch neben Alt-Viersen, klein und kreisfrei, noch den Nordteil von Mönchengladbach. Dummerweise besaßen die Gladbacher Genossen die Mehrheit der Delegierten, und ich hatte meine liebe Not, sie von meinen Qualitäten zu überzeugen.

Die Landtagswahl endete mit dem üblichen Fiasko, in doppelter Hinsicht. Einmal stimmten die Wähler wieder nur mit einem Drittel für die SPD, also durchgefallen, zum anderen landete ich auf Platz 71 der Reserveliste, die damals für die SPD höchstens bis Platz 20 zog. In Nordrhein-Westfalen werden drei Viertel der Mandate direkt vergeben, nur ein Viertel über die Liste. Das System gibt es sonst in keinem anderen Bundesland und benachteiligt eklatant die Kandidaten in der Diaspora. Die konnten so gut sein wie sie wollten, in den allermeisten Fällen fielen sie hinten runter.

Diese Regelung halte ich übrigens für einen großen Mangel des Wahlsystems. 150 Direktmandate und 51 Listenplätze sind für die Zusammensetzung des Landtages außerordentlich problematisch, denn über Listen kommen Fachleute in den Landtag, die auf vielen Gebieten gebraucht werden. Oder auch Leute, die sich jahrelang innerhalb der Partei herumgequält haben und sonst niemals eine Chance haben. Es sind oft wertvolle Leute, die auf Dauer das Handtuch schmeißen. Der Landtag in Nordrhein-Westfalen wäre mit 100 Abgeordneten bzw. 101, damit es kein Patt gibt, gut bedient. Auch vom Umfang der Tätigkeit her. 221 Landtagssitze, wie im Moment, sind viel zu viele.

Den Platz 71 der Reserveliste im Jahr 1962 verdankte ich meinem persönlichen Gegner von damals, Erwin Lange aus Essen. Ein strammer Bezirksvorsitzender, der anderer Leute Meinung nur beiläufig zur Kenntnis nahm – es sei denn, sie hätten die Mehrheit. Die hatte ich damals nicht. Der Unterbezirk Viersen durfte nicht einmal einen Delegierten auf den Bezirksparteitag entsenden, so klein war er mit 130 Mitgliedern. Essen hatte rund 10.000 Mitglieder. Da weiß man gleich, wer die besseren Argumente hat.

Dieser Reinfall brachte mich nicht aus der Ruhe. Noch im gleichen 62er Jahr rückte ich zum Bezirksvorsitzenden der Jungsozialisten Niederrhein hoch, was meinen Unbekanntheitsgrad etwas minderte. Und als 1966 die nächste Kür anstand, wieder als Kandidat in Viersen und Mönchengladbach, stand ich immerhin schon mal auf Platz 31 der Reserveliste. Aber das Wahlvolk zog nicht ganz mit. Fast 50 Prozent bekam die SPD, und 99 von 200 Mandaten eroberte sie im Landtag – dummerweise alle direkt, so daß kein Listenplatz zog.

1958 kam Johannes Rau in den Landtag, ich war zu jung; 1962 Friedel Neuber, indem er als lachender Dritter bei einer Kandidatur in Rheinhausen obsiegte. Johannes Rau wurde Minister, später, 1978, Ministerpräsident; Friedel Neuber Präsident des Rheinischen Sparkassen- und Giroverbandes, später Vorstandsvorsitzender der WestLB. Während also gute Zeitgenossen ihrer politischen Karriere einen schönen Schub geben konnten, buddelte ich immer noch an meinen Startlöchern.

1970 kam schließlich der dritte Anlauf. Wieder wurde mein Gegenkandidat gewählt, ein freundlicher Christdemokrat aus Viersen, Josef Schürgers. Aber dessen Freundlichkeit nutzte mir nichts, vielmehr die Reserveliste, da hatte ich mich auf Platz 15 vorgearbeitet, und in einer Kampfabstimmung im Bezirksvorstand Niederrhein (= Regierungsbezirk Düsseldorf) konnte ich den von mir sehr geschätzten Fritz Halstenberg schlagen, der seine Position als Chef der Staatskanzlei gerne mit dem Ministeramt getauscht hätte. Was ihm einige Jahre später auch gelang, als er 1972/73 in den Landtag nachrückte.

Eine glückliche Konstellation brachte es mit sich, daß ich schon 1971, als Neuling, Sprecher der SPD-

Fraktion für Verwaltungsreform wurde und dem berüchtigten »Zehnerclub« angehörte, der die Weichen für die kommende Gebietsreform stellte. Ihm gehörten, neben je drei Mitgliedern der SPD und der FDP, also Regierungskoalitionäre, auch drei CDU-Abgeordnete an, u. a. Bernhard Worms, der spätere Spitzenkandidat der CDU. Daß ich in dieses Gremium kam, verdanke ich der abgrundtiefen Abneigung, die der damalige SPD-Fraktionsvorsitzende Fritz Kaßmann gegen die Gebietsreform hegte. Er wollte nicht in diesen »Club«, also bekam der Sprecher den Platz, und das war ich.

Der Landtag besorgte die Neugliederung nach dem »Einheitsmodell«, also nichts Neues. Keine regionalen Zusammenschlüsse, nur Maßstabsvergrößerungen. Würde man heute – wenn überhaupt – noch einmal neu gliedern, wäre mit Sicherheit das von Willy Weyer favorisierte Städteverbandsmodell zum Zuge gekommen. Aber viele einflußreiche Menschen sorgten für das einfachere, klassische Modell. Fritz Halstenberg brachte mir bei einer entscheidenden Abstimmung in der SPD-Fraktion eine fiese Niederlage bei. Er wollte den Städteverband nicht. Er wollte zwar auch die Einheitsgemeinde nicht aufleben lassen, aber er wollte das Ruhrgebiet als echten Kommunalverband. Doch dieses gigantische Fünf-Millionen-Modell bekam er nicht. Dazu habe ich beigetragen. Schließlich galt es auch, eine Scharte auszuwetzen. Aber hätte es von Duisburg bis Dortmund ein Riesenstadtgebilde gegeben, könnte man den Rest von Nordrhein-Westfalen vergessen, gleichfalls die Landesregierung. Der Direktor dieses Ruhrgebietsverbandes hätte dem Ministerpräsidenten schon morgens gesagt, was er mittags zu tun hätte.

Rückblickend bleibt festzuhalten, daß die Gebietsreform aus Miniaturgemeinden kräftige, selbstbewußte kommunale Körperschaften gemacht hat, die fast alle ihre Haushalte ausgleichen konnten. Die regionalen Probleme der zentralen Dienstleistungen, etwa für Ver- und Entsorgung, haben sie zwar nur sehr unvollkommen gelöst, dafür hätte man Städteverbände schaffen müssen. Doch die waren nicht durchzusetzen. Andere Bundesländer, das ist ein kleines Trostpflaster, haben bei der Gebietsreform viel zu kleine Einheiten hinterlassen oder Verschachtelungen gewählt, wie die Verbandsgemeinden in Rheinland-Pfalz.

Übrigens habe ich mich auch im Ausschuß für Landesplanung getummelt, einem Steckenpferd von mir. Wir haben dort damals, durch den genialischen Staatssekretär Fritz Halstenberg, der es verstand, auch die CDU als Opposition immer mit einzubinden, die fortschrittlichste Landesplanung in der Bundesrepublik auf die Beine gestellt. Die Landesentwicklungspläne und auch die Schaffung der Bezirksplanungsräte, die die Sachherrschaft über die Gebietsentwicklungspläne haben, gehören dazu.

Im Jahr 1975 war die Gebietsreform beendet, und es wurde wieder gewählt. Diesmal kandidierte ich in Duisburg in einem todsicheren SPD-Wahlkreis in der Stadtmitte, und die Reserveliste war für mich nicht mehr von Belang. Ich blieb im Landtag, hatte aber etwas überzogene Vorstellungen von dem zweiten und dritten Teil der Verwaltungsreform, nämlich der Funktional- und Finanzreform. Ich begab mich in den Haushalts- und Finanzausschuß, um zu helfen, dieses Werk in Gang zu setzen. Die Funktionalreform zeigte jedoch nur mühsame Ergebnisse. Eines davon, die Eingliederung der beiden Schulkollegien in Düsseldorf und Münster in die Bezirksregierungen, wurde erst zehn Jahre später, 1985, realisiert. Natürlich ohne mein Mitwirken. Es wurden ein paar Behörden zusammengelegt, anderes ließ man mangels Mehrheit sein. Es gab kein einheitliches Konzept mehr und auch kein besonderes allgemeines Interesse. Übermäßiger finanzieller Druck, wie später, war auch noch nicht vorhanden. Da kam Frust auf, obgleich ich 1975 zu einem der stellvertretenden Fraktionsvorsitzenden gewählt wurde und sogar ein eigenes Büro besaß. Damals eine Seltenheit als Abgeordneter.

Vielleicht hätte ich besser daran getan, zum Fraktionsvorsitzenden zu kandidieren. Ein Amt, zu dem ich aber keine besondere Neigung verspürte, denn ich wollte in Duisburg Oberstadtdirektor werden. Doch soweit kam es nicht.

Exkurs über das Essen

Ich bin verhältnismäßig schlank. Bei 1,85 m Körpergröße schwankt mein Gewicht seit 30 Jahren zwischen 80 und 86 kg. Im Augenblick bin ich an der obersten Grenze, vermutlich wegen meiner Vorliebe für »Mama-Bier«. Falls Sie nicht wissen, was »Mama-Bier« ist: dabei handelt es sich um alkoholloses Malzbier, das viel Zucker enthält und richtig mästet. Die meisten Leute meinen, sie könnten alles essen, ohne dick zu werden. Die täuschen sich. Ich will nun keinen wohlgenährten Menschen total entmutigen, indem ich ihm zurufe: In 90 Prozent aller Fälle bürdest du dir zu viele Kalorien auf, hungerst am Morgen, stehst noch den Mittag halbwegs durch, schlägst beim Abendessen voll zu, und nachts ist der Kühlschrank nicht mehr sicher.

Das gute Essen zu schätzen, habe ich von meinem Vater gelernt, der ja Bäckermeister war. Kuchen stellte er mit Zutaten her, die er mit teilweise winzigen Gewichten portionierte. Er kannte keine Prisen, keine Handvoll, auch nicht ungefähr oder circa. Alles mußte genau stimmen, und das Brot schmeckte, die Kuchen ebenso.

Ich erinnere mich daran, daß es im Krieg und lange Zeit danach einmal in der Woche Milchsuppe gab. Schön angedickt, mit Birnen oder Äpfeln. Ich konnte diese Suppe mit der Zeit nicht mehr sehen, geschweige denn essen. Und dann war da noch der Speck in allen Variationen. Wer schwer arbeiten muß, und das gilt für Bäcker noch heute, braucht auch viel Fett. Also gab es Speck, genauer gesagt Schinkenspeck, von

Schweinen, die mein Vater selbst zog und schlachtete. Damals gab es noch keine »Magerschweine«, die bei einem harten Wort zusammenbrechen, weil sie den Streß nicht mehr ertragen. Es waren wohlgenährte Apparate. Gleich am Abend des Schlachtens gab es »Kabenad«, ein plattdeutsches Wort für »Karbonade«, kleine Stücke Schweinefleisch im eigenen Fett gebraten, lecker. Der Schinkenspeck verfolgte mich, und wie bei der Milchsuppe war ich diese Beigabe auf Dauer leid. Speck und gar Schinkenspeck sollte man nur behutsam an Speisen geben, sonst erschlägt der starke Geschmack jedes Gericht.

Allerdings ist ein Feldsalat mit ausgelassenem Schinkenspeck eine wahre Wonne. Wehe, wenn zuviel Fett darüber gegossen wird!

Also von meinem Vater habe ich die ersten Schritte zum guten Essen gelernt. Die zweiten tat ich als Austauschschüler in Frankreich, in Lothringen, bei einer Familie in Epinal. Die Frau des Hauses konnte kochen wie ein Weltmeister. Ich verzieh ihr das für meine Begriffe barbarische Frühstück mit Baguette, Butter, Marmelade und einem tiefschwarzen Kaffee, den man in Milch ertränken mußte. Alle in dieser französischen Familie waren gut genährt, bis auf den Vater, der sich vornehm zurückhielt. Der für mich ungewohnte Rotwein zum Mittag, vor allem samstags, führte zu leichtem »Angerauschtsein«, bis auch ich den Wein mit Wasser verdünnte, denn man trank kräftige Südfranzosen und einen gängigen Burgunder mit irgendeinem Mönch drauf.

Viel später habe ich mir die Super-Cocotte (ein Tip meiner französischen Gastgeberin) gekauft, diesen Schnellkochtopf, in Straßburg, im Kaufhaus Magmod. Ein Kochbuch gab es gratis dazu, mit einer Menge fantastischer Gerichte, die man hierzulande als »Arme-

Leute-Speisen« bezeichnen würde. Aber was für ein Genuß! Das Kochbuch, stark zerfleddert, besitze ich heute noch und koche hin und wieder daraus, z.B. Schweineschnitzel in Tomatensoße. Das Gericht hat meine Kantine nachgekocht und als Steak »Franz-Josef« deklariert.

Wo immer ich in der Welt herumkam, habe ich mich auf gutes Essen gestürzt. Dabei hat die italienische Küche eine Favoritenstellung. Sie ist leicht, und die Zutaten sind immer noch differenziert zu schmecken und zu riechen.

Wenn Sie im März einen Feldsalat oder einen Endiviensalat würzen wollen, vergessen Sie nicht, eine Knoblauchpresse zur Hand zu nehmen, gehen Sie mit dem Messer in den Garten und stechen Sie die Sprößlinge des Liebstöckels aus, wie Spargel, dann in die Presse damit und dazu nur Salz, Öl und Essig. Nun wird Sie nicht der strenge Geruch des Maggikrauts befremden, denn zu dieser Zeit ist alles noch zart und fein.

Bei diesem Stichwort fallen mir die Minigewichte wieder ein, die mein Vater zum Abwiegen der Zutaten benutzte. Niemals eine Handvoll oder so, meinte mein Vater. Das haben offensichtlich sogar die heutigen Rezeptbuchautoren noch nicht kapiert. Ich hasse Rezepte, in denen von einer Handvoll die Rede ist oder nur Salz steht oder von Eßlöffeln und Kaffeelöffeln gesprochen wird. Das ist alles unpräzise und führt niemals, es sei denn durch Zufall, zu einem befriedigenden Ergebnis. Was ist eine Handvoll? Die Hand einer zarten Frau oder eines kräftigen Kochs? Eßlöffel, Kaffeelöffel, Teelöffel gibt es in jeder Größe. Wie will man da abmessen?

Ein Rezept, das sämtliche diesbezüglichen Bedenken in sich vereint, fand ich in einem italienischen

Kochbuch für eine Pesto, eine *Pesto a la Genovese.* Da steht zu lesen, daß man fünf feingewiegte Knoblauchzehen, eine Handvoll Pinienkerne, ein Bündel frisches Basilikum, grobes Salz, je ein Eßlöffel und Stückchen von Pecorino und Parmesan, acht Eßlöffel feinstes Olivenöl, dazu noch 400 g Spaghetti, Salz und zwei Kartoffeln nehmen soll. Von dieser Pesto kann ich nur jedem abraten! Sie schmeckt einzig und allein nach Knoblauch, ist übersalzen, denn der Käse alleine genügt schon für das Salzen, die meisten Ingredienzen sind dem Zufall überlassen, und dann soll man das Ganze auch noch mit einem Mixer zerschlagen, damit eine Zellteilung stattfinden kann. Das Resultat ist ein fürchterlicher Brei. Natürlich ist ein Mörser aus Marmor mit einem Olivenholzstößel anstrengender, aber wollen Sie eigentlich das Feinste aus der Pesto rausholen oder nicht? Im Zweifelsfall kaufen Sie am besten gleich ein Glas in der Feinkostabteilung.

Am besten hat man eine Briefwaage zu Hause oder etwas Ähnliches, was bis 1000 g ausreicht. Wenn Sie z. B. Konfitüre machen und geben nur ein Drittel Zukker, am besten Fruchtzucker, bei – er läßt die Bauchspeicheldrüse weitgehend in Ruhe –, dann brauchen Sie Pektin. Wenn Sie oft genug die Pützsche Hobbythek gesehen haben, stoßen Sie auf niederverestertes Pektin. Das können Sie nur grammweise in die Obst-Zucker-Masse geben. Je nachdem, welche Säure die Früchte aufweisen, je mehr Säure, desto weniger Pektin. Hier mein Tip: Für Himbeeren brauchen Sie auf 1 kg Fruchtmasse, also mit Zucker zusammen, 12 bis 14 g Pektin, für Kirschen, die hochreif sind, 16 bis 20 g. Alle anderen Marmeladen brauchen 10 bis 15 g. Aber testen Sie gleich nach dem einminütigen Kochen, um möglicherweise die Konfitüre noch zu verändern, damit sie nachher nicht einen Flüssigbrei oder eine feste Masse erzeugt haben, in der der Löffel stecken bleibt. Die Konfitüre muß im Kühlschrank aufbewahrt werden, da bei der geringen Menge Zucker der osmotische Druck nicht genügt, den Schimmel bei Zimmertemperatur über drei Monate abzuwehren. Seien Sie besonders vorsichtig bei Kirschmarmelade, die wegen ihrer Eigensüße nur ein Fünftel Zucker braucht. Die schimmelt, wenn man sie nur scharf anguckt.

Wer beim Kochen nicht präzise ist, muß mit Geschmacksverirrungen rechnen. Das kann in trostlosen Fällen das ganze Leben anhalten. Wenn beispielsweise Mutter zu stark salzt, wird Vater auch in einem Drei-Sterne-Restaurant noch den Salzstreuer bemühen, um seinen alten Geschmack wiederzuerlangen. Bei diesem Anblick, ich weiß nicht, ob Vater oder Salzstreuer, soll einmal ein Mehr-Sterne-Koch zum Fenster hinausgesprungen sein. Allerdings im Parterre.

Zum Frühstück gibt es bei uns Brötchen von Vetter Walter aus Viersen, der die Antwerpes-Backtradition bis vor wenigen Jahren fortgesetzt hat. Jahrelang habe ich 200 bis 300 Brötchen in Viersen geholt, sie warm abtransportiert, und die Kinder tüteten sie noch auf der Fahrt in Tiefkühlbeutel ein. Dann wurden sie sofort eingefroren. Sie schmecken wie frische Brötchen, wenn man sie im Brötchomat auftaut. Das Geheimnis: Eine kleine Menge Schmalz – keine Handvoll, sondern 20 bis 30 g – gehört hinein, und nicht ausbacken. Das besorgt schließlich zu Hause in drei bis vier Minuten der Brötchomat. Da werden mir ganz Grüne natürlich vorwerfen: Was für eine ökologische Katastrophe, die Brötchen in 70 km Entfernung holen und dann auch noch tieffrieren! Und all die Elektrizität. Ich kann sie beruhigen: Die Brötchen werden ohnehin geholt, wenn anderes in meiner Heimatstadt zu verrichten ist, und die Tiefkühltruhe ist auf das beste wärmegedämmt, der Brötchomat winzig, ein Neuntel Inhalt eines Umluftbackofens. Die morgendliche Fahrt zum Bäcker, die wäre unökologisch.

Wir waren beim Frühstück. Da gibt es auch Honig aus Neuseeland, den ich in einem Anfall mittleren Wahns selbst importiert habe. Manuka, Kamai, Rata, Borretschblüten-Honig. Und den von Distelblüten. Der Airborne-Honey Limited habe ich den Honig für 2,50 DM pro Glas abgekauft. Als der Honig in Köln war, hatte sich der Preis mit Fracht und Zoll auf 10,10 DM erhöht. Damit sich das Ganze aber lohnte, haben wir vor sechs Jahren gleich 120 Gläser bestellt. Mitte 1999 haben wir das letzte Glas gegessen. Honig wird ja nicht schlecht.

Und wir essen weiterhin diese seltsamen Honigsorten. Manuka-Honig schmeckt zum Beispiel wie Hustensaft und soll Antibiotika enthalten. Alles gesund. Wenn wir auch nur entfernt hören, daß irgendwelche Leute den mutigen Gedanken haben, nach Neuseeland zu fliegen, müssen sie in Leeston einfallen. Eben bei dieser Limited. Früher kamen die Airborne-Menschen zur Anuga nach Köln. Aber offensichtlich ist ihnen diese Messe zu weit und zu teuer geworden. Sollten Sie, die Sie diese Zeilen lesen, innerhalb der nächsten Monate nach Neuseeland eilen, denken Sie bitte daran, uns Honig mitzubringen! Sie müssen lediglich den Produzenten sagen, es handele sich um Honig für den Governor of Cologne. Mit »Antwöhps« kommen sie nicht durch.

Ich bin aber immer noch beim Frühstück. Auf das Roggenmischbrot, das eine Kölner Bäckerei hervorragend produziert, kommen Mozzarella und Basilikum, am besten mit Tomaten aus dem eigenen Garten, wenn diese nicht frühzeitig der Braunfäule zum Opfer fallen, was in den letzten Jahren regelmäßig geschah. Dazu ein Tip von Oma: Hängen Sie die noch unreifen

Tomaten vom Oktober in den dunklen Keller. Dort werden sie bis Weihnachten rot, schmecken hervorragend, und sie können zur Not noch Neujahr ihre eigenen Tomaten essen.

Natürlich gehört zum Frühstück Tee. Die Kinder trinken Milch. Über Tee lesen Sie an anderer Stelle. Wer einmal Teetrinker ist, ich habe das in England gelernt, dem bekommt Kaffee nicht besonders.

Mittags esse ich in der Kantine. Sehr selten in einem Restaurant. Das Kantinenessen macht nicht nur den Chef zufrieden, sondern auch weitere tausend Mitesser. Das Casino Schmitz, so heißt unsere Kantine, ist eines der besten in Köln. Zu meinen waghalsigen Thesen, was Führung anbelangt, gehört auch, daß ein gutes Essen einen vorübergehend unerträglichen Chef kompensiert. Denn der kann keinesfalls so häufig wütend sein, wie das Essen gut ist.

Ich esse selten Fleisch, aber doch alle 14 Tage Currywurst mit Pommes Frites. Diese »Sünde« muß begangen werden. Ich muß mich aber zurückhalten, denn abends wird zu Hause auch wieder warm gegessen, allerdings ebenfalls nicht üppig. Keine Suppe oder gar ein Dessert. Abwechselnd Nudelgerichte, Fleisch, Geflügel und Fisch. Ein Lachs auf Sauerampferbett mit Sauerampfersoße ist an Festtagen begehrt. Für die Soße nehmen Sie am besten den wilden Sauerampfer, für das Bett den Gartensauerampfer, der ist milder.

Natürlich essen Sie auch gerne hauchdünne Wiener Schnitzel aus biologisch einwandfreiem rotem Kalbfleisch. Das geht blitzschnell, und dazu essen Sie Kartoffelpürree. Aber auch hier keine elektrischen Maschinen, damit die Zellstruktur der Kartoffel nicht zerfetzt wird und so etwas wie Leim entsteht. Mit Hilfe der »Flotten Lotte« und einem Schneebesen wird das Pürree zart und sanft. Aufpassen, daß die Kartoffeln nicht zu lange kochen. Festkochende aus Sandboden haben da ihre Vorteile.

Da fällt mir ein Gericht ein, das man auch am besten mit Kartoffelpüree reicht, ein Kalbsbraten: mit gestößeltem Wacholder und schwarzem Pfeffer paniert, angebraten und dann mit einem 1/4 oder gar 1/2 Pfund Butter 3-4 Stunden im Backofen schmoren lassen, nicht über 80 bis 85 Grad, weil sonst die Butter karamellisiert und dieser Geschmack alles andere überlagert. Denken Sie bitte an den Geruch der Kondensmilch. Den Braten müssen Sie von Zeit zu Zeit wenden. Hat man keinen exakten Herd *(haben wir nicht)*, muß man sich ein preiswertes Blechthermometer anschaffen und alle Viertelstunde die Temperatur kontrollieren. Das ganze ist leider etwas energieintensiv, kann aber dadurch kompensiert werden, daß man einen großen Braten nimmt und dann gleich drei Portionen hat. Zwei kann man einfrieren.

Kinder essen ihn nicht sehr gerne mit Wacholder. Dann nehmen sie am besten Salbei. Das ist auch gut gegen Husten. Kommen Sie auf keinen Fall auf den abenteuerlichen Gedanken, das Ganze mit Rosmarin zu kochen. Die Rosmarinzweige werden so ausgelaugt, daß deren kreislaufanfördernde Öle Sie nach dem Genuß des Bratens noch stundenlang senkrecht im Bett sitzen sehen. Eine Erfahrung, die meine Frau und ich mal bei einem Schweinelendenbraten machen mußten. Dabei war das Rosmarin schon erfroren, und wir hatten nur das Skelett mißbraucht.

Mit Biolek habe ich vor einigen Jahren in seiner Alfredissimo-Sendung mein Lieblingsrezept gekocht, »Perlhuhn mit Mirabellen«. Perlhuhn hat ein erlesenes Fleisch, aber die Hühner sind nicht leicht zu bekommen, weil sie die auffälligsten Geschöpfe sind, die es wohl auf Bauernhöfen gibt. Sie sind störender als jede Gans. Ich vermute, daß diese Viecher nur auf einsamen Bauernhöfen überhaupt aufgezogen werden, wobei ich mich frage, ob die Bauern während dieser Aufzucht abends eine Stadtwohnung heimsuchen. Also diese Perlhühner sind wirklich erlesen, und wenn man sie mit Mirabellen serviert, haben Sie bei Ihren Kindern schon einen Stein im Brett. Das Rezept ist denkbar einfach.

Sie nehmen:
- 1 Perlhuhn von etwas über einem Kilo
  (sonst werden Sie nicht satt)
- 1 Glas eingelegte Mirabellen
  (frische sind natürlich besser), dann
- 4-6 cl Mirabellenwasser
  (auf keinen Fall billigen Mirabellengeist)
- Butter und Pflanzenöl, und schließlich
- Salz und weißer Pfeffer aus der Mühle.

Sie waschen das Perlhuhn, trocknen es ab, zerteilen es in 8 bis 10 Teile, lassen die Mirabellen in einem Sieb abtropfen, fangen die Flüssigkeit auf und entsteinen die Mirabellen – wegen des Zahnarztes. Sie geben eine Mischung aus Öl und Butter in eine Pfanne oder Sotöse und braten die Geflügelteile auf beiden Seiten etwa 10 Minuten an, dann geben Sie den Mirabellensaft dazu, legen den Deckel auf und lassen die Flüssigkeit etwas einköcheln. Schließlich geben Sie ganz zum Schluß die entsteinten Mirabellen dazu und lassen weitere 5 bis 10 Minuten köcheln *(in Bioleks Begleitbuch zur Sendung steht 15 bis 20 Minuten: das kann zuviel sein, wenn die Mirabellen zu weich eingekocht sind)*. Dann schmecken Sie das Ganze mit Salz und Pfeffer ab, zum Schluß 2 Schnapsgläser Mirabellenwasser darüber, und wenn es für Erwachsene zubereitet wird, sofort servieren. Für Kinder muß man das noch ein paar Minuten köcheln lassen, damit der Alkohol vollständig verdampft. Das Rezept stammt übrigens aus Lothringen, dem Land der Mirabellen. Dort kommen auch die besten her.

Als Biolek und ich dieses Perlhuhn vor der Kamera kochten, bemängelten einige später, ich hätte das Fett nicht heiß genug werden lassen. Die größte Kritik richtete sich aber gegen Biolek und mich, weil wir während des ganzen Kochvorganges überwiegend getrunken hätten! Das ist richtig. Wir mußten schließlich Weine verkosten, die zu dem Gericht paßten, und waren zum Schluß sehr heiter.

II

Köln, Kölner, am Kölnsten – Lokale und Patrioten

Wie ich Regierungspräsident wurde

Im Frühjahr 1977 nahm mich nach einer der vielen Fraktionsvorstands- und Koalitionsausschußsitzungen der damalige Ministerpräsident Heinz Kühn zur Seite und fragte mich bei einem langen Marsch über die zerschlissenen roten Kokosteppiche der Landtagsflure, ob ich in Köln Regierungspräsident werden wolle. Ich sagte ihm, das ginge nicht. Warum, wollte er wissen. Der Posten sei nicht frei, antwortete ich, außerdem müßte ich mir das gut überlegen.

Der Posten sollte – eventuell – durch das Ausscheiden des damaligen Regierungspräsidenten, Günter Heidecke, frei werden, weil der für das Amt des Oberstadtdirektors in Köln kandidierte. Ich wußte aber, daß der damalige starke Mann der SPD in Köln, Günter Herterich, sich für »den besten Mann deutscher Zunge« ausgesprochen hatte: Kurt Rossa. Der wurde es dann auch. Die Sache brauchte also nicht länger erwogen zu werden. Sie war nicht relevant.

Kühn ließ das aber nicht ruhen. Ich habe noch heute die Vermutung, daß er mit mir einen seiner Kritiker loswerden wollte, und zwar auf elegante Weise. Ich hatte schon als Juso-Vorsitzender an manchen Entscheidungen der Landesregierung, speziell des Ministerpräsidenten, herumgemäkelt.

Im Laufe des Sommers 1977 entwickelte Ministerpräsident Kühn eine neue Idee. Der nicht gewählte Heidecke sollte Nachfolger des in den Ruhestand getretenen Präsidenten des Landesrechnungshofes werden. Da war aber die FDP gegen. Der damalige FDP-Fraktionsvorsitzende Hans Koch trat zwar für mich als Regierungspräsident ein und empfahl mir ausdrücklich, dieses Amt anzutreten. Aber er hatte starke Bedenken gegen Heidecke. Zu allem Überfluß erfuhr der Innenminister, Burkhard Hirsch, der mich hätte ernennen müssen, das ganze Vorhaben aus der Zeitung. Was ihn zu der übereilten Bemerkung verführte: der nie!

Von Mitte 1977 bis April 1978 dauerte das Gerangel. Ich hatte zwischenzeitlich Geschmack an diesem Amt gefunden und mich gedanklich schon vom Oberstadtdirektor Duisburg verabschiedet. Als schließlich die Entscheidung des Kabinetts zu meinen Gunsten fiel, waren viele Duisburger Freunde sehr enttäuscht. Ich mußte ziemlich langatmige und wenig überzeugende Erklärungen abgeben, warum ich den minder bezahlten Posten als Regierungspräsident anstrebte.

Ich hatte eine Reihe von Gründen, Köln vor Duisburg den Vorzug zu geben. Davon möchte ich nur drei nennen. Zum einen war mir die zeitliche Belastung des Hauptgemeindebeamten, also des Oberstadtdirektors Duisburg, als persönlichem Referent des früheren Oberstadtdirektors und auch als Leiter des Planungsstabes sehr wohl bekannt. Da blieb kaum ein freier Abend. Zweitens dachte ich an meine Herzrhythmusstörungen, die ich 1975 bekam und die ich gerade wieder losgeworden war, indem ich meine Freizeit nicht durch Sesselsitzen abdiente. Und als drittes hatte ich auch Befürchtungen, daß ein Dauerkonflikt mit dem sehr starken SPD-Fraktionsvorsitzenden Ernst Ermert vorprogrammiert war, der dazu neigte, den Oberstadtdirektor als verlängerten Arm seiner eigenen Ansichten und der Fraktion zu betrachten. Mit Sicherheit hätte es Konflikte gegeben, da ich dem Genossen Ermert an Dickköpfigkeit überhaupt nicht nachstand.

Die nächsten, die sich wegen meiner Kölner Ambitionen verschnupft zeigten, waren die Genossen des Bezirks Mittelrhein, der identisch ist mit dem Regierungsbezirk Köln. Sie wollten verständlicherweise mitmischen. Ich mußte mich in einer Bezirksvorstandssitzung zweier Gegenkandidaten erwehren, die beide aus dem Kölner Bezirk stammten und ziemlich bekannt waren. Das Ergebnis der Abstimmung war allerdings für mich sehr befriedigend. Von den 18 Mitgliedern stimmten 16 für mich, einer enthielt sich, und ein Gegenkandidat bekam die restliche Stimme. Wegen dieses Stimmverhältnisses verzichte ich auch auf die Nennung der Namen der beiden Gegenkandidaten, die ich im übrigen schätze und denen ich später noch oft begegnet bin.

Dabei fällt mir ein, daß ich mal in einer Juso-Zeitung böse über Heinz Kühn geschrieben hatte, und zwar über seine Art, Abstimmungsverhältnisse zu interpretieren. Ich erinnere mich noch daran, daß bei Kühn »einstimmig« immer ein Ergebnis mit einer Stimme Mehrheit war. Auch, wenn es eine größere Opposition gegen Beschlüsse gab, wurde nicht von »mehrheitlich« gesprochen, sondern immer von »einhellig«. Kühn war überhaupt ein großer Redner und Wortkünstler, vielleicht neidete ich ihm dies.

Als alle Hürden für mein Kölner Amt ausgeräumt waren, wurde ich vor großem Publikum am 17. April 1978 in Köln eingeführt. Das machte der Innenminister Burkhard Hirsch. Ministerpräsident Heinz Kühn war genauso anwesend wie der damalige Wissenschaftsminister und SPD-Landesvorsitzende Johannes Rau. Ich bin ziemlich sicher, daß sich bei meiner Verabschiedung weniger Prominenz einfinden wird, wenn sie Gelegenheit hätte.

Ich kannte die Kölner Behörde überhaupt nicht, war nur mal vorbeigefahren, um zu sehen, wie das Gebäude aussah. Nicht sehr einladend. Später habe ich festgestellt, daß ich nur zwei Leute im Regierungspräsidium von früher kannte. Der Rest war mir völlig fremd. Aus diesem Amt machst du was, sagte ich mir, und in meiner Antrittsrede sprach ich davon, daß mich noch jeder kennenlernen würde. Die dachten, ich ginge herum und gäbe jedem die Hand. Meine Vorstellungen waren von so was jedoch ziemlich verschieden.

In meiner Antrittsrede habe ich den regionalen Bezug staatlichen Handelns herausgestellt und das auch an der Verhaltensweise der Bürger deutlich gemacht. Kommunale Grenzen bedeuten für den Bürger wenig, denn er arbeitet, wohnt und verbringt seine Freizeit oft in ganz verschiedenen Gemeinden. Kein Mensch hat sich damals für Regionalpolitik besonders interessiert. Erst zehn Jahre später, Ende der achtziger Jahre, wimmelte es plötzlich nur so von Regionen. Wenn ich allerdings daran denke, mit welcher Akribie ich damals meine Antrittsrede fertigte, und wenn ich sie heute lese, wie trivial sie mir vorkommt, dann hätte ich gleich frei sprechen sollen.

Eine kleine Episode am Rande meiner Einführung am 17. April 1978 war, daß ich mich standhaft weigerte, mein Landtagsmandat niederzulegen. Auch dem damaligen Landtagspräsidenten Dr. Wilhelm Lenz gegenüber wollte ich die Verzichterklärung nicht unterschreiben. Das ging so weit, daß mich Bobby Lenz noch auf dem Flur, vor dem Plenarsaal, wo diese schöne Veranstaltung stattfand, verfolgte, so daß ich mich letztlich fünf Minuten vor Beginn der Einführung zum Niederlegen meines Mandates entschloß. Vorher hatte ich mich beim Innenminister erkundigt, ob er auch wirklich die Urkunde dabei hätte. Er hatte sie. Ich verlebte dennoch eine ungewisse Stunde zwischen dem Verlust meines Landtagsmandates und der Aushändigung der Ernennungsurkunde. Doch die Leute sahen vertrauenerweckend aus, meine Angst war unbegründet. Auch deshalb, weil ich bei der Stadt Duisburg wieder mit B 4 hätte anfangen können.

Der erste RP in Köln: Friedrich Reichsgraf zu Solms-Laubach

Als die Franzosen 1814 fluchtartig die Rheinlande verlassen mußten und ihnen in Waterloo ein Waterloo bereitet wurde, fiel auf dem Wiener Kongreß das linke Rheinufer vollständig an Preußen. Daraufhin hatte Berlin nichts Eiligeres zu tun, als eine Rheinprovinz zu schaffen und dort fünf Regierungspräsidenten zu installieren. Der erste für den Regierungsbezirk Köln war der Reichsgraf zu Solms-Laubach, der am 25. April 1815 ernannt wurde, eine Aprilwoche später als ich. Gleichzeitig war er in Personalunion Oberpräsident für die gesamte Rheinprovinz. Die erste provisorische Unterbringung der Bezirksregierung erfolgte 1816 im Montana-Gymnasium, Unter Sachsenhausen. 1830 wurde dann das teilweise heute noch erhaltene eigentliche Dienstgebäude auf dem Gelände des ehemaligen Weingartens des Andreasstiftes errichtet. Der erste Regierungspräsident behielt bis 1819 seine doppelte Funktion, um dann in Koblenz nur noch als Oberpräsident der Rheinprovinz zu amtieren. Solms-Laubach war ein Hesse und gleichzeitig Präsident der hessischen Adelsversammlung. Warum hatten die Preußen einen Hessen zum rheinischen Regierungspräsidenten gemacht? Solms-Laubach hatte schon unter Freiherr von Stein gedient, den Reichsdeputationshauptschluß von 1803 mit entworfen und auch auf dem Wiener Kongreß so manche Intrige gesponnen: Er war also für die Preußen sozusagen unentbehrlich. Doch Solms-Laubach dachte auch an sich. Beim Reichsdeputationshauptschluß wurden nämlich die rechtsrheinischen adeligen Grundbesitzer – also auch er –, soweit sie auf dem Linksrheinischen Territorien hatten – wie er –, durch Annexion von Kirchen- und Klostereigentum ein wenig entschädigt ...

Daß Solms-Laubach nicht nur bei den Formulierungen dieses Aktes geholfen hat, sondern sich damit auch selbst bedachte, verriet mir seine Nachfahrin, die jetzige Gräfin Madeleine zu Solms-Laubach. Sie wohnt im Kloster Arnsbruck und nicht mehr im gräflichen Schloß zu Laubach. Das Kloster Arnsbruck war 1803 als kirchliches Gut dem Besitz des Grafen einverleibt worden. Da Solms-Laubach zu dieser Zeit noch nicht im Rheinland ansässig war, kann er die hiesige Binsenweisheit, die da heißt: »Wir kennen uns, wir helfen uns«, eigentlich noch nicht gekannt haben.

In welche Situation Friedrich zu Solms-Laubach seinerzeit geriet, wird durch seinen Bericht an den preußischen Kronprinzen verdeutlicht, der die eroberten oder zugesprochenen Rheinlande besichtigen wollte. Darin heißt es: »Die Bewohner des linken Rheinufers hatten durch 20jährige Erfahrung französische Besatzung gelernt, daß die meisten Gesetze, wenn man diejenigen zu gewinnen wußte, welche über deren Beachtung zu wachen hatten, in ihrer Anwendung gemildert, wenn nicht umgangen werden könnten ... Sie (die Rheinländer) verlassen sich auf ihre Gewandtheit, mit jedem auszukommen und in einzelnen Fällen ihren Privatvorteil zu wahren.« Diesen Spruch habe ich vorsichtshalber kalligraphieren lassen und in meinem Dienstzimmer aufgehängt: um selbst keinerlei Illusionen nachzuhängen.

Im Oktober 1981 berichtete die »Kölnische Rundschau« in einem Artikel über zwei Dinge, die Köln den Preußen verdankt, nämlich die Fertigstellung des

Doms und den Regierungspräsidenten. Darin wurde auch Solms-Laubach erwähnt und sein Bronzestandbild vor dem Regierungspräsidium. Plötzlich fand die Stadtkonservatorin Hiltrud Kier Gefallen an diesem Bronzestandbild und wollte es wiedervereinigen mit dem Reiterstandbild des Preußenkönigs Friedrich Wilhelm III. auf dem Heumarkt. Vor dem Krieg hatten insgesamt 16 preußische Staatsmänner und Feldherren dort zusammengestanden. Einige wurden gerettet, darunter Solms-Laubach, der als ein Sechzehntel in die Zeughausstraße kam.

Irgendwann, die Einzelteile waren viele Jahre lang in der Versenkung verschwunden, begannen die nostalgiesüchtigen Kölner, das Pferd und die 16 preußischen Staatsmänner, soweit noch vorhanden, wieder zusammenzutragen. Im Dezember 1982 hatte man schon die »Fott« und den »Stätz« wieder auf dem Heumarkt, und mit einer Rückforderungsfrist von sechs Monaten wurden die von der Stadt Köln an diverse Stellen verliehenen Bronzefiguren, so auch der Solms-Laubach, wieder eingefordert.

Nun war also der Solms weg! Das ließ mich nicht ruhen. Der Bildhauer und Bühnengestalter Heribert Labusga hatte schon auf dem Heumarkt ein Styropor-Pferd für dieses Denkmal gefertigt, das allgemein Gefallen fand und ganz Köln zum Lachen reizte. Da kam ich auf den Gedanken: Wenn der schon so ein schönes Pferd macht, kann der mir auch den Solms-Laubach nachmachen. Also habe ich Labusga beauftragt, den Grafen nachzugießen, und zwar aus einem harten und wetterfesten Material, beständig auch gegen Umweltschmutz. Mit einer gewissen Verzögerung konnte ich 1989 den Grafen der Öffentlichkeit übergeben. Labusga hat ihn in Reben gestellt, um an die Reben am Regierungspräsidium zu erinnern, die ich 1981 gepflanzt hatte. Er hatte sogar im Modell versteckt meinen Kopf in die Reben geklemmt, wie in einem Vexierbild. Das habe ich ihm abgewöhnt, denn würde mein Kopf da erscheinen, sagten alle: Dieser eitle Fant, setzt sich selbst ein Denkmal. Das hätte ich aber noch hingenommen. Dieser Kopf wäre am Ende aber Gegenstand von allerhand Schmierereien geworden! Damit wären das ganze Standbild und der gute Solms-Laubach ins Triviale hinuntergezogen worden.

Was mich allerdings an dem Solms-Laubach-Standbild etwas irritiert, sind die dicken Waden des Grafen. Ich kann nur vermuten, daß er irgendeiner Sportart oblag, die dicke Waden macht. Darüber gibt es aber keine seriösen Geschichtsquellen. Ob er, wie ich, Jogger war? Die Einweihung des Denkmals habe ich – bei einem Schluck Wein – mit der Gräfin Madeleine zu Solms-Laubach vorgenommen. *Noblesse oblige.* Leider zeigt das wetterfeste Material erste Risse. Mein Nachfolger wird den Grafen wohl flicken müssen.

Wie ich meiner Tochter »Milkstöpp« beibringen wollte

Wer nördlich der Benrather Linie – Benrath ist seit 1929 südlicher Vorort von Düsseldorf – geboren worden ist und dort das Platt, den Dialekt, mit der Muttermilch eingesogen hat, der tut sich südlich dieser Linie schwer. Die Kölner haben ihre »Bläck Fööss«, aber in Viersen hießen die »Näcke Puet«. Da kommt in einem Wort der »p-f-Wandel« und der »s-t-Wandel« durch.

Wie sollte ich diesen fremden Dialekt also je lernen? Lösung: Ich versuche es erst gar nicht. Aber meine Frau, die aus der Kölner Region stammt, hält meinen Dialekt von den Kindern fern. Trotzdem habe ich versucht, meiner Tochter beizubringen, was auf Platt Löwenzahn heißt: Milkstöpp, wegen der weißlichen Flüssigkeit, die beim Pflücken der Blüte aus dem Stengel tritt. Warum die Engländer dazu »Dendelion« sagen, interessiert mich nicht. Ganz verrückt finde ich aber die französische Bezeichnung »Pissenlit«, was soviel heißt wie »ins Bett nässen«: eine Verbeugung vor der harntreibenden Wirkung dieses Krautes.

Nun ist es mir tatsächlich gelungen, dieses einzige Wort Platt – neben einem Martinslied »Loop Möller loop« – meinen Kindern beizubringen. Zu mehr Plattdeutsch reichten meine Bemühungen nicht. Sie sprechen keinen Dialekt mehr: Ihre Sprache ist rheinisch, aber mit Streifen.

Das goldene Flügelauto

Böse Zungen behaupten, ich wollte das Flügelauto auf dem Zeughaus nur deshalb auf die Erde bringen, damit ich es nicht täglich aus dem Fenster meines Büros sehen müsse. Das ist total falsch. Ich müßte auf den Balkon treten und den Hals verrenken, um es zu sehen, und das auch nur im Winter. Im Sommer verbirgt freundlicherweise eine dicke Platane das goldene Ungetüm.

Das Auto wurde 1991 im Rahmen der Ausstellung »Fetisch Auto« auf einen Turm des Stadtmuseums gehievt: ein Ford-Fiesta mit riesigen goldenen Flügeln. Es soll wohl Mobilität symbolisieren, der Tank ist allerdings leer. Geschaffen hat es ein Mann namens H. A. Schult, ein Künstler mit bemerkenswertem Gespür für publikumswirksame Aktionen, der es zudem versteht, den kölschen Lokalpatriotismus immer wieder für seine dürftigen Ideen auszunutzen.

Die Stadt Köln hat das Flügelauto ohne Genehmigung auf einem denkmalgeschützten Haus, dem alten Zeughaus, anbringen lassen. Die Genehmigung dazu erteilte, ohne die Vorschriften des Denkmalschutzes zu beachten, die oberste Denkmaltante, Frau Professor Hiltrud Kier. Frau Kier genoß zu diesem Zeitpunkt in Köln hohes Ansehen: Kurz nach der Genehmigung wurde Frau Kier einstimmig vom Rat zur Generaldirektorin der Kölner Museen ernannt ... Doch nicht lange. Schon drei Jahre später, 1993, ging sie ihres Postens verlustig, nicht wegen des goldenen Vogels.

Die Stadt hat sich also einfach selbst die Erlaubnis für das Flügelauto gegeben. Während jeder Hauseigentümer, der in einem Denkmal wohnt, mancherlei Auflagen erfüllen muß und äußerliche Veränderungen nur schwer genehmigt erhält, ist die Stadt gegen sich selbst sehr großzügig. In der Kölner Altstadt wagte es einmal ein Zahnarzt, die typischen Altstadtfassaden durch ein zusätzliches halbes Stockwerk auf sein Haus zu verschönern. Das hat die Verwaltung dem Mann in einer zwölf Jahre dauernden Prozedur abgewöhnt: Der Zahnarzt brach schließlich das halbe Stockwerk wieder ab – obwohl die Fassade der Kölner Altstadt den Zweiten Weltkrieg überhaupt nur in kleinen Resten überstanden hatte. »Denkmalschutz für eine Rekonstruierung« lautete die anti-zahnärztliche Devise: Es gehe um den bürokratischen »Schutz« unserer nachkriegszeitlichen Vorstellung davon, wie es vor der Totalzerstörung einmal ausgesehen haben *könnte*.

Beim Zeughaus lag der Fall aber völlig anders. Es stammt zu weiten Teilen aus dem 16. Jahrhundert und gehört zu den wenigen Gebäuden dieser Zeit, die überhaupt noch vorhanden sind. Also fragten meine Leute vorsichtshalber mal bei der Stadt nach, wann denn das goldene Ding wieder runterkäme. Ziemlich ausweichende Antworten waren das Resultat. Nach einigem Hin und Her verfügte deshalb »Der Regierungspräsident« die Entfernung des Objektes. Die zuständige Ministerin für Wissenschaft und Forschung, damals Frau Anke Brunn – nicht generell unzuständig, nur eben nicht für den Denkmalschutz –, schrieb im Februar 1993 ihrem zuständigen Kollegen, Minister Franz-Josef Kniola, er solle sich für den Erhalt des Vogels einsetzen. Damals ahnte ich noch nicht, daß der Künstler H. A. Schult mit seiner Lebensgefährtin Elke Koska gerade die Feier zum 50. Geburtstag von Frau

Brunn im Nippeser Bundesbahnausbesserungswerk mit vorbereitete ...

Kollege Kniola antwortete seiner Kollegin, die Stadt möge sich selbst anweisen, die Erlaubnis zum Belassen des Kunstwerkes zu erteilen. Der Brief, der meine Behörde, wie das häufig passierte, über die Presse erreichte, war von ironischen Floskeln begleitet, was uns die Ernsthaftigkeit des Schreibens bezweifeln ließ. Man hatte vorübergehend das Gefühl, der Minister wolle die Stadt gegenüber dem Regierungspräsidenten in Schutz nehmen. Zwei Monate später kam es zu einer Erörterung im Ministerium, ohne Einigung zwischen Stadt und RP.

Anschließend haben wir unverdrossen die Frist wieder neu festgesetzt, und prompt legte die Stadt Widerspruch ein. Dann erfolgte ein Widerspruchsbescheid mit neuer Frist. Mir hing die Sache bereits ziemlich zum Hals heraus, aber fast alle deutschen Medien interessierten sich mittlerweile für den Vogel, und vor allem Kunstexperten machten sich für das Objekt stark.

Irgendwann kam erneut die Landesregierung ins Spiel. Zunächst rief mich der Büroleiter des Ministerpräsidenten Rau an, was selten geschah, und teilte mir mit, es sei der Wunsch seines Chefs, den Vogel oben zu lassen. Der Wunsch des Ministerpräsidenten sei mir nicht unbedingt Befehl, erklärte ich ziemlich forsch. Es gelte der Denkmalschutz, und der sei Landesgesetz; daran habe sich jedermann, wirklich jedermann, zu halten. Meine Auskunft betrübte den Büroleiter, und er legte unverrichteter Dinge auf. Nicht abrupt, sondern sehr höflich.

Doch ich hatte meine Rechnung ohne den Wirt gemacht. Der Wirt hieß Städtebauminister Franz-Josef Kniola, und er schickte einen Erlaß des Inhalts, das Ding soll noch eine Weile auf dem Dach verbleiben. Zwischenzeitlich stöberte jedoch ein von Düsseldorf entsandter Ministerialbeamter in unseren vollständigen Akten und machte sich sachkundig, was ebenfalls nicht häufig vorkam. Es folgten Besprechungen und weitere Schriftstücke. Schließlich konnte auch der Minister nicht mehr umhin, die klare Rechtslage zu berücksichtigen, und er willigte ein, der Stadt noch ein fünfjähriges Moratorium bis zum 31. Dezember 1998 zu gewähren. Die Stadt legte keinen Widerspruch ein, erkannte damit unsere Rechtsposition an, und der Vogel blieb weiterhin.

Anfang Dezember 1998 forderte ich den Oberstadtdirektor, der mittlerweile gewechselt hatte, auf, das Objekt endlich vom Zeughaus zu entfernen. Die Antwort war milde, aber nicht abflugbereit. Anfang Januar schob ich eine neue Verfügung nach: bis zum 22. Februar 1999 solle sich die Stadt Köln zu den Modalitäten des »Herunterholens« erklären. In einer Pressekonferenz drohte ich sogar dem Oberstadtdirektor Klaus Heugel Disziplinarisches an, bis zur Kürzung seiner Bezüge. Was diesen zu der gelungenen Bemerkung animierte, er sei ein Nachkriegskind und Sparsamkeit gewöhnt. Doch gab er zu, die Rechtsposition der Stadt sei nicht gut.

Doch erneut nahte der Wirt in Gestalt des zuständigen Ministeriums. Es erreichte mich eine Anfrage von Radio Köln, die eine ministerielle Pressemitteilung erhalten hatten, die sie mir gegen 16 Uhr 45 faxten. Da stand zu lesen, knapp und dürr in zwei kleinen Absätzen, nur mit dem Briefkopf des Ministeriums ausgestattet: Der Vogel solle bleiben, und zwar für weitere zwei Jahre, bis Ende 2000, außerdem solle ich es unterlassen, irgendwelche weiteren Verfügungen an die Stadt zu schicken. Auch andere Pressevertreter fragten nach, denn sie hielten diese Pressemitteilung zunächst für eine Fälschung. Ich konnte ihre Vermutung weder bestätigen noch dementieren, denn ich besaß überhaupt noch keinen Erlaß! Der war, wie ich später sah, um 16.07 Uhr eingegangen, doch Dienstschluß ist donnerstags um 15 Uhr 30. Das heißt zu deutsch: Der Erlaß war mit äußerster Eile an uns geschickt worden, aber mit noch größerer Eile hatte man ihn der Presse mitgeteilt. Das Ministerium hat es nicht einmal für nötig befunden, mein Haus telefonisch zu unterrichten.

Überhaupt muß die Reaktion des Ministeriums wohl ein Resultat von Zeitungslektüre gewesen sein. Nachfragen bei mir hat es jedenfalls keine gegeben. Die Weisung der Ministerin Brusis war natürlich ein gefundenes Fressen für die Kölner. Besagter Erlaß vom 7. Januar 1999, unterschrieben von einem Abteilungsleiter, bat mich unter Hinweis auf § 13 des Landesorganisationsgesetzes, die Frist zur Entfernung des Objektes »Fetisch Auto« vom Turm des Zeughauses über den 31. Dezember 1998 hinaus um weitere zwei Jahre bis zum 31. Dezember 2000 zu verlängern. Dabei sollte ich Vollstreckungsmaßnahmen, die auf Entfernung des Objektes abzielten, unterlassen und weitere Verfügungen in dieser Angelegenheit dem Ministerium vorlegen. Über die Verlängerung der Frist solle ich zu gegebener Zeit berichten.

Warum das Ministerium die Frist um zwei Jahre verlängerte, ergibt sich aus dem Erlaß nicht. Im allgemeinen sind höhere Stellen auch nicht gehalten, nachgeordneten Dienststellen irgendwelche Begründungen zu liefern. Es gibt nämlich Leute, die sagen, wer oben sitzt, hat recht. Das habe ich bekanntlich nie akzeptiert.

Ich habe also die Ministerin gebeten, den Erlaß zu überdenken und zurückzunehmen. Das tat sie nicht.

Vielmehr schrieb sie mir persönlich am 25. Januar 1999 einen Erlaß, in dem die Rede ist vom »Spannungsverhältnis zwischen der Freiheit der Kunst und dem gebotenen Schutz eines eingetragenen Denkmals« sowie davon, daß der Denkmalschutz in der heutigen Zeit nicht nur auf das formale Erlaubnisverfahren verkürzt werden dürfte, vielmehr sei eine zeitlich befristete Inszenierung von Baudenkmälern mit künstlerischen Mitteln geeignet, wirksame Öffentlichkeitsarbeit im Sinne des Denkmalschutzes zu leisten.

Könnte die zeitlich befristete Inszenierung einer vergoldeten 4711-Flasche zwischen den Kölner Domtürmen auch solche Öffentlichkeitsarbeit im Sinne des Denkmalschutzes leisten? Dies müßte geprüft werden. Auch könnte man erwägen, den bewährten Motor von Klöckner-Humboldt-Deutz auf dem Rathaus zu installieren. Andere Kölner Firmen müßten großzügigerweise auch Gelegenheit bekommen, ihre Produkte auf öffentlichen Gebäuden zur Schau zu stellen. Lediglich der Firma Toyota hat man 1994 ein Stück der alten Bachemer Landstraße gegönnt, die jetzt »Toyotaallee« heißt. Nichts ist unmöglich.

Ferner, so die Ministerin, fände in Köln und weit darüber hinaus diese gesellschaftskritische Auseinandersetzung mit dem Automobil breite Zustimmung. Das moderne, urbane Leben könne eine fruchtbare Symbiose mit dem Denkmalschutz eingehen, sofern dies ohne Eingriffe in die Denkmalsubstanz geschehe ... Nun ist letzteres nicht uninteressant, denn der Vogel ist mit einem üppigen Betongerüst aus Stahl garniert, und meine Denkmalschützer sagen, schon damit sei ein bedeutender Eingriff in die Substanz erfolgt. Demzufolge, Frau Ministerin, müßte man den Vogel also doch runternehmen. Und ich weiß auch nicht genau, ob die gesellschaftskritische Auseinandersetzung mit dem Automobil, bei der zunehmenden Anzahl der Kraftfahrzeuge, wirklich auf so breite Zustimmung stößt. Der Museumschef, Werner Schäfke, hatte sich ursprünglich mal erhofft, das goldene Auto würde bewirken, daß sein Zeughausmuseum häufiger frequentiert würde. Der Mann hat sich erheblich getäuscht. Die Leute laufen an seinem Museum vorbei, schauen sich den Vogel und die Römermauer an und gehen zurück in Richtung Dom. Hätte er den Vogel *ins* Museum gesetzt und nicht darauf, wären die Leute möglicherweise zu ihm hereingekommen, und er hätte auch nicht gegen den Denkmalschutz verstoßen. Der arme Schäfke, ein echtes Eigentor.

Der Weisung der Ministerin muß ich Folge leisten. Die Begründung brauche ich nicht zu teilen, aber immerhin gibt es jetzt eine Begründung. Nur lassen deren kärgliche Ausmaße eben meine Phantasie darben. Die Moral von der Geschicht: Es ist ein großer Unterschied, ob man ein Gesetz konsequent anwendet oder ob man angewiesen wird, dies zu unterlassen.

Die Stadt Köln und der RP

Kaum jemand ahnt, daß ich eigentlich ein gutes Verhältnis zur Stadt Köln pflege, obwohl mit dem Kölner Rat und der Kölner Verwaltung schwer umzugehen ist. Als ich 1978 mein Amt antrat, traf ich allerdings auf den Oberbürgermeister John van Nes Ziegler, der bis 1981 ehrenamtlicher Oberbürgermeister der Stadt Köln war, ein Mann, mit dem ich schon im bereits erwähnten »Zehnerclub« im Landtag gesessen hatte, mit dem ich die kommunale Neugliederung (siehe »Landtag«), auch für Köln, ziemlich erfolgreich organisierte. Mein zweitältester Sohn Jan sagte, wenn der Oberbürgermeister zu Hause bei mir anrief: »Da ist der John, der will wieder was von dir.«

Schon kurz nach meinem Dienstantritt besuchte ich die Stadt Köln. Ich trug mich, wie es sich gehörte, in das goldene Buch ein, und die Atmosphäre, auch mit Vertretern des Rates, war sehr gelöst. Das sollte sich bald ändern. Bereits in der ersten Woche meiner Amtszeit mußte ich mich mit dem Wunsch der Stadt auseinandersetzen, im Kölner Norden, im Stadtteil Worringen, einen neuen Hafen zu bauen. Man plante ein Gelände von fast 100 Hektar, ein riesiges Ding. Dieses Gelände gehörte aber zu den letzten Grünflächen zwischen den Stadtteilen Worringen und Merkenich und hatte keine ausreichende Autobahnanbindung. Außerdem hielt ich diesen riesigen Hafen für völlig überdimensioniert und verwies die Kölner auf die Erweiterung ihrer bisherigen Häfen.

Vier Jahre lang tobte der Streit. 1982 habe ich im Bezirksplanungsrat erklärt, die Notwendigkeit des

Horst Schubert

Ein Mann und die Macht

Regierungspräsident

Jedes Volk, so hat mal ein kluger Mann im vorigen Jahrhundert gesagt, habe die Regierung, die es verdient. Nun war damit natürlich eine echte Regierung gemeint und nicht ein solches Zwitteramt wie es die Regierung an der Zeughausstraße in Köln darstellt. Aber dennoch: Auch diese moderne Statthalterei der Düsseldorfer Landesregierung für den Kölner Regierungsbezirk ist so stark wie man sie stark sein läßt.

Mit Franz-Josef Antwerpes als Regierungspräsident steht dieser Aufsichtsbehörde außerdem ein Mann vor, dessen, mit Respekt gesagt, jungenhaftes Temperament natürlich viel zu gerne die Grenzen der Macht abtastet. Und er tut da manchmal rasch zwei zu schnelle Schritte, wo ein bedächtiger angebrachter wäre.

Über die jeweiligen Regierungspräsidenten wurden immer Klagen geführt. So sehr wie der jetzige hat aber noch keiner die Pfeile der Gemeindeverwaltungen auf sich gezogen. Köln führt dabei das Feldgeschrei gegen den Regierungspräsidenten mit hoher Stimme an; ob immer zu Recht, ist wirklich manchmal fraglich.

Womöglich haben nämlich im übertragenen Sinne auch Gemeindeverwaltungen den Regierungspräsidenten, den sie verdienen. Und Kölns Verwaltung macht es jemandem, der sich gerne reibt, ziemlich leicht. Ein resignierender Oberstadtdirektor, der in aller Öffentlichkeit seinen Verfall an Einfluß beklagt und ein traurig stimmendes Lied von Selbstmitleid anstimmt, kann großen Respekt in seinem Bereich nicht mehr haben.

Dieses Führungs-Vakuum kann der Rat, der „allzuständige", wie es so schön in der Kommunalverfassung heißt, nicht füllen. Er hat mit sich selbst zu tun; noch dazu in einer Zeit, in der nicht mehr aus dem Vollen geschöpft werden kann. Kein Wunder also, daß da jemand von außen versucht hineinzuregieren, wo er nur kann.

Noch nicht einmal eine grobe Konzeption wird ihm entgegengestellt, wie sich die Verwaltung, wie sich der Rat auf Grund neuer Erkenntnisse und wirtschaftlicher Entwicklungen die Zukunft der Stadt vorstellen. Die Dezernate tun brav ihre Arbeit von heute; wie diese morgen aussehen soll, diskutiert mit ihnen keiner.

Nehmen wir hoffnungsvoll an, es handele sich nach dem Fortgang des permanenten Machers Günter Herterich um eine große schöpferische Atempause, und die derzeitige Sprachlosigkeit habe bald ein Ende.

Kölner Stadt-Anzeiger vom 18. Februar 1983

Hafens sei in dem Gutachten der Stadt Köln für den ablaufenden Zeitraum von 10 Jahren nicht zu erkennen. Insgesamt sei die Anlage von Gewerbe- und Industrieansiedlungbereichen dieser Größe für meine Behörde nicht akzeptabel. Insoweit gebe es einen Dissens zu der Stellungnahme des Bezirksplanungsrates. In der Zwischenzeit waren nämlich die Kölner nicht untätig gewesen und hatten die Mehrheit des Bezirksplanungsrates auf ihre Seite gezogen. Soweit ich mich entsinne, war die Abstimmung sogar einstimmig. Mein Veto gegen diese Entscheidung erregte alle Gemüter. Die Landesplanungsbehörde – damals war sie bei Minister Christoph Zöpel – war damit einverstanden, das Gebiet des Hafens im Kölner Norden zunächst durch eine weiße Fläche darzustellen, weil einige Fragen noch nicht abschließend geklärt waren. 1988 fiel dann die negative Entscheidung, der weiße Fleck war weg und das Thema Worringer Hafen auch.

Ich wollte die Kölner mit der Ablehnung des Worringer Projektes keineswegs ärgern. Das Ding war einfach völlig überdimensioniert, und ich habe ihnen dringend geraten, sich um die Häfen in Niehl und Godorf zu kümmern, vor allen Dingen den Godorfer Hafen zu erweitern. Dieser hat die beste Infrastruktur, einen guten Straßenanschluß und ausgezeichnete Eisenbahnverbindungen, er liegt ganz in der Nähe zur Industrie und ist auch als Umschlagplatz für Container gut geeignet.

Bis heute hat es jedoch der Kölner Rat nicht fertiggebracht, den Godorfer Hafen zu erweitern. Seit 21 Jahren wird über eine Vergrößerung der Kölner Hafenfläche geredet, aber immer noch sind keine Taten gefolgt! Das liegt nicht zuletzt daran, daß einige Ratsherren in der Höhe von Rodenkirchen, wo der Godorfer Hafen liegt, eine ursprünglich unter Landschaftsschutz stehende Fläche verteidigen. Diese Fläche ist jedoch durch die Auskiesung eines anderen Hafenteils erst entstanden – vor sechzig Jahren. Ich kann nur hoffen, daß im Jahre 2000 die Hafenerweiterung stattfindet, sonst blamieren sich einige Kölner bis auf die Knochen.

Große Projekte gingen, mit Ausnahme des Hafens Worringen, im allgemeinen sehr lautlos über die Bühne, während kleinere Meinungsverschiedenheiten einen breiten Raum in den Medien einnahmen und einnehmen. Schließlich wollen die Leute unterhalten werden. Sie erwarten im Grunde auch gar nichts anderes, als daß der Regierungspräsident sich mit der Stadt Köln, und umgekehrt, die Stadt Köln sich mit der Obrigkeit anlegt. Jede andere Konstellation würde das Publikum eher verwirren.

Mein Verhältnis zum Nachfolger von John van Nes Ziegler als Oberbürgermeister, zu Norbert Burger, ist nie spannungsfrei gewesen. Wir haben vor Jahren einmal im Maritim-Hotel ganz alleine im Restaurant gesessen und uns so heftig gestritten, daß die Kellner es nicht wagten, sich nach unseren Wünschen zu erkundigen. Sie rechneten wohl jeden Moment damit, daß wir aufeinander losgehen würden (was wir gar nicht beabsichtigten). Burger und ich sind beide laut, aber völlig unterschiedliche Gestalten. Norbert Burger ist sicher nicht glücklich darüber, daß ich in den Medien eine so exponierte Rolle spiele.

Nun ist der ehrenamtliche Oberbürgermeister politisch nicht der mächtigste Mann in Köln. Das sind vielmehr die Fraktionsvorsitzenden, vor allen Dingen die der SPD. Dazu gehörten anfangs Günter Herterich, später Klaus Heugel und Norbert Rüther. Angelegenheiten von besonderer Bedeutung habe ich im allgemeinen mit diesen besprochen. Aber auch zu einer Reihe von CDU-Leuten hatte ich immer guten Kontakt. Die Kölner Grünen kenne ich gar nicht, völlig im Gegensatz etwa zu den Grünen in Aachen oder in Bonn.

Herterich war ein sehr starker Mann, sein Geschäftsführer war Klaus Heugel, der ihm nachfolgte, nachdem Herterich in den Bundestag gegangen war. Heute ist Heugel Oberstadtdirektor und will der erste hauptamtliche Oberbürgermeister der Stadt Köln werden. Sein Vorgänger als Oberstadtdirektor, Kurt Rossa, den ich bis 1989 erleben durfte, war zwar ein wortgewaltiger Mann, aber etwas sanguinisch. Er hat sich auf Dauer in der SPD isoliert. Er beanspruchte für sich, der Größte zu sein; das beanspruchen in Köln übrigens viele für sich. Aber die Kölner mögen keinen »Größten«.

Ich wüßte nicht, welche politisch bedeutsamen Dinge ich mit Rossa besprochen hätte. Aber ich weiß noch genau, daß er bei den Konferenzen mit meinen Hauptverwaltungsbeamten, also den Oberstadtdirektoren und Oberkreisdirektoren, häufig das große Wort nahm und es nicht wieder abgab. Dabei klagte er über die allgemeinen Verhältnisse, bramarbasierte herum und sah die ehrenamtliche Tätigkeit als ziemlich uneffektiv an.

Ich habe diese Selbstisolierung immer bedauert, denn Rossa war ein überaus intelligenter Mann, sprachgewandt, wortgewandt, schrieb Bücher und hatte eine umfassende Bildung. Aber mit den politischen Verwicklungen und Verknotungen konnte er wohl weniger anfangen. Daß ihn zum Schluß, bei der Frage einer möglichen Wiederwahl, nur noch drei Leute von 91 unterstützten, war das Zeichen: er hatte keine Befürworter mehr, sondern es sich mit den meisten verdorben.

Daß Rossa schließlich gezwungen war, in der »Aachener Volkszeitung« lange Kommentare zu schreiben, die in erster Linie den Kölner Rat treffen sollten, war für mich deprimierend zu sehen. Abgesehen davon, daß die Kölner im allgemeinen wenig Aachener Zeitungen lesen, klang alles so wie die Abrechnung mit seinem früheren Arbeitgeber. Verbittert und undistanziert. Jedenfalls hat mich sein Credo, daß Ratsfrauen und Ratsherren, vor allem in Köln, weniger Übersicht hätten als er, nie überzeugt. Schließlich stehen Mandatsträger immer auch unter dem Druck ihres Wahlkreises, und dessen Prioritäten muß der Mandatsinhaber wahrnehmen und weitertragen. Dabei ist es völlig unerheblich, ob es der Weisheit letzter Schluß ist. Ich weiß davon ein Lied zu singen, denn ich habe fast zehn Jahre im Viersener Stadtrat gesessen.

Rossas Nachfolger Lothar Ruschmeier, der acht Jahre lang Oberstadtdirektor war, hatte noch weniger Kontakt mit mir als sein Vorgänger. Ich glaube, wir mißtrauten einander und beäugten uns. Wenn er bei mir nicht zum Erfolg kam, machte er sich zu den Ministerien auf, wo er mit offenen Armen empfangen und – manchmal auch gegen die Auffassung der Bezirksregierung – unterstützt wurde. Ich habe mich zum Beispiel oft über sein merkwürdig indifferentes Verhältnis zur Umwelt geärgert: Die Stadt ließ Ausnahmen und Befreiungen von landschaftsschutzrechtlichen Festsetzungen des Landschaftsplanes zu, war oft zu großzügig, nahm auch Flächenreduzierungen in Kauf.

Ein fieses Beispiel ist die Sache mit dem Hockeyplatz des Vereins Blau-Weiß im Jahre 1990. Der Kölner Club hat ein Gelände am Beethovenpark angemietet, das als Landschaftsschutzgebiet ausgewiesen ist. Es ist dem Verein untersagt, dort Rodungen und sonstige Eingriffe in die vorhandene Vegetation vorzunehmen.

Entgegen dieser Rechtslage begann der Verein im Jahr 1990 an der Südostseite mit Rodungen, auch ein hoher Erdwall wurde aufgeschüttet, der 6 Meter breit und 2 Meter 50 hoch war. Geschützte Hecken und sonstige Vegetation wurden zerstört, zudem befanden sich mehrere Meter des Erdwalls auf der öffentlichen Grünfläche.

Ich bin an diesem Wall vorbeigejoggt und habe die Stadt Köln, als Vermieter des Vereinsgeländes, informiert. In solchen Fällen muß man die Stadt Köln zur Jagd tragen: Also habe ich sie angewiesen, die Wiederherstellung des ursprünglichen Zustandes durch den Verein anzuordnen. Gegen die Verantwortlichen wurde ein Bußgeld in Höhe von 7.500 DM festgesetzt. Den Einspruch dagegen hat das Amtsgericht zurückgewiesen. Aber die Wiederherstellungsverfügung hat das Verwaltungsgericht Köln aufgehoben, da es den Rückbau des Erdwalls als nicht verhältnismäßig und die angeordneten Maßnahmen als nicht hinreichend bestimmt genug ansah.

Die Sache lief bis zum Oberverwaltungsgericht nach Münster, das letztlich diesen Eingriff tolerierte. Warum, ist mir unerklärlich. Solche Entscheidungen sollte sich auch ein Gericht gut überlegen. Sie ermuntern jeden anderen dazu, fremdes Gelände in Anspruch zu nehmen, ohne daß eine Sanktion erfolgt. Auch der Schutz der Wahner Heide war dem Kölner Oberstadtdirektor weniger wichtig als der Ausbau des Flughafens, obwohl hier der Nutzungskonflikt jedem deutlich war und ist.

Ruschmeiers Nachfolger als Oberstadtdirektor, Klaus Heugel, vormals Fraktionsvorsitzender der SPD, ist mit seinen Vorgängern nicht vergleichbar. Ich kenne Heugel schon lange, auch aus den verschiedensten Parteigremien, habe ihn als Fraktionsvorsitzenden immer zuverlässig gefunden. Er vertritt die Interessen der Stadt Köln klar, weiß aber auch Kompromisse einzugehen und versucht nicht, einen übers Ohr zu hauen. Das zeigt sich beispielsweise auch bei den Beratungen über den Haushalt, wo die Kölner natürlich über andere Steuerressourcen verfügen als viele Nachbargemeinden, andererseits aber auch zentrale Lasten tragen, die den Haushalt drücken. Man muß dem Rat und der Stadt ein Kompliment machen: Sie hat gespart, wo es notwendig war, positive Entwicklungen aber nicht durch buchhalterische Maßnahmen erdrosselt. Zudem wollten sie natürlich nicht unter der Knute des Regierungspräsidenten einen Haushalt fahren – was sicherlich auch ein Motiv war, vernünftig zu sparen.

Gemeinsam mit der Stadt und ihren Unternehmen habe ich stets für eine möglichst liberale Handhabung der wirtschaftlichen Tätigkeit der Gemeinden gekämpft, wie sie die nordrhein-westfälische Gemeindeordnung eigentlich nicht hergibt. Hätte man sich sklavisch an die Bestimmungen der Gemeindeordnung gehalten, dann hätte es keine Telefongesellschaft »NetCologne« gegeben: der Landtag hat erst 1998, also einige Zeit später, die Gemeindeordnung für die Telekommunikation geöffnet. Das gleiche Problem entstand bei der Energiewirtschaft. Fremde hätten zwar die Kölner Stadtwerke aufkaufen können, doch die Stadtwerke selbst dürften nicht einen einzigen neuen Kunden außerhalb der Stadt hinzugewinnen. Gott sei Dank hat der Landtag das unlängst geändert. Auch die Städte und Gemeinden müssen weiterhin wirtschaftliche Betätigungsmöglichkeiten haben, wenn man etwa daran denkt, daß die Kölner Stadtwerke die Kölner Verkehrsbetriebe mit über 150 Millionen DM jährlich subventionieren und damit die Fahrpreise niedriger halten. Gäbe es diesen Querverbund nicht, würde sich der öffentliche Nahverkehr maßlos verteuern.

In diesen Fragen bin ich mit Heugel einer Meinung. Wir telefonieren wöchentlich mindestens ein- bis zweimal, sehen uns häufiger, und ich kann nur sagen: Es ist angenehm und fruchtbar, mit einem Mann zu tun zu haben, der weiß, was Verwaltung bedeutet, der aber auch weiß, was man politisch machen kann und lassen muß.

In Köln sind die Verhältnisse politisch seit vielen Jahren sehr schwierig. Es gibt stille Koalitionen zwischen SPD und CDU, mit vielen Reibungspunkten. Die Kölner Grünen sind meines Erachtens zu chaotisch – jedenfalls wenn ich mir dagegen die Grünen von Bonn oder Aachen vorstelle –, um mit der SPD zusammen zu regieren. Es wird Zeit, daß auch die Grünen dieser Stadt näher an das politische Geschehen heranrücken, um nicht nur im Nein zu verharren, sondern bestimmte Sachen gemeinsam zu tragen. Wenn die Grünen aber mit der CDU gelegentlich Koalitionen bilden, muß man sich über die Sinnhaftigkeit dieser Bemühungen wundern. Das machen die nur, um die SPD zu ärgern.

Was man schließlich noch wissen muß: Es gibt keine andere Stadt von der Größe Kölns, die einem Regierungspräsidenten zur Aufsicht direkt unterstellt ist. Frankfurt wird vom Innenminsterium überprüft; Berlin, Hamburg und Bremen sind Stadtstaaten, auch für München gilt eine Sonderregelung. Daß eine Stadt von 1 Million Einwohnern sich nicht gerne etwas vorschreiben läßt, ist verständlich. Aber wie ich zu sagen pflege: auch hier muß es nach Recht und Gesetz zugehen.

Der Garten des Regierungspräsidiums

Als ich nach Köln kam, gefiel mir das Gebäude des Regierungspräsidiums überhaupt nicht. Was der Zweite Weltkrieg noch stehengelassen hatte – dort war die Regierungshauptkasse untergebracht: klassizistisch, Schinkel, 1830 –, war rosébonbonfarben angestrichen. Dazu gab es eine Muschelkalkfassade, die von der damals aggressiven Luft verschmutzt und derart verrottet war, daß sich der Kalk schon herauslöste. Im Innenhof befand sich eine Baustelle, weil man im Gartentrakt ein Gebäude des Architekten Schürmann hochgezogen hatte. Zwei riesige Platanen darbten unter der Verdichtung des Bodens, eine Zirbelbuche, ein sehr seltener Baum, drohte abzusterben. Das fand ich untragbar. Vor dem Hause lag Kleinpflaster, auf dem privilegierte Parker ihren Wagen hinter den mit Ketten gesicherten Absperrungen abstellen konnten. Im Sommer heizten sich Kleinpflaster und Fassade so auf, daß die Leute in den darüberliegenden Büros regelrecht vor sich hinkochten.

Auf meine dumme Frage, wieso das alles so wäre, wurde mir geantwortet: Die Parkplätze sind für die Mitglieder des Bezirksplanungsrates gedacht, dort würden außerdem an Karneval Tribünen errichtet, die direkt bis zum Fenster des Erdgeschosses reichten. Außerdem sei das immer schon so gewesen.

Ich meinte: Parken können die Leute woanders. Also habe ich Stück für Stück das Kleinpflaster rausreißen lassen, bis etwa zwei Meter vor dem Bürgersteig. Platz für eine Tribüne zum Rosenmontagszug gab es immer noch genug. Das Kleinpflaster ist übrigens an anderer Stelle ordentlich altertümlich weiterverwendet worden. An seine Stelle trat nun ein Grün, das man im Bürokratenjargon ganz zu Unrecht »Straßenbegleitgrün« nennt: allerlei Rosen, blühende Pflanzen, ein totales Durcheinander, ein wilder Garten, mitten in Köln. Aus einer toten Steinwüste war eine mittlere Idylle geworden.

Dann erfuhr ich, daß die Mönche von St. Andreas auf dem Gelände des Regierungspräsidiums, das damals noch »Mordhof« hieß, bis Anfang des 19. Jahrhunderts mitten in Köln Wein anbauten. Der trug allerdings die fragwürdige Prädikatsbezeichnung »Suure Hungk«. Also pflanzte ich am 11. 11. 1981, als sich auf dem Altermarkt ziemlich viele Jecken versammelten, zehn Weinstöcke Spätburgunder an der Mauer des Gebäudes. Dabei kam mir die Tatsache zu Hilfe, daß der Muschelkalk sich allmählich verabschiedete und die Platten sich zu lösen begannen. Ich diskutierte daraufhin mit dem zuständigen Abteilungsleiter im Bauministerium darüber, ob wir einen Dritten fänden, der mit uns – wegen Mißachtung der Verkehrssicherungspflicht – im Klingelpütz gegebenenfalls Skat spielen könnte, wenn jemand von diesen Platten totgeschlagen würde. Das begeisterte den damaligen Abteilungsleiter Professor Hallauer überhaupt nicht, und er riet mir zu einer neuen Fassade. Er hatte sich zunächst in den Kopf gesetzt, weißen Marmor dafür zu verwenden. Meine Antwort lautete: »Wir sind keine Bank, außerdem muß der Stein zur Zeughausstraße passen, also muß er möglichst braun sein.« Schließlich einigten wir uns auf einen geflämmten Granit – der natürlich dafür sorgt, daß die gespeicherte Wärme des Steins auch gut für meine Weinstöcke ist.

Spätburgunder wird gepflanzt (November 1981)

Warum hatte ich die fixe Idee, an meinem Amtssitz Spätburgunder zu pflanzen? Nicht allein wegen der Mönche von St. Andreas. Ich hatte schon im Garten meines früheren Hauses in Duisburg und in meinem neuen Domizil in Lindenthal durchaus respektable Weinernten erzielt: 50 Pfund von zwei Stöcken. Zusätzlich ergab sich, daß die alte Bezirksregierung, wie gesagt, von den Alliierten im Krieg zerbombt worden war und man 1830 nur Gips und Kalk verwandte – Spätburgunder liebt Kalk! Man könnte jetzt sagen, das sei eine fiese Form, aus dem Krieg noch Gewinn zu schlagen; aber man muß die Dinge nun mal so nehmen, wie sie sind, der Kalk war im Boden, und dort hinein setzte ich den Spätburgunder. Besser spät als nie.

Mit dem Wein wuchsen auch die neugepflanzten Gehölze, und meine Leute im ersten Stock und darüber hatten im Sommer plötzlich vier Grad weniger Hitze und waren deshalb auch damit zufrieden, daß die Reben ihre Zimmer ein wenig verdunkelten. Sie sagten, sie kämen sich vor, als lebten sie auf dem Lande.

Ein halbes Jahr nach dem Pflanzen der Rebstöcke brachte die Kölnische Rundschau eine Serie über Kölner »Wasserspiele mit Geschichte«, in der auch drei Brunnen im Präsidium vorgestellt wurden. Anlaß war die Fertigstellung der neuen Wasserspiele vor der Bezirksregierung. Alle Brunnen trugen tiefsinnige Spitznamen. Kurz vor meinem Dienstantritt war die »Heidexe« von dem damaligen Regierungspräsidenten Günter Heidecke eingeweiht worden. Eine Schildkröte aus Bronze, in Mailand gegossen, ruht auf einem Marmorsockel und wird von einem Frosch und einer Schlange mit Wasser bespritzt. Und Ende der fünfziger Jahre wurde unter Regierungspräsident Warsch ein kleines nierenförmiges Wasserbecken als Fischteich im Hof angelegt, das sogenannte »Warschloch«.

Der neue Brunnen, der mir dann im Rahmen der gesetzlichen Vorschriften zur Kunst am Bau von dem Solinger Bildhauer Henryck von Dywan im Vorgarten beschert wurde und der 10 Meter 25 hoch ist – der höchste Brunnen Kölns –, wurde mit dem Namen »Kantwerpes« belegt, wegen der vielen kantigen Metallplatten. Außerdem sei das, schrieb die Presse, ein beziehungsreicher Name, angesichts der Tatsache, daß der RP in seiner Amtszeit bereits bei einigen Leuten angeeckt war. Das Wasserspiel von Dywan war mir ein ziemlicher Dorn im Auge. Es war buntbemalt und sah aus wie Kirmes das ganze Jahr über. Gott sei Dank entwickelte sich auf den Platten bald ein Moosbehang, mit der Zeit wurden die bunten Farben völlig unsichtbar, und das Moos paßt sich dem Vorgarten hervorragend an.

Im Innenhof ließ ich die uralten Platanen sanieren, über deren Alter man sich nicht einig ist. Jedenfalls ist eine dieser Platanen, die größte, zugleich auch die dickste, die es in Köln gibt. Wenn man vor ihr steht, kommt man sich klein vor wie ein Wurm. Alleine 10.000 DM hat die Ertüchtigung der größten Platane gekostet: ein Baum, der, geschützt durch die Gebäude, wahrhaft ein Riese und für die Reinheit der Kölner Luft ein Gewinn ist. In der Nähe ihres Stamms wuchert allerdings eine Art Schnittlauch. Wie der dahin gekommen ist, weiß der Teufel. Ich empfehle Ihnen diesen Lauch zu Fisch und Salat. Meine Kantine benutzt ihn für manche interessanten Gerichte.

Ein Problem stellte sich allerdings bald darauf ein, das keiner erwartet hatte: der geflämmte Granit an der Südfassade, wo der Wein wuchs, war zu glatt. An ihm hält sich kein Efeu. Durch einen Trick konnten der größte Teil der Südwand und mittlerweile auch andere Wände im Regierungspräsidium aber doch mit Efeu bewachsen: man muß nur vorher wilden Wein klettern lassen, er klemmt sich am geflämmten Granit fest und bildet das Gerüst für das Efeu. Im Herbst 1984 erntete ich den ersten Wein, einen Jungfernwein. Es waren vier Körbe, ca. 20 Flaschen Roter und nur 68 Öchsle, aber ich war zufrieden. Für dieses Jahr war das akzeptabel, denn 1984 war wirklich kein gutes Weinjahr.

Jedes Jahr habe ich seitdem Wein geerntet, bis zu einem Zentner, und einen großen Teil der Flaschen für die Aids-Hilfe versteigert. Der Rekord lag 1998 und 1999 bei 30.000 DM für ca. 30 Flaschen. Das höchste Gebot, das realisiert wurde, waren 2.500 DM für eine halbe Flasche »Klein-Kölnhausener Zuckerberg«, das zweithöchste lag bei 2.100 DM.

Aber es gab auch kleinere Probleme. Im Oktober 1989 hatte ich ein Fläschchen meines Weins ins Rathaus gebracht. Es war der Abend der Kommunalwahl. Ich sollte dort das Ergebnis kommentieren, und da der Ausgang eine allgemeine Überraschung bescherte, hatten wir die Weinflasche vorübergehend nicht beachtet. Sie wurde geklaut. Sabine Petermann und Sascha Woltersdorf, zwei Kölner Studenten, konnten dem Anblick des populären Tropfens nicht widerstehen und begingen Mundraub. Ich habe das Paar detektivisch ermittelt, eine strenge Gardinenpredigt gehalten und die beiden für den Herbst 1990 zum Ernteeinsatz verdonnert. Die hatten nicht gedacht, daß sie ein Jahr später wirklich wieder etwas von mir hören würden. Sie konnten dann mit mir einen Zentner Trauben lesen, was quantitativ erfreulich war, aber sie hatten nicht genügend Öchsle. Mein Rekord liegt bei über 80 Öchsle, und das ist schon ordentlich für einen Spätburgunder.

1995 erntete ich meinen besten Wein mit fast 84 Öchsle. Ich nannte ihn »Cuvée Kardinal Melchers«, als eine Art Wiedergutmachung, denn der vor hundert Jahren verstorbene Kölner Kardinal Melchers, der von einem meiner Vorgänger wegen seines Widerstandes gegen den preußischen Staat ins Exil getrieben worden war, hatte im »Mordhof« angeblich den letzten Kölner Weinstock gepflegt. Als Hobbywinzer genieße ich in Köln jedenfalls einen solideren Ruf denn als Regierungspräsident.

Heute ist das Regierungspräsidium, wenn man so will, eine grüne Oase; im Innenhof hat das Efeu bereits das vierte Stockwerk erreicht. Nur der »Schürmann-Bau«, mit seinen glatten Fassaden, widersetzt sich meinen Bemühungen um Eingrünung. Allerdings trägt ein Teil der Dächer bereits Grün.

Wenn man mir nun bei all diesen Anstrengungen unterstellt, ich sei der Grünste der Grünen, so ist das durchaus falsch. Aber ich habe ökologische Gesichtspunkte immer beachtet, außerdem muß man an seine Mitarbeiterinnen und Mitarbeiter denken, die schließlich jeden Tag acht bis neun Stunden im Haus sind und die sich ein angenehmes Ambiente wünschen, um sich wohl zu fühlen. Nichts ist schöner, als in einer solchen grünen Wildnis zu leben und zu arbeiten. Auch was einem nur vorübergehend anvertraut ist, sollte man so behandeln wie ein Eigentümer, und nicht wie einer, der etwas verwohnt. Das hängt mit meinem Verständnis von Verantwortung unmittelbar zusammen. Wir sind nur ein Glied in einer Kette, wir müssen unseren Kindern eine lebenswerte Umwelt hinterlassen. Ich glaube, es gibt kein Verwaltungsgebäude in ganz Nordrhein-Westfalen, das so grün ist wie das Regierungspräsidium Köln. Ich habe mir vorgenommen, diesen »Urwald« mal der Umweltministerin Höhn zu zeigen, eine Grüne, der ich manchmal nicht grün bin. Aber erst, wenn die Tomaten reif sind, denn die gedeihen auf dem Balkon des Regierungspräsidiums ganz vorzüglich: wo früher die Präsidenten standen und dem Volk zuwinkten. Tomaten sind da besser, allerdings sind sie rot und nicht grün.

Was ich vom Karneval halte

Ich war erst wenige Monate Regierungspräsident, als mir im Sommer 1978 die Frage gestellt wurde, wie es denn mit dem Karnevalsempfang des Regierungspräsidenten in der kommenden Session bestellt sei. Irgendein Mitarbeiter fühlte sich für die Veranstaltung zuständig und insistierte fortwährend, mich dazu zu äußern. Nachdem ich mir den trostlosen fleckenübersäten Teppich meines Dienstzimmers angesehen hatte und auch ansonsten Erkundigungen über diese Feier eingezogen hatte, wurde mir klar: Das machst du nicht. Mich reizten auch nicht die 5.000 Mark, welche die Staatskanzlei für diesen Rosenmontagsempfang im Landeshaushalt zur Verfügung stellte, mich reizten noch weniger die Sponsoren, die angeblich den Rest des Empfangs bezahlten und die ich bis heute noch nicht kennengelernt habe.

Zu dieser Veranstaltung wurden an Rosenmontag zahlreiche Bürgermeister der näheren und weiteren Umgebung eingeladen, auch Botschafter und Botschaftsangehörige aus den unterschiedlichsten Ländern aller Kontinente. Vom Balkon des Regierungspräsidiums aus schaute man hochherrschaftlich auf den durch die Zeughausstraße ziehenden Rosenmontagszug, während die Mitarbeiterinnen und Mitarbeiter – aus anderen Fenstern – ebenfalls auf das bunte Gedränge blicken durften.

Als im Herbst durchsickerte, daß ich den Karnevalsempfang, den traditionellen, den jahrzehntelangen, den geheiligten, abschaffen wollte, führte das zu heftigen Reaktionen des Festkomitees. Aber der damalige

SPD-Fraktionsvorsitzende Günter Herterich lobte mich für diese Entscheidung in den höchsten Tönen und sprach mir Mut zu. Nachdem mich dunkle Gewitterwolken überzogen und das Festkomitee weiter schlechte Stimmung über mich verbreitete, bat selbiger Herterich sechs Wochen später kleinlaut, händeringend, inständig, ich solle den Empfang doch wieder geben, sonst könne es meinen Kopf kosten. Ich habe ihm entgegengehalten, das sei eher unwahrscheinlich, er kenne mich noch nicht.

Ich habe also den Empfang abgesagt und die 5.000 Mark den Düsseldorfern zurückgeschickt. Das Donnerwetter des Festkomitees traf mich mittschiffs: der Rosenmontagszug sollte – zu meiner Strafe – umgeleitet werden. Tatsächlich zogen am Rosenmontag die Festwagen über Unter Sachsenhausen, und die Zeughausstraße lag verödet da. Gleichermaßen verödet waren aber auch all die schönen Stellen, an denen sonst Tribünen standen und dem Festkomitee pralles Geld in die Kasse brachten. Das ging auf Unter Sachsenhausen nicht, dort war kein Platz, also floß kein Geld.

Wegen der Tribünen (angeblich auch wegen des besseren Zugweges) hat sich das Festkomitee ein Jahr später entschlossen, trotz mangelnden Empfangs im Regierungspräsidium, doch wieder die Zeughausstraße zu benutzen. So konnten wenigstens meine Mitarbeiterinnen und Mitarbeiter das prächtige Gedränge verfolgen. Ich selber begnügte mich damit, den Zug im Fernsehen zu betrachten. Ich mußte damit rechnen, was regelmäßig geschah, daß irgendeine Großfigur oder ein Bagagewagen Portraits von mir zeigten.

Mein Verhältnis zum Festkomitee besserte sich, als Bernd Assenmacher Präsident wurde. Er ist sicherlich einer der besten Kenner der Kölner Szene und ein durch und durch guter Manager. Später sind dann im Regierungspräsidium regelmäßig die Dreigestirne empfangen worden, zu einer Bergischen Kaffeetafel und immer zusammen mit meinem Friseur Harald Esser, der gleichzeitig der Hoffriseur des Dreigestirns ist. Dem Dreigestirn sieht man das an. Mir nicht. Aus meinen Haaren kann auch der Esser nichts mehr machen. Meine Frau und die Kinder sind regelmäßig ebenfalls dabei, wunderschön verkleidet.

Aber 1981 kam die Geschichte mit dem »Malheurschen«. Die fünfjährige Karnevalistin Andrea Schönenborn hatte von der Gewerbeaufsicht eine Ausnahmegenehmigung bekommen, wonach sie in der Session an 20 Tagen zwischen 8 Uhr und 17 Uhr auftreten durfte, und zwar höchstens zwei Tage in der Woche und fünf im Monat. Bei der Prinzenproklamation sollte Andrea im Gürzenich zwei Lieder singen, darunter »Ich bin eh kleen Malheursche«. Weil dies eine Abendveranstaltung war, lehnte die Gewerbeaufsicht den Antrag ab, daraufhin wandte sich das Festkomitee an die Düsseldorfer Staatskanzlei, an das Landesarbeitsministerium und angeblich auch an die Bundesregierung. Festkomitee und Eltern waren sich sicher, daß eine Genehmigung noch erteilt würde, die besorgten Eltern fürchteten sogar um den seelischen Zustand der jungen Künstlerin: »Wenn das Kind nicht singen darf, dann weint sie.« Der Festkomitee-Präsident Heiner Mühr ließ also den Auftritt von Andrea bei der Proklamation zu, doch einige Gäste äußerten sich kritisch. Oberbürgermeister Norbert Burger sprach von einem schlechten Beispiel.

Nach diesem nicht genehmigten Auftritt bei der Proklamation um 20 Uhr 30 leitete die Gewerbeaufsicht ein Bußgeldverfahren gegen die Eltern Schönenborn

Express vom 1. Februar 1997 (Zeichner: K. H. Schrörs)

ICH GRÜSSE MEINE FANS IM SAALE, BIS MORGEN!
BRAVO... BRAVO... BRAVO...
ZUGABE... ZUGABE... ZUGABE...
FRANZ-JOSEF, FRANZ-JOSEF, FRANZ-JOSEF...

und gegen den Festkomitee-Präsidenten Heiner Mühr ein. Wir ließen verlauten, daß Uneinsichtigkeit sich immer erhöhend auf die Bußgeldzumessung auswirke, und ich habe gesagt: Auch im Karneval gilt das Jugendarbeitsschutzgesetz, selbst in Köln.

Das führte dazu, daß beim Besuch des Dreigestirns auch Festkomitee-Präsident Mühr, barfüßig, im Büßergewand, vor mich trat und meinte: »Ich bitte ab, ganz ohne Zierung / die Untat bei der Proklamierung / und der Gesetzeshüter arg Brüskierung: / Laß die Straf' des Präsidenten / mit Narretei bei elf Mark bewenden.« Doch der Präsident des Festkomitees wollte darüber hinaus vor Gericht ein für allemal klären lassen, ob das Kinderarbeitsschutzgesetz auch für den Karneval gilt. Dazu ist es nicht mehr gekommen, Präsident Mühr bekam einen Bußgeldbescheid über 1.500 Mark. Die wollte er nicht bezahlen, und das Gericht stellte das Verfahren ein, weil es zu der Überzeugung kam, daß das »Malheursche« ein Einzelfall und Wiederholung nicht möglich sei, Mühr zudem auch nicht mehr Festkomitee-Präsident sei. Auch die Eltern von Malheurschen kriegten einen Bußgeldbescheid, der wurde ebenfalls niedergeschlagen. Jedermann war danach aber klar: Es wird niemals mehr eine Fünfjährige zur Abendzeit im Karneval ein Liedchen trällern. Mittlerweile ist Andrea Schönenborn, wir schreiben das Jahr 1999, eine erwachsene Frau und zählt 22 Jahre. Sie singt gelegentlich immer noch und bastelt an ihrer Karriere.

Insgesamt bin ich kein Karnevalsjeck. Erst auf meine alten Tage haben mich eine Reihe von Karnevalsgesellschaften als auszuzeichnendes Subjekt ausfindig gemacht, allerdings überwiegend außerhalb von Köln. Da gibt es die Klüttefunken aus Erftstadt, die mich zum Ehrenoffizier ernannt haben, und die Duisburger Prinzengarde. In Mülheim an der Ruhr habe ich die »Spitze Feder« erhalten, in Wesel den »Eselsorden«, und in Köln, bei der Römergarde von Köln-Weiden, den »Goldenen Römer«. Diese Ehrungen liegen alle in der Zeit von 1997 bis 1999. Der Karneval hat lange gebraucht, um mich zu entdecken – oder ich ihn.

Ein Journalist schrieb im »Kölner Stadt-Anzeiger«, ich sei relativ spät jeck geworden. Er hatte in den Amtlichen Mitteilungen der Bezirksregierung Köln eine Verordnung gefunden, mit der ich das Dreigestirn unter Naturschutz gestellt hatte, und zwar wegen erwiesener Schönheit. Das Dreigestirn des Jahres 1999 kam nämlich unerwartet von der Karnevalsgesellschaft UHU in Köln-Dellbrück, und Uhus, lateinisch Bubo Bubo, stehen unter Naturschutz. Was lag da näher, als auch den Karnevals-Uhu als naturschutzwürdig anzuordnen?

Aber ein anderes Ereignis, das weit über Köln hinaus bekannt wurde, hat meine karnevalistische Ader manchen Skeptikern offenbart: eine alternative Sitzung mit 4.000 Närrinnen und Narren, genannt »Schnieke Prunz«, die von dem Kabarettisten und Stunk-Karnevalisten Jürgen Becker geleitet wurde. Auf dieser Veranstaltung sollte ein Politiker auftreten. Das war zunächst Gregor Gysi, den haben die Leute aber gnadenlos ausgepfiffen. Dann kam ich, in einer Mülltonne auf die Bühne geschoben, und mit Polizeimütze, Pfeife und Kelle ausgestattet, um den Leuten eine längere ermahnende Rede anzudrohen – und wurde ebenfalls mitleidlos ausgepfiffen. Ich hatte aber nur einen wahnsinnig schlechten Tag. Bei der folgenden Veranstaltung, keine 24 Stunden später, kam ich wieder mit der Mülltonne raus, da haben die Leute sogar nach Zugaben gerufen. Mein Mut, nach dem »Litschen«, wie man in Köln sagt, also dem Durchfallen und Ausgebuhtwerden, einfach wieder in die Bütt zu steigen, war Tagesgespräch. Ich bin dann ein drittes Mal eingestiegen, da lief alles schon ganz normal, und keiner hat sich mehr darum gekümmert.

Exkurs über den Tee

Als Jugendlicher stand ich einmal wegen Schmuggelei von 3 Kilo holländischem Kaffee vor Gericht. Ich hatte sie sorgfältig unter meinem Anorak verborgen, sah wohl etwas rundlich aus und fiel dem Zoll in Kaldenkirchen an der holländischen Grenze auf. Soweit ich mich entsinne, habe ich 20 Mark Buße bezahlt. Ein ältlicher Jugendpfleger versuchte das Gericht von meiner Beinah-Unschuld zu überzeugen, was nicht gelang.

Wir schmuggelten fast alle Kaffee. Der war in Venlo so billig, wenn er auch brasilianischer war, den die Deutschen traditionell weniger bevorzugen. Aber dieser Schock und meine geringe Neigung, Kaffee zu trinken, führten mich viele Jahre später, 1966, zum Tee. Ich lernte das Teetrinken in England kennen, genauer gesagt, in London. Die Hausfrau meiner Privatunterkunft brachte jeden Morgen Tee ins Zimmer, »Typhoo«, so ein ganz feiner »Broken«, von dem ich heute behaupten würde, er könnte unter der Maschine zusammengekehrt worden sein. Dennoch schmeckte mir diese Mischung, wohl mit Assam durchsetzt, äußerst angenehm.

Wieder daheim, bereitete ich mit Hilfe des weichen Viersener Wassers meinen ersten eigenen Schwarztee: Ceylon. Später lernte ich den Darjeeling kennen, jenen Tee, der an den Hängen des Himalaja durch seine Höhenlagen die feinsten Geschmacksempfindungen erzeugt. Man kann die Darjeelings wie Rheingauer Weine einordnen, sowohl nach den Teebüschen als auch nach der Lage.

Am liebsten trinke ich die mit Chinabüschen entstandenen Provenienzen. Dieser Tee ist weich, zart, blumig, nicht aufdringlich und sollte ohne Zucker und Sahne getrunken werden. Die kräftigeren Büsche, die dem heutigen Publikumsgeschmack mehr entsprechen, dominieren eher in Assam. Die kräftigere Tasse verlangt auch Zucker und ein wenig Sahne. Man sollte den Tee nicht länger als vier Minuten ziehen lassen. Zieht er zu kurz, regt er einen zu stark auf, zieht er zu lang, ist er zu bitter. Am besten macht man das mit einer Teeuhr und nicht aufs Geratewohl (Sie erinnern sich an die Gewichte).

Leider gibt es hierzulande nur unzureichende Hinweise über die Plantagen und deren Teebuschbestand. Zudem schmeckt ein First-Flush sehr viel zarter als ein Second-Flush oder gar ein Autumnal, der im Herbst in kleinen Mengen gepflückt wird. Frisch muß der Tee sein, älter als 18 Monate sollte er möglichst nicht sein. In meinem Arbeitszimmer habe ich eine Karte von Darjeeling, wo die Plantagen so verzeichnet sind wie in Weinbüchern üblicherweise die Weinberge. Die nördlichsten sind die besten, es sind die höchsten. Immer da, wo die Temperatur niedriger ist und sich die Büsche langsamer entwickeln, das gilt auch für Reis oder Getreide, können auch die besten Tees wachsen. Ich nenne einige dieser Plantagen, damit Sie danach forschen können: Tumsong, Tukdah, Badamtam und Tukwar sind zu empfehlen. Die südlich angrenzenden Tees aus Terai sind breiter, aber ebenfalls geschmackvoll. Wenn Sie also einmal mit dem Zug nach Darjeeling fahren, eine reizende Fahrt – ich war allerdings noch nicht da, habe aber den Film gesehen – dann schwärmen Sie aus, nach Norden, Westen oder Osten, und besorgen sich am besten den First-Flush oder Second-Flush dieser Plantagen. Mir fällt gerade noch Lingia und Soom ein. Das Ganze hat keinen Anspruch auf Vollständigkeit, doch eine kleine Hilfestellung kann ja nicht schaden.

In den letzten Jahren hat übrigens die Qualität des Tees aus Indien nachgelassen. Das mag daran liegen, daß sich die Erde stärker erwärmt, die Temperaturen auch in Darjeeling steigen und der Regen zunimmt. Die Folge war, daß etwa 1996 und 1997 die Qualität zu wünschen übrig ließ. 1998 war aber wieder sehr zufriedenstellend. Sehr gut ist auch der 99er, aber es hat im Winter nicht genug geregnet, und deshalb ist die Erntemenge sehr klein.

Nun müssen Sie nicht meinen, ich würde täglich diese Darjeelings trinken, nein, ein Assam, ein Ceylon oder auch Provenienzen aus Afrika gehören mit dazu. Das Wasser muß weich genug sein, 7 Härtegrade, und es sollte möglichst PH-neutral sein, also 7 und nicht 6,5 PH. Das bißchen Säure schadet schon dem Geschmack. Übrigens gibt es im ganzen Regierungsbezirk nur drei Stellen, an denen das Wasser ungefähr sieben Härtegrade hat. Die Stellen verrate ich Ihnen nicht, es sei denn, Sie fragen danach. Aber bitte mit Rückporto.

Sie sollten sehr sorgfältig auf die Zubereitung achten, also keine Handvoll Tee, keine Prise Zucker, keine Teelöffel, sondern regelrechte Meßlöffel. Für eine Kanne mit einem Liter braucht man circa 16 Gramm Tee. Vier Minuten ziehen lassen, und dann entscheiden Sie sich, ob Sie Zucker hineingeben. Bitte keinen Teelöffel voll, weniger; wegen Ihres Geschmacks bin ich ausnahmsweise unpräzise. Und wenn Sie Sahne verwenden, niemals Dosenmilch nehmen. Möglichst auch keine wärmebehandelte Schlagsahne, denn das Zeug hat durch die Erhitzung den Milchzucker karamelisieren lassen und beeinträchtigt den Geschmack des Tees.

Zum Schluß noch ein Rat an die Kölner: Das Kölner Wasser ist gut, sagen die Stadtwerke. Tatsächlich ist es sehr hart und erreicht je nach Stadtteil zwischen 16 und 24 Grad Gesamthärte. Wenn Sie damit Tee kochen wollen, nehmen Sie am besten einen dunklen, fetten Assam oder einen Gunpowder, einen pulverisierten Ceylon. Diese Ratschläge wären nicht nötig gewesen, wenn die Stadt zeitig genug mit dem Umland die Naafbachtalsperre gebaut hätte. Dann wäre das Wasser wesentlich weicher. Der Wasserpreis allerdings etwas höher. Man kann nicht alles haben.

III

Verwaltung und Politik – Wirksam Handeln

Von Bürgermeistern und Stadtdirektoren

Das Regierungspräsidium führt – per gesetzlichem Auftrag – die Aufsicht über die Kreise und kreisfreien Städte, es kümmert sich bei unausgeglichenen Haushalten aber auch um die kreisangehörigen Gemeinden. Außerdem gibt es hin und wieder Zuschüsse für Krankenhäuser, Kläranlagen, Schulen und städtebauliche Maßnahmen. Kein Wunder also, daß manches Stadtoberhaupt und mancher Verwaltungsmensch mit fast schon übertriebener Freundlichkeit und gezierter Hochachtung dem Regierungspräsidenten gegenübertritt. Wenn man von jemandem etwas will, setzt man ja kein ärgerliches Gesicht auf und schlägt wild um sich. Doch kaum haben die betreffenden Damen und Herren sich umgedreht und nähern sich ihren eigenen Leuten, werden sie wieder von tiefem Ernst befallen. Und sollte dann ein Haushalt nicht genehmigt sein oder ein Zuschuß verwehrt werden, mangelt es auch an bösen Kommentaren nicht. Das Herumgiften gipfelt schon einmal darin, die Abschaffung des Regierungspräsidenten zu fordern. Eine Vorstellung, die bei manchem Bürgermeister sicherlich leuchtende Augen bewirkt.

Von Obrigkeitsdenken ist dann die Rede. Ein ehemaliger Kreisdirektor in Euskirchen hat mich mal »Stinkstiefel« genannt. Allerdings war er betrunken. Aber immerhin gelangte es in die dortigen Zeitungen. Kurfürstliches Gehabe wurde mir unterstellt, mittelalterliche Züge trügen manche meiner Aktionen, Eitelkeit sei mein einziges Motiv. Natürlich ist es für einen

Rat schwer erträglich, wenn wir ihm mangels Haushaltsausgleich genau vorschreiben müssen, wieviel Geld er ausgeben darf: und zwar für die nächsten fünf Jahre.

Wenn ich gedanklich durch den Bezirk schweife und Köln einmal auslasse, weil es anderswo genügend Berücksichtigung findet, dann fällt mein Blick zuerst auf den *Kreis Heinsberg* im äußersten Norden. Eine Gegend, die sich nicht nur durch ausgezeichnete Radwege, hervorragenden Spargel (holländische Grenze) und nicht zuletzt durch samt und sonders ausgeglichene Gemeindehaushalte besonders hervorhebt. Hervorhebung ist dort besonders wichtig, weil es sich um eine immens flache Landschaft handelt, was aber den Pedalrittern beiderlei Geschlechts entgegenkommt. Die Oberkreisdirektoren Theo Esser und Leo Thönnissen haben jahrzehntelang mit strenger Hand den Kreis regiert, unterstützt von einer absoluten CDU-Mehrheit, der der hauptamtliche Landrat Karl Gruber auch sein Amt verdankt. Die Heinsberger sind verträgliche Menschen und ähneln den Viersenern: Bodenständige Leute, die langsam und breit reden, so daß sie selbst ein Ausländer mit schwachen Deutschkenntnissen noch gut versteht.

Ich erinnere mich noch gerne an die Spargelessen bei »Wilms« oder bei »Tante Luzie« in Wassenberg. Der Kreis bezahlte den Spargel, und ich brachte den Wein mit, und zwar vorsichtshalber aus meinem Keller. Ich verweise in diesem Zusammenhang auch auf meinen epochalen Artikel »Welcher Wein paßt zu weißem Spargel«, der vor einigen Jahren im Mitteilungsblatt der Gemeinde Alfter erschien und seltsamerweise geringes Aufsehen verursachte, obwohl darin so tiefschürfende Erkenntnisse über Spargel und Wein wie sonst nirgendwo zu lesen standen. Gegen geringe

Gebühr kann ich Ihnen diese Erkenntnisse postwendend zusenden. Hier fehlt der Platz.

Da es haushaltsmäßig mit dem Kreis Heinsberg kaum Beschäftigung gab, haben wir uns auf anderes konzentriert, etwa die feierliche Einweihung eines Steins in der Gemeinde Selfkant. Auf meine Anregung hin wurde hier der westlichste Punkt der Bundesrepublik fixiert. Der Punkt wäre auch ohne meine Anregung der westlichste, doch könnte man ihn nicht finden.

So idyllisch, wie ich bislang den Kreis beschreibe, ist er aber nicht. Bei der kommunalen Neugliederung, für die ich im Landtag mit zuständig war, hatte ich den neuen Kreis Heinsberg nicht gewollt. Ich hatte andere Vorstellungen. Ich habe vorgeschlagen, den alten Kreis Erkelenz mit dem Kreis Kempen-Krefeld und Teilen des Kreises Geldern zu einem neuen Umlandkreis zu Mönchengladbach und Krefeld zu formen – mit Sitz in Viersen. Viersen war die größte Stadt und lag im Mittelpunkt. Jedenfalls löste diese Sache bei den örtlichen Politikern noch Jahre später größte Vorsicht aus, als ich die ersten Male als Regierungspräsident den Kreis betrat. Doch das hat sich zwischenzeitlich gegeben. Im östlichen Teil wird der Kreis in der Höhe von Erkelenz vom Braunkohlentagebau Garzweiler II angeknabbert, mehrere tausend Menschen müssen dort umgesiedelt werden. In der Höhe von Hückelhoven machte 1997 die letzte Zeche des Aachener Reviers dicht, Sophia Jacoba, und Tausende Arbeitsplätze gingen verloren. Dagegen hat in Wegberg, wo mein Großvater herkam, die Ansiedlung einer großen Versuchsstrecke durch die Firma Siemens auf dem ehemaligen Gelände des britischen Flughafens Wildenrath neue Arbeitsplätze geschaffen.

Bleibt noch nachzutragen, daß der Stadtdirektor von Heinsberg, Josef Offermann, mich jahrelang zu korrumpieren versuchte, indem er regelmäßig im Herbst eine Steige rote Sternrenetten im Vorzimmer ablieferte. Mit dem fiesen Hintergedanken, endlich seine 10 Millionen DM für das Heinsberger Krankenhaus zu bekommen. Er hat das Geld 1999 tatsächlich erhalten. Hoffentlich liefert er die Äpfel trotzdem weiter, denn mein Büro hat Geschmack an diesen säurearmen, sonst kaum noch erhältlichen Äpfeln gefunden. Übrigens hätte er die 10 Millionen DM auch so bekommen, denn diejenigen, die bei mir darüber entscheiden, haben nie einen Apfel gesehen. Das macht neutral. Dafür bekommen sie die nächste Steige, falls Josef Offermann noch im Amt ist. Er soll nämlich einen Bock geschossen haben, einen richtigen, einen Tag vor Ende der Schonzeit.

Stadt und Kreis Aachen sind sich nicht immer grün. Das liegt einfach an der engen Nachbarschaft. Die Stadt, die weniger Einwohner hat als der Kreis, sieht sich als Mittelpunkt der Region, was sie auch ist, doch der Kreis möchte auch ein wenig mittig sein.

Zehn Jahre lang hatte Aachen während meiner Zeit einen CDU-Oberbürgermeister, und vorher auch schon. Kurt Malangré, fast gleich alt wie ich, war ein immer verbindliches Stadtoberhaupt. Der Oberstadtdirektor Heiner Berger, auch CDU, kam mit den eigenen Leuten oft nicht zurecht, was ihn ehrt. Seit 1989 wird Aachen jedoch von einer rot/grünen Mehrheit regiert, die mit der Schaffung einer fußgängerfreundlichen Aachener Innenstadt bundesweit Aufsehen erregte. Sie sperrten einfach an Samstagen einen Teil der Innenstadt ab, was die Autofahrer, aber auch den ADAC, die Kammern und manch anderen, aufs äußerste erregte. Die sind offenbar immer der Meinung, man müsse mit seiner Karre bis zur Theke kommen. Obwohl ich sie bei ihrem Vorhaben kräftig unterstützte, mußten die Aachener letztlich das Experiment beenden und die Barrieren wieder wegräumen. Mehr Platz für Fußgänger und Radfahrer wurde aber allemal gewonnen.

Aachen hat einen defizitären Haushalt, den die Stadt erst in Jahren ausgleichen kann. Folge: Häufig waren die Vertreter der SPD und der Grünen bei mir, um mir Zugeständnisse abzuringen; wobei die Grünen durchaus keine übertriebenen Forderungen stellten, sie haben das Regieren dort nach zehn Jahren bestens gelernt. Der hauptamtliche Oberbürgermeister Jürgen Linden, der vorher ehrenamtlich war, ist in Aachen sehr populär. Doch manche seiner Äußerungen stoßen auf große Zurückhaltung bei seinen eigenen Leuten. Aber wer direkt gewählt werden will, kann keine klassenkämpferischen Töne absondern. Der CDU-Bürgermeister Daldrup, der auch mal Oberbürgermeister werden will, ist in der eigenen Partei äußerst umstritten, und hinter vorgehaltener Hand sagen Aachener Christdemokraten, mit dem könnten sie die Wahl nur verlieren. Er veranstaltet übrigens sogenannte »Events«, auf denen Gorbatschow oder Castro erscheinen sollten. Die sind aber vorsichtshalber nicht gekommen, und die, die kamen, haben für ihr Essen ordentlich bezahlt.

Den Aachener Haushalt, so defizitär er auch war, habe ich in den letzten Jahren immer mit dem Kämmerer Joachim Witt besprochen: im dortigen »Quellenhof« beim Baden. 36 Grad warmes Wasser vertreibt trübe Gedanken über Geld. Trotz aller finanziellen Enge kriegt Aachen seine neue Therme. Die gehört dahin. Das meinen auch die Aachener. Ich komme mir vor wie der Patenonkel. Väter hat das Objekt ohnehin genug.

Der Kreis Aachen dagegen ist bei der letzten Kommunalwahl in ein tiefes schwarzes Loch gefallen.

Vorher hatten die Sozialdemokraten fast überall die absolute Mehrheit, 1994 blieb ihnen nur noch eine Stadt übrig, nämlich Würselen. Keiner will für die Niederlage verantwortlich sein. Aber ich denke, mancher Spitzenkandidat konnte die Bürger nicht überzeugen. Der jetzige Landrat Meulenbergh, ein Landwirt, hat sogar eine Koalition mit den Grünen geflochten, was die siegesgewohnte SPD nur wütend erträgt.

Denke ich an den Kreis Aachen, so denke ich auch an Friedrich Jansen, den langjährigen Oberkreisdirektor, leider viel zu früh verstorben, der seinen Laden stramm führte und überaus sachkundig war. Wenn ich mal etwas sagte, das ihm nicht paßte, meldete er sich gleich am Telefon: »Herr Regierungspräsident, ich darf mir erlauben, Sie mit allem Respekt darauf aufmerksam zu machen ...« Sein Nachfolger Walter Fricke, ein früherer Abteilungsleiter von mir, der vorübergehend in die Kommunalwirtschaft abwanderte, war nicht ganz so höflich. Einmal war ich so wütend, daß ich schrie: »Ich habe eine Natter an meinem Busen gezogen, eine Natter namens Fricke.« Das war ungerecht. Mit zunehmender Amtszeit wurde Fricke friedlicher und akzeptierte meine »natürliche« Autorität – oder tat jedenfalls so.

Vom *Kreis Düren*, zwischen Köln und Aachen gelegen, habe ich einmal keß behauptet, er sei eine kulinarische Wüste. Erst danach stieß ich auf einige liebliche Oasen, die meinen Gaumen betörten (siehe auch unter Essen). Der Kreis hat eine SPD/Grünen-Mehrheit, allerdings eine sehr kleine, und es gibt dort äußerst interessante Personen. An ihrer Spitze Jupp Vosen, »Schöppe Jupp« genannt, erst ehrenamtlicher, nun hauptamtlicher Bürgermeister von Düren. Jupp Vosen kann sich noch nicht daran gewöhnen, Beamter zu sein: Als er die Bilanz seiner ersten 100 Tage zog, stellte sich heraus, daß er davon 38 Tage in Urlaub gewesen war, obwohl er nur Anspruch auf 10 Tage hatte! Bei Jupp Vosen, der sich viele Jahre im Bundestag mit Forschung beschäftigte und eine Stimme wie ein Reibeisen hat, ist die Chance, zu Wort zu kommen, äußerst gering – und das will bei mir schon was heißen! Jupp Vosen ist ein Dürener Unikum, bisher hat ihn noch keiner gebändigt. Seine Partei nicht, sein Rat nicht, seine Stadt nicht – und ich auch nicht.

Die letzte kommunale Aktivität, die mir auffiel – sieht man einmal von Jupp Vosens Urlaub ab –, war der Versuch des Präsidenten der Landwirtschaftskammer Wilhelm Lieven aus Titz, am Jackerather Kreuz, einem Autobahnviereck, mit Hilfe eines Brunnenbohrers eine Badeanstalt mit Mineralwasser zu errichten. Überall in der Kölner Bucht, aber auch darüber hinaus in der Eifel brodelt es, wenn man mit einem Bohrer nur tief genug in die Erde stößt. Doch das Projekt ist gescheitert. Nicht am Mineralwasser, sondern am Geld. Das ist in der Regel bei solchen Projekten der Fall. Das wissen jetzt auch die Titzer, und das Jackerather Kreuz liegt weiter trocken in der niederrheinischen Landschaft.

Der *Erftkreis*, westlich von Köln gelegen, ist die Nummer eins in Europa. Von was, weiß ich nicht genau. Aber so stand es auf einem Schild an der Autobahn, das ich aus Gründen der Verkehrssicherheit zu entfernen angeordnet hatte. Der Kreis hat einen hauptamtlichen Landrat namens Bell, der auf kuriose Weise zu seinem Job gekommen ist: mit Hilfe von fünf abtrünnigen SPD-Leuten wurde er von der CDU gewählt, gehört aber der SPD an. Sein Mitbewerber Klaus Lennartz, ein SPD-MdB, schaute in die Röhre. Die daraufhin entstandenen Konflikte zwischen dem überraschenderweise gewählten Landrat und dem unterlegenen

Gegenkandidaten füllen Bände. Ich habe mich einmal, nach reiflicher Überlegung, aber leider ohne exakte Kenntnis der näheren Umstände, zu einem »Friedensgespräch« zwischen den beiden Kontrahenten Bell und Lennartz hinreißen lassen. Ich signalisierte mit süßen Flötentönen, sie mögen sich vertragen. Daß sie sich beim Dessert nicht an den Hals gegangen sind, wunderte mich. Aber eines wußte ich: Das kann keiner mehr kitten. Und so ist es auch geblieben.

Was waren das dagegen noch gemütliche Zeiten, als der friedliche, aber taktisch schlaue Bernhard Worms Landrat des Erftkreises war und mit einer CDU/FDP-Koalition im Kreistag die Mehrheit hatte. Vor der kommunalen Neugliederung bestand dieses Gebilde aus dem Kreis Bergheim und dem Kreis Köln-Land. Ich weiß noch um den Zank wegen des Namens. Im Landtag, wenn auch nicht öffentlich, habe ich gesagt: Landkreis Köln ginge nicht, obwohl alles auf Köln orientiert ist; beiden gemeinsam ist das Flüßchen Erft, also nennen wir ihn Erftkreis. Was ist das Interessanteste im Erftkreis? Sicherlich Schloß Augustusburg mit Schloß Falkenlust, das Barockschloß, wo früher die Staatsempfänge stattfanden. Respektabel sind aber auch die riesigen Kraftwerke der RWE. Oder schauen sie sich mal die Gesamtschule in Brühl an: die schönste Schule, die ich je gesehen habe. Sie könnten sich aber auch für die Go-Kart-Bahn von Michael Schumacher entscheiden: in der Nähe der Autobahn, auf dem Gebiet der Stadt Kerpen.

Im Osten der Stadt Köln liegt der *Rheinisch-Bergische Kreis*, von dem ein Kölner mal behauptet hat, er läge in Sibirien. Dieser Kölner hieß Konrad Adenauer, und er formulierte das so: Hinter Deutz (rechtsrheinischer Stadtteil von Köln) beginnt Sibirien. Adenauer war ja immer mehr Rheinländer als Osteuropäer. Aber schlimmer noch als die Zuordnung zu Rußland schmerzt die rheinisch-bergischen Kreisgewaltigen, daß der Kreis sozusagen ein Abfallprodukt der kommunalen Neugliederung ist: der Rest dessen, was nicht nach Köln eingemeindet wurde. Der Kreis zeichnet sich zudem durch einen äußerst raschen Wechsel bei den Oberkreisdirektoren aus; manche hielten es nicht einmal zwei Jahre lang in Bergisch Gladbach im Kreishaus aus. Ich habe seinerzeit diesen Kreis nicht gewollt; Leverkusen sollte dazukommen. Aber im Bayer-Casino im x-ten Stock des Bayer-Hochhauses zu Leverkusen wurde schließlich so lange getafelt, bis genügend unschlüssige Landtagsabgeordnete sich für die kreisfreie Stadt Leverkusen und gegen deren Eingemeindung entschieden hatten.

Da bin ich auch schon bei *Leverkusen*, das bei der Neugliederung Opladen sowie Bergisch-Neukirchen vereinnahmte, das erfolgreiche Bayer-Werk besitzt und eine in den letzten Jahren ebenso erfolgreiche Fußballmannschaft. Leverkusen hat sehr unübersichtliche Mehrheitsverhältnisse im Rat und einen Oberbürgermeister namens Walter Mende, der, im Gegensatz zu seinem Vater, dem ehemaligen Vize-Kanzler Mende (FDP), der SPD angehört und intern »Zack-Zack-Mende« genannt wird: ein Oberbürgermeister, der die Mehrheitsverhältnisse im Rat völlig mißachtet. Wenn es darauf ankommt, läßt er so abstimmen, daß sich am Ende die unterschiedlichen Meinungen gegenseitig aufheben. Er macht das aber nicht willkürlich, sondern rechtens; wüste Klagen der Unterlegenen bei mir können keinen Erfolg haben. In Leverkusen gibt es im Rat übrigens einen Bürgerblock, der sich überwiegend aus abgefallenen SPD-Anhängern zusammensetzt, der regelmäßig die Stadtspitze verdächtigt, ihre Aufgabe nicht wahrzunehmen.

Dies geschieht in einer Form, die mir die Haare zu Berge treiben würde; nicht so bei »Zack-Zack-Mende«, der milde lächelnd selbst die schlimmsten Attacken über sich ergehen läßt. Der Mann hat ein echtes Gemüt und ist unübersehbar ein Gourmet. Ich hatte ihn seinerzeit den Düsseldorfern als Oberstadtdirektor empfohlen, und er ist auch gewählt worden. Doch mit Hilfe der Republikaner. Da hat er das Amt nicht angenommen. Das nenne ich Charakter. Außerdem spricht für ihn, daß er eine Dame aus meinem Hause geheiratet hat. Das nenne ich Geschmack.

Der *Oberbergische Kreis* mit Sitz in Gummersbach ist den meisten Zeitgenossen durch die A 4 bekannt, die ihn quer durchschneidet. Durch allerlei Anschlußstellen erweckt diese Autobahn den Eindruck, als wollten die Leute von ihrer Gemeinde schnurstracks nach Köln fahren. Das tun zwar auch einige, aber der Kreis hat durchaus eine gesunde Wirtschaftsstruktur. Ich habe mal gesagt, die Oberberger seien meine »Schweizer«. Das trifft übrigens auch auf ihre religiöse Überzeugung zu, die ist nämlich ziemlich unterschiedlich. Viele Jahrzehnte war der Kreis fest in CDU-Hand, bis auch er Opfer einer rot/grünen Koalition geworden ist. An der Spitze stehen der Landrat Herbert Heidtmann und der Oberkreisdirektor Heribert Rohr. Trotz der guten Wirtschaftsstruktur sind die meisten Gemeinden des Oberbergischen Kreises arm dran: Sie können ihre Haushalte nicht ausgleichen. In vielen Fällen ist die Ursache einfach zu finden: Im Oberbergischen Kreis haben sich Tausende Aussiedler versammelt, alleine in Nümbrecht sind es 3.000 von 17.000 Einwohnern. Die finden zunächst keine Arbeit, Sozialhilfe muß aber geleistet werden, und das geht über die Kreisumlage direkt den Gemeinden ans Portemonnaie.

Oberberg ist das Land der Querköpfe. Wenn ich an den respektlosen Bürgermeister von Lindlar namens Theo Heimes denke, natürlich vom Niederrhein, oder den ehemaligen Gummersbacher Stadtdirektor Hans-Joachim Kochheim, mit dem ich im renovierten Hohenzollernbad zu einem Wettschwimmen verabredet war, bei dem ich nach den offiziellen Eröffnungsreden schon auf Sieg spekulierte, falls mein Gegner so langsam schwimmen würde, wie er redete. Aber er schwamm schneller, und mit seinen sportlichen Unterwasserwenden schlug er mich. Ich erklärte: Das Wenden macht die Sache noch schlimmer, ich bin noch nie für die Wende gewesen. Der mitschwimmende Landtagsabgeordnete Hans Kern gab schon kurz nach dem Start auf, weil ihm die Badehose runterrutschte. Sieben Jahre später wurde das Bad wegen neuerlicher Renovierungen abermals geschlossen und nie wieder geöffnet.

Wo ich gerade bei den Querköpfen bin. Einer der umtriebigsten Menschen in diesen Hügeln ist der Bundestagsabgeordnete Friedhelm Julius Beucher. Der verunsichert den Rat der Stadt Bergneustadt seit Jahrzehnten, gleichzeitig hat er in einem Selbsthilfeverein über 250 Arbeitslose von der Straße geholt und bei der letzten Bundestagswahl zum ersten Mal den Wahlkreis für die SPD gewonnen, mit ein paar hundert Stimmen. Sein Vorgänger als direkt gewählter Bundestagsabgeordneter, Horst Waffenschmidt, ist auch so ein Querkopf, wenn auch in Pension. Böslinge meinen, er habe so viele Aussiedler nach Deutschland geholt, daß sie die Bundestagswahl 1994 knapp für die CDU entschieden hätten. Denn die Aussiedler hätten in

Bei der deutschen Spargelkönigin in Alfter (1998)

Schlangen Kohl gewählt; die kannten drüben ja keinen anderen.

Der *Rhein-Sieg-Kreis*, mit 550.000 Einwohnern einer der größten der Bundesrepublik, ist das kuriose Ergebnis der ersten Neugliederung von 1964. An der habe ich nicht mitgewirkt, was ich ausdrücklich betone, denn der Kreis umschließt die kreisfreie Stadt Bonn: Wenn man vom linksrheinischen Teil des Kreises in die Kreisstadt Siegburg fährt, muß man immer durch Bonn: eine »Korridorlösung«. Der Kreis hat eine Fülle von Persönlichkeiten hervorgebracht, die mir das Leben auf verschiedenste Weise schwermachten, zum Beispiel der leider verstorbene erste Oberkreisdirektor Paul Kieras. Der beschwerte sich regelmäßig, daß die Schlüsselmittel, die das Land zu überweisen hatte, einen Tag zu spät auf der Kreiskasse seien. Die kamen von meiner Regierungshauptkasse. Er war ein leidenschaftlicher Jäger und schoß in der Schonzeit nicht auf Tiere, sondern symbolisch auf Menschen. Gott sei Dank haben die Kreistagsabgeordneten mehr unter ihm gelitten als ich. Aber der Kerl war kundig, klein und kühn, und da bin ich schon beim jetzigen Oberkreisdirektor, der heißt nämlich Kühn. Zwischendurch hatte noch Walter Kiwitt das Ruder in der Hand, der war von Kieras erzogen, noch pingeliger als sein Protektor und konnte mich gut belehren. Der jetzige Oberkreisdirektor Kühn will Landrat werden, ein Posten, der bisher ehrenamtlich von Dr. Möller wahrgenommen wird, und zwar so lange ich denken kann. Wenn man den Begriff »Herr« in Personen umsetzt, dann trifft das auf Möller zu, obwohl er politisch genau wußte, was er wollte. Aber die Form, in der er es sagte, war meisterlich: geschliffen, nicht penetrant, freundlich. Der Mann ist nicht von hier, war mein erster

Eindruck; so ist man hier nicht. Und tatsächlich, er kommt aus Niedersachsen, genauer gesagt aus dem Emsland.

Oberkreisdirektor Kühn geht mir mit anderen Themen auf die Nerven als sein Vorgänger. Er kommt mir mit den armen Windeckern. Windeck ist die ärmste Gemeinde im ganzen Bezirk, liegt an der Sieg, außerordentlich hübsch, malerisch, hat aber kaum Gewerbe und Industrie, ist notorisch defizitär. Dann kommt er auch noch mit dem Bürgermeister von Siegburg und liegt mir in den Ohren, das Herzzentrum müßte erhalten werden, obwohl die Siegburger es ohne Landesgenehmigung gebaut haben, nach dem Motto: Die normative Kraft des Faktischen ist auch was wert. Na ja, ich will die Reihe nicht mit Königswinter und Bad Honnef oder gar Wachtberg fortsetzen. Doch, Bad Honnef muß ich erwähnen, denn der dortige ehrenamtliche Bürgermeister Kayser ist wirklich der Kayser von Bad Honnef. Er gibt vorsichtshalber eine eigene Zeitung heraus, die Honnefer Volkszeitung, eine der kleinsten in Deutschland, und er will unbedingt das Bad auf der Insel Grafenwerth, mitten im Rhein, erneuern. Ein Glück, daß ich da auch schon mit der Familie geschwommen bin und mich auskenne. Wie überhaupt die Leute erwarten, daß ich jeden Winkel des Bezirks genauestens studiert hätte.

Da bin ich auch schon beim *Kreis Euskirchen*. Der südlichste des Bezirks, weitgehend in der Eifel gelegen und nur geringfügig kleiner als die griechische Insel Rhodos. Meine erste Bekanntschaft mit diesem Kreis war die Begegnung mit den dortigen Zeitungen. Man konnte glauben, der Krieg sei ausgebrochen, so kräftig und deftig wurde manchmal zur Feder gegriffen. Ein ahnungsloser Ministerialbeamter zu Düsseldorf muß, falls ihm jemals ein solcher Zeitungs-

Fast ein Skandal

RP zog die Notbremse

Ein Skandal erster Güte ist dem Kreis Euskirchen in letzter Sekunde erspart geblieben. Die Kreisverwaltung war auf dem besten Wege, zum Komplizen belgischer Vogelfänger zu werden. Nur um gut Wetter für eine gedeihliche Zusammenarbeit mit belgischen Behörden zu machen, wollte Kreisdirektor Josef Pelster mit seiner Ablehnung in Kauf nehmen, daß grundgesetzlich garantiertes Demonstrationsrecht mit Füßen getreten wird.

Weder Chaoten noch Umstürzler haben sich in Losheim auf bundesdeutschem Gebiet angesagt, um gegen den widerlichen Vogelfang einiger Belgier zu demonstrieren. Molotow-Cocktails und Steinschleudern sind nicht zu befürchten. Ein paar freundliche Polizisten werden genügen, um den Demonstrationszug wie bei einem Tambourfest zu begleiten.

Es gibt wohl kaum jemanden, der das Anliegen der Vogelschützer nicht unterstützen würde. Offenkundig hatten der Kreis und Polizeichef Kleimann aber alles andere im Sinn, als den Demonstranten bei ihrem legitimen Ansinnen zu helfen. Sie bemühten Verordnungen und legten dabei ein merkwürdiges Rechtsempfinden an den Tag.

Man kam nicht einmal ins Grübeln, als der pfiffige Vogelschützer Heerwagen den Behörden eine Brücke baute und sein „Oratorium“ ansagte. Nun fühlten sich die Behörden lächerlich gemacht und fanden erst recht einen Hebel, die Demonstration zu verhindern.

Die Notbremse zog der Regierungspäsident – Gott sei Dank. Happy End einer schlechten Provinz-Posse.

Kölner Stadt-Anzeiger vom 18. Oktober 1986

abschnitt in die Hände fällt, einen Schock kriegen. Hier ein kleines Beispiel: Seit 1980 bin ich mit dem damaligen Landrat Josef Linden, dem Oberkreisdirektor Karl-Heinz Decker, meinem zweitältesten Sohn und dem späteren Aachener Stadtdirektor Witt durch die Vogesen gewandert. 1999 machen wir das zum 20. Mal. Irgendwann Anfang der 80er Jahre wurde von den Euskirchener Christdemokraten, denn da waren solche, öffentlich bemängelt, daß man mit einem sozialdemokratischen Regierungspräsidenten zusammen auf Wanderschaft ging! Als ob man davon die Krätze kriegte. Die Kritik wurde zunächst leise, dann vehementer und schließlich offen geäußert, aber ohne Nennung von Namen. Wir haben uns letztlich nicht daran gestört, waren aber doch ein wenig verwirrt, was bei einer Wanderung dazu führte, daß wir uns in der Höhe von Dahlem, der kleinsten Gemeinde des Landes Nordrhein-Westfalen, verirrten und nur dem Lauf der Bäche folgend wieder in die Zivilisation zurückfanden. Wir trafen nämlich auf einen angelnden Ortsvorsteher namens Brandenburg, den ersten Menschen seit Stunden. So einsam kann der Kreis Euskirchen sein.

Derweil wird im äußersten Norden, in der Gemeinde Weilerswist, die ihren Namen zu Unrecht trägt, sie müßte Weilerszwist heißen, ein Gefecht ausgetragen zwischen dem Bürgermeister Dieter Zeller und dem SPD-Fraktionsvorsitzenden Detlef Schmidt, damit die Stimmung in dieser Gemeinde nicht nachläßt: zumal es um die Weiterbeschäftigung zweier hauptamtlicher Putzfrauen geht. Auch damit muß ich mich auseinandersetzen. Ist es nicht billiger, eine Reinigungsfirma einzusetzen? Sicherlich. Dafür in einigen Fällen auch staubiger. Besonders widerspenstig ist auch die Stadt Zülpich mit ihrem Bürgermeister Josef C. Rhiem und ihrem Stadtdirektor Ander. Dazu noch ein sonderbarer SPD-

Ratsherr, der immer Stimmung gegen mich macht, dessen Namen ich aber verschweige, weil ihn das ärgert.

Ganz schlimm ist es mit der Gemeinde Hellenthal, deren südlicher Zipfel auch der südlichste Zipfel des Landes Nordrhein-Westfalen ist. Wie schon im Fall Heinsberg, habe ich natürlich an diesem südlichen Zipfel zusammen mit dem Bürgermeister Haas einen Gedenkstein enthüllt, der heute fast vom Unkraut verdeckt wird. Sie finden ihn, wenn Sie die Bundesstraße 51 in Richtung Trier hinunterfahren, indem Sie der Höckerlinie des Westwalls folgen. Hellenthal also will in Teilen des Gemeindegebietes keinen Abwasserkanal, sondern nur Kleinkläranlagen, Dreikammersysteme. Die sind zwar teurer, aber ihnen geht es ums Prinzip. Ich habe daraufhin den Hellenthalern gedroht, ihnen einen Kommissar zu schicken. Die Drohung steht noch im Raum, ist aber überholt. Denn auch der restliche Teil von Hellenthal wird jetzt kanalisiert. Übrigens hat in Hellenthal bei der letzten Kommunalwahl eine Kanalpartei die meisten Stimmen erhalten, wenn man so will eine Antikanalpartei. Wenn das Schule macht, haben wir nachher nur noch Antiparteien, und alles versickert.

Bleibt noch Mechernich nachzutragen, eine Stadt von über 25.000 Seelen. Mechernich, mit gemischten Mehrheitsverhältnissen, mal so mal so, hat sich von außen einen Bürgermeister geholt, dem ich unlängst vorwarf, er hätte noch keinen Schulstandort für die Einrichtung einer neuen Realschule gefunden, weil er sich in seinem Ort nicht auskenne. Der Bürgermeister Schaper hat das später zwar öffentlich bestritten, soll danach aber in der Gemeinde herumgewandert sein.

Zuletzt ist noch der berühmteste Bürger des Kreises Euskirchen zu erwähnen, nämlich Heino. Heino, der Volksliedsänger, betreibt ein Café in Bad Münstereifel und wohnt auch im Kreis. Neben seiner dunklen Sonnenbrille besitzt er auch viel Gefühl fürs Geschäft. Seine Verehrerinnen und Verehrer kommen busweise in das schöne Eifelstädtchen. Seine Torten sind gut, aber sie machen, wie alle Torten, dick. Offensichtlich ißt er sie selbst nicht.

Man könnte mir mangelnde Seriosität vorwerfen, wenn ich von Heino auf *Bonn* komme; aber die frühere Bundeshauptstadt ist die letzte Gebietskörperschaft, die ich noch nicht habe Revue passieren lassen. Bonn nennt sich jetzt »Bundesstadt«. Durch eine schiefgelaufene Abstimmung ist ja Berlin zur deutschen Hauptstadt geworden, in Bonn werden seitdem nur noch Teilfunktionen des Regierens wahrgenommen: ein paar Ministerien, die Telekom, die Post, andere Bundesbehörden, die ihrerseits von Berlin oder weiteren Städten nach Bonn verlegt werden. Und UNO-Sekretariate, etwa die zum Schutz der Fledermaus. Fledermäuse sind Wesen der Abenddämmerung und der Nacht.

In Bonn gibt es seit 1994 eine rot/grüne Koalition, nachdem zuvor die CDU, teilweise mit der FDP, vierzig Jahre lang die Stadt regiert hatte. Vor allem durch die Familie Daniels: der Vater im Bundestag und Oberbürgermeister, der Sohn dann ebenfalls Oberbürgermeister. Dennoch hatte ich mit den Bonnern immer guten Kontakt, unabhängig von der politischen Couleur, mal abgesehen von einigen Heißspornen, die schon morgens ausrufen: »Schlagt die Sozialisten, damit der Kommunismus sich nicht ausbreiten kann«. Einer der Oberstadtdirektoren, mit denen ich gut zusammengearbeitet habe, war Karl Heinz van Kaldenkerken. Das war auch kein Wunder, denn der war vormals Stadtdirektor von Viersen, meiner Heimatstadt, und da saß ich im Rat und kannte ihn von der Verwaltungsseite. Ulkig, daß *ich* später über *ihn* Aufsicht ausübte.

Sein Nachfolger Hans Dieter Diekmann kam als Oberkreisdirektor aus Stade. Das erste, was ich mit ihm zu tun hatte, war, ein Disziplinarverfahren gegen ihn zu Ende zu führen. Er hatte angeblich aus einem Schloß in Stade Möbelstücke an seine Schwiegermutter veräußert. Irgendwas, wir wollen das hier nicht vertiefen, war jedenfalls unkorrekt; und nachdem er ein Disziplinarverfahren gegen sich selbst beantragt hatte, mußte er zur Strafe ein halbes Gehalt zahlen. Diekmann setzte sich nach einem erdrutschartigen Sieg von Rot/Grün in Bonn in die Privatwirtschaft ab, wurde jedoch immer noch heiß gehandelt als Kandidat für den Oberbürgermeister bei der 99er Wahl. Als er aber den Christdemokraten einen Korb gab, standen die ohne Kandidat da. Aber wer auch immer in Bonn kandidiert für diesen Posten: er wird Bärbel Dieckmann, auch wieder Dieckmann, aber anders geschrieben, kaum schlagen können. Zunächst ehrenamtliche, dann hauptamtliche Oberbürgermeisterin, hat sie dieses Amt, zum Erstaunen aller, so prall ausgefüllt, daß man aufstellen kann, wen man will, sie wird es schaffen. Die CDU tut mir ein bißchen leid, aber auch nur ein bißchen, denn vierzig Jahre sind eine lange Zeit, und die wollen gelebt sein. Der Fairneß halber muß ich jedoch Reiner Schreiber erwähnen, lange Chef der Stadtwerke, ein zwar kleiner, aber fixer Bursche, sicherlich das größte Talent, das die CDU in Bonn hat. Vielleicht war sein Wechsel in die Kommunalwirtschaft ein Fehler, aber wie sollte er ahnen, daß es einmal einen hauptamtlichen Oberbürgermeister geben würde? Jedenfalls mag ich ihn. Er hätte nur daran denken müssen, daß die von ihm gekauften Straßenbahnen zu schwer für die Schienen waren. Aber er ist ja kein Techniker, sondern Kaufmann.

Überblickt man diese kreisfreien Städte und Kreise, nennt die Namen und Taten, so sollte man eines wissen: Ich habe nie sozialdemokratische Bezirksregierungspolitik gemacht. Auch sozialdemokratischer Unsinn ist Unsinn, genauso wie christdemokratischer oder grüner. Meine Kommunalaufsicht – in der übrigens kein SPD-Mann oder -Frau sitzen, CDU weiß ich nicht, Grüne weiß ich noch weniger – achtet höllisch darauf, alle Gemeinden gleich zu behandeln. Manche meinen: gleich schlecht. Ich meine: gut, im Sinne des Gesetzes.

Ich mag die Leute im Bezirk, ich kenne sie. Sie sind nicht scheißfreundlich, eher ein bißchen ironisch, vergessen auch nicht, sich selbst ein wenig in den Vordergrund zu stellen, statt andere zu loben. Sie halten natürlich die Hand auf, wenn es was zu verteilen gibt, keiner ist zurückhaltend oder kleinlich. Sie klüngeln auch: Gibst du mir das, gebe ich dir dies. Dabei schauen Dritte oft verdutzt in die Röhre. Es wäre geradezu furchtbar, wenn dieser Menschenschlag den ganzen Tag nur lächelte, dazu noch höllisch sparsam wäre und außerdem alles machte, was der Staat vorgibt. Das wäre aberwitzig. Deswegen rufe ich auch denen in Düsseldorf zu: Man muß die Leute nehmen wie sie sind. Und wenn sie eine Dienstaufsichtsbeschwerde gegen mich nach Düsseldorf schicken, dann muß man mehr als sorgfältig prüfen, ob sie nicht doch berechtigt ist – oder vielleicht nur eine fiese kleine rheinische Gehässigkeit, bei der sich die Leute auf die Schenkel schlagen und sagen: Dem haben wir es aber wieder gegeben. Das erzählen sie dann ihrer Frau oder ihrem Mann zu Hause und verbringen den Abend bei einem schönen Tropfen in guter Stimmung, und zu dieser guten Stimmung möchte ich nicht immer meinen Beitrag leisten. Allzu eng sehen sollte man derlei jedoch nicht.

Autobahnsperren, Tempolimit, Verkehrskontrollen

Nichts hat mich so bekannt gemacht wie meine Initiativen beim Autoverkehr. Was denken die Leute, wenn sie einen bestimmten Namen hören? Bei Alt-Bundeskanzler Helmut Kohl fällt ihnen gleich die Leibesfülle und die Wiedervereinigung ein. Beim Bundeskanzler Gerhard Schröder fällt ihnen noch nichts ein, weil er erst kurz im Amt ist, und bei mir denken die Leute immer an Verkehr und »Autobahn bei Nebel sperren«. Das ist auch in Ordnung so.

Meine erste Aktion, die bundesweites Aufsehen erregte, war die Einführung von Tempo 100 auf dem Kölner Ring zum Dezember 1984. Ich hatte, bevor die Schilder in der Nacht aufgestellt wurden, ein halbes Jahr lang bereits auf einem Teilstück Tempo 100 ausprobieren lassen und festgestellt, daß die Unfälle um 20 bis 30 Prozent zurückgingen. Ich erinnere mich noch genau: meine Leute ermunterten mich dazu, sofort den ganzen Ring um Köln auf 100 umzustellen, und ich sagte damals: Die machen uns kalt. Und wenn wir dazu keine überzeugenden Daten haben, laufen die Schnellfahrfetischisten zum Gericht, und wir sind erledigt und blamiert.

Der Kölner Autobahnring ist 52 Kilometer lang und die Unfalldichte dort drei- bis viermal höher als auf anderen deutschen Autobahnen. Kaum hatten wir die Maßnahme realisiert, wurde die Einführung des Tempolimits natürlich kräftig kritisiert, sogar vom Landschaftsverband Rheinland. Unter anderem mit dem Argument, daß spätabends und nachts, wenn die

Autobahn überwiegend frei sei, ein Limit nichts bringe. Daraufhin haben wir den Leuten vom Landschaftsverband entgegengehalten, daß etwa 80 Prozent aller Unfälle auf dem Ring zu verkehrsarmen Zeiten geschehen und die Unfallursache immer überhöhte Geschwindigkeit war.

Auch Otto Flimm, damals Vorsitzender des ADAC Nordrhein, später Präsident des gesamten ADAC, mokierte sich in einem Leserbrief: »Am liebsten würde Antwerpes noch Tafeln an der Autobahn sehen mit entsprechenden Erklärungen.«

Nach sechs Monaten waren die Unfallzahlen aber um 25 Prozent gegenüber dem Vorjahr zurückgegangen und die Zahl der toten und schwerverletzten Verkehrsopfer um 50 Prozent. Da hielten mir die Medien entgegegen, das sei überwiegend durch die im August 1984 eingeführte Gurtpflicht gekommen. Auch der ADAC hielt das alles für nicht beweiskräftig. Ein Bürger legte sogar Widerspruch ein. Ich habe damals gesagt, das ist ein Strohmann des ADAC. Dieser Mann sah seine Rechte dadurch verletzt, daß er aufgrund der Tempobeschränkungen Zeitverluste beim Befahren des Kölner Autobahnrings hinnehmen müsse! Ich habe ihm ausgerechnet, daß er drei Minuten verliert. Damit könne er wohl leben. Schließlich lief er zum Verwaltungsgericht, aber das ließ ihn zum Glück im Regen stehen. Meinen Sieg über die Tempolimitgegner habe ich sehr genossen.

Wir haben dann die Radarmessungen verschärft. Das Tempo 100 wurde von zwei Dritteln der Autofahrer eingehalten, das waren doppelt so viele wie beim bundesweiten Großversuch, der kurz vorher gelaufen war. 1990 griff mich CDU-Verkehrsminister Jürgen Rüttgers an. Er warf mir vor, die Unfälle hätten sich in fünf Jahren erhöht – durch meine Tempolimitmaßnahmen. Das stimmte sogar. Die Zahl der Unfälle mit Verletzten und hohen Sachschäden war in den fünf Jahren um 7 Prozent gestiegen. Auf den übrigen Autobahnen aber um 51 Prozent!

Kurz darauf erklärten mich die Grünen zum Wunschkandidaten für das Amt des Verkehrsministers bei einer eventuellen rot/grünen Koalition in Düsseldorf. Die kam aber erst 1995 zustande, so daß der Wunsch der Grünen nicht in Erfüllung ging. Vielleicht denken sie heute auch anders darüber.

Mittlerweile, nach fast 15 Jahren, ist die Hälfte des Kölner Rings durch den Ausbau auf drei Fahrstreifen auf 120 Stundenkilometer limitiert. Der Rest läuft weiter auf 100. Nach wie vor ist die Zahl der Verletzten um fast 20 Prozent geringer als auf vergleichbaren Autobahnteilstücken. Sogar der hartleibige ADAC hat inzwischen eingesehen, daß das Tempolimit eine gescheite Maßnahme ist. In einem Punkt muß ich allerdings den Automobilclub-Leuten recht geben: Der Kraftfahrer respektiert veränderbare Verkehrszeichen stärker als starr befestigte. Solche Anlagen sollten schneller kommen, als man dachte.

Denn jetzt kam der Nebel. Die Autobahnabschnitte im Regierungsbezirk Köln sind die am stärksten frequentierten Pisten in ganz Europa, zugleich, wie der »Spiegel« schrieb, »die gefährlichsten Nebelfallen der Bundesrepublik«. Innerhalb kurzer Zeit ziehen längs der Erft, die durch Industrieabwässer übertemperiert ist, und in der Nähe der Braunkohleabbaustätten mächtige Nebelbänke auf. Die genauen Ursachen dieses Phänomens sind bislang unerforscht.

Jedenfalls kamen an fünf Nebeltagen zwischen Anfang 1985 und Februar 1987 bei Massenkarambolagen 20 Menschen ums Leben, 244 Menschen wurden teilweise schwer verletzt. Die Unfallursache war immer die gleiche: überhöhte Geschwindigkeit. Der damalige NRW-Verkehrsminister Christoph Zöpel bescheinigte den Autofahrern daraufhin »ein geradezu kriminelles Fahrverhalten«. Seit vielen Jahren wurde an das rasende Volk bloß appelliert: von Politikern, Unfallforschern, Juristen und ADAC-Funktionären. Es half aber nichts. Nur ein Amtsrichter aus Bergheim machte erstmals ernst: er verurteilte einen Lkw-Fahrer, der bei dreißig Metern Sicht mit 86 Stundenkilometern in einen Stau gedonnert war und dabei einen Mann getötet hatte, zu achtzehn Monaten Gefängnis.

Für mich war klar: Hier muß Sicherheit geschaffen werden. Und Sicherheit hieß zunächst, die Autofahrer – und übrigens auch meine Polizisten – vor dem Trauma eines wüsten Knalls und blutiger Menschenleiber zu bewahren.

Es gibt in Deutschland etwa zwei Dutzend Plätze, wo Nebelbänke vorkommen, die viel gefährlicher sind als dichter Nebel, der wie eine Decke über dem ganzen Land hängt. Ich habe daraufhin in der Öffentlichkeit erklärt, bei der nächsten dichten Nebellage mit einer Sichtweite unter 50 Meter würde ich die Autobahn sperren. Ein Aufschrei der Entrüstung brandete durch die Republik! Kurz danach habe ich die Autobahn tatsächlich gesperrt, und die Kraftfahrzeuge bewegten sich mit geringer Geschwindigkeit über die Dörfer. Ein Mann schrieb mir, er habe fünf Stunden gebraucht, um von Köln nach Aachen zu kommen – allerdings habe er im Jahr zuvor bei der Massenkarambolage im Stau gestanden und dort 13 Stunden gewartet, bis er wieder rauskam. Er hätte also 8 Stunden eingespart durch die Sperrung und wolle mir danken, denn er sei ja noch am Leben. Der Mann meinte es ehrlich, obwohl sein Brief mir etwas ironisch klang.

In der Leitzentrale »SARAH«, 1992

Ich weiß nicht genau, ob diese Aktion dann dazu geführt hat, daß das Bundesverkehrsministerium mir für das 50 Kilometer lange Teilstück zwischen Köln-West und Aachener Kreuz schleunigst eine Verkehrsbeeinflussungsanlage schenken wollte. Jedenfalls wurden schon zehn Monate nach dem letzten Unfall Signalbrükken über der Autobahn in Betrieb genommen, die die Geschwindigkeit, je nach Verkehrslage, zwischen 40 und 120 Stundenkilometer vorschreiben konnten, dazu Stau- und Nebelwarnung sowie Überholverbot. Am Rand der Autobahn wurden außerdem Sichtweitenmeßgeräte wie an Flughäfen aufgestellt, die bis 630 Meter weit sehen konnten. Ich hatte angeordnet, wenn sie unter 30 Meter anzeigten, die Autobahn wieder zu sperren, denn dann konnte man auch die Brücken mit den Hinweisen nicht mehr sehen.

Natürlich hatte diese erste große Anlage in Deutschland Kinderkrankheiten. Es gab Sabotageakte. Über die Meßoptiken wurden Damenstrümpfe gezogen. Außerdem hatte man nicht damit gerechnet, daß die deutschen Spinnen festere Netze weben als die englischen, denn die Sichtweitenmeßgeräte kamen aus England. Offensichtlich haben deutsche Spinnen größere Drüsen, was der Meßtechnik arg zu schaffen machte.

Nach fünf Jahren wurde bilanziert und festgestellt, daß die Unfälle auf diesem Autobahnteilstück bis 1993 um 17 Prozent abgenommen hatten – und das bei einer gleichzeitigen Zunahme des Verkehrsaufkommens um 19 Prozent! Außerdem hat es seit dem Verkehrsleitsystem auf der A 4 keinen einzigen Nebelunfall mehr gegeben. Bei zu dichtem Nebel wird mittlerweile auf 40 Stundenkilometer heruntergeschaltet und nur eine Fahrbahn freigegeben, dann fahren die Fahrzeuge wie in einer Prozession hintereinander zum Ziel. Denn bei den Unfällen in den Jahren 1995 und 1997 waren auf der zweiten Spur sogar noch Blaulichtfahrzeuge der Polizei überholt worden.

Die Anlage auf der A 4 hat deutlich gemacht, daß die Abstände der Brücken anfangs zu groß waren: die Leute hatten die Weisungen nach einer Weile nicht mehr im Kopf. Psychologen sagen, der Kraftfahrer könne Ge- oder Verbote etwa für eine Strecke von 1.500 Meter behalten, dann würden sie vergessen. Wenn Brücken also fünf Kilometer auseinander stehen, kann man von den Autofahrern nicht verlangen, daß sie die letzte Weisung noch im Kopf haben. Deswegen sind die Brücken später auf anderen Teilstrecken wesentlich enger aufgestellt worden.

Im Mai 1989 wurde die regionale Verkehrsleitzentrale »Sarah« in Betrieb genommen. Ich habe den Presseleuten bei der Vorstellung erklärt, »Sarah« sei eine Abkürzung für »System-Automatik Realistischer Autobahn-Hinweise«. In Wirklichkeit hatte ich die Leitzentrale nach meiner Tochter Sarah benannt, die damals gerade in die Schule kam und einen hohen Bedarf an Aufklärung über die Gefahren von Autorasern hatte. Die Polizeileitstelle heißt »Edwin«. Woher dieser Name stammt, weiß ich allerdings nicht, jedenfalls von keinem meiner Söhne …

Mittlerweile ist nicht nur die A 4 mit 51 Kilometer Streckenlänge auf »Sarah« geschaltet, sondern auch noch die A 61 (mit 32 Kilometern), die A 3 (mit 16 Kilometern), die A 40 (mit 38 Kilometern), A 46 (mit 13 Kilometern) und die A 57 (mit 30 Kilometern). Einige dieser Autobahnen liegen im Regierungsbezirk Düsseldorf, denn »Sarah« ist für das ganze Rheinland zuständig.

Böse Zungen meinen, ich hätte diese Leitzentrale nur eingerichtet, um dort an Computern zu spielen und mich daran zu erfreuen, irgendeinen Stau zu verursachen. Es gibt sowieso Zeitgenossen, die vermuten mich hinter jeder zweiten Autobahnbrücke. Jedenfalls ist eines klar: Nicht nur die Zahl der Verkehrsunfälle ist zurückgegangen, auch die Zahl der Staus konnte deutlich reduziert werden. Eine Autobahn hat ihre größte Kapazität bei etwa 60 bis 80 Kilometern Durchschnitts-

Das ist ein typischer A.-Denkfehler!

brauchen die
stand, und da-
n in Beschlag –
euge kein Platz
Darüber sollte
setzt und mit
ie Gegend rast.
rkehr sind die
Kontrollen. Nächtliche Alkoholkontrollen, Kontrollen des Güterfernverkehrs, von Schul- und Reisebussen, aber auch die Überprüfung von Kindersicherungssystemen werden regelmäßig durchgeführt.

Dabei achte ich allerdings darauf – und meine Mitarbeiter machen das vorzüglich –, daß bei den jeweiligen Einsatzschwerpunkten immer nur das überprüft wird, was auch schnell geprüft werden kann. Bei einer Alkoholkontrolle detailliert den Zustand der Reifen zu überprüfen oder zu bemängeln, daß die Schere im Verbandskasten nicht mehr spitz sei, wird vom Bürger zu Recht als Schikane empfunden. Es muß zügig gehen, und die Leute dürfen nicht den Eindruck haben, sie würden bloß vorgeführt. Zu meiner Freude kann ich feststellen, daß über 95 Prozent der Kraftfahrer mit den Kontrollen einverstanden sind. Natürlich nicht die, die wir besoffen antreffen. Oder diejenigen, die beim Güterfernverkehr überladen haben. Oder Lkw-Fahrer, die schon seit fünfzehn Stunden auf dem Bock sitzen.

Wir setzen eigens gemischte Kontrollgruppen ein, etwa bei Lkw-Kontrollen, woran neben der Polizei auch Vertreter der Gewerbeaufsicht, der Kreisordnungsbehörden, der Lebensmittelüberwachung und sogar Amtschemiker und Veterinäre teilnehmen, die den ordnungsgemäßen Transport von Tieren überwachen. Doch damit nicht genug. Gemeinsam mit Holländern und Belgiern machen wir auch an den Autobahnübergangsstellen Vetschau und Lichtenbusch Kontrollen. Wobei wir Deutschen Tränen in den Augen haben gegenüber den hohen Bußgeldern, die Holländer und Belgier verhängen können: unsere Bußgeldvorschriften ermöglichen meist nur »Peanuts«, die man auch aus der Portokasse zahlen kann.

Von allen Kontrollen ist mir nur eine in unangenehmer Erinnerung geblieben. Als nämlich ein Porschefahrer, der eine Art Schlafanzug anhatte, mich heftig beschimpfte und dreist auch noch forderte, ich solle gefälligst die Hand aus der Tasche nehmen, wenn ich mit ihm spräche. Da ich gerade gefilmt wurde, habe ich blitzschnell überlegt: Sagst du dem jetzt, daß ein Mensch im Schlafanzug anderen Leuten keine Bekleidungsvorschriften machen kann? Ich schwieg aber und litt. Monate später begegnete ich diesem nur mäßig bekleideten Porschemenschen wieder. Er berichtete mir stolz von seinem Auftritt und verlangte von mir zu hören, was für ein toller Hecht er sei. Ich habe ihn an den Schlafanzug erinnert. Er meinte, das sei eine Designer-Klamotte gewesen.

Wenn man bedenkt, daß in der Bundesrepublik jedes Jahr fast 10.000 Menschen im Verkehr getötet werden, dann ist es die verdammte Pflicht der Politik, diese Entwicklung zu bremsen. Das kann man aber nur, wenn man dazu den geeigneten Verwaltungsapparat hat und den Mut, ihn auch voll einzusetzen. Ohne meine Autobahnpolizei und die Verkehrsingenieure wäre das alles niemals gelaufen. Diese Leute sind zu Recht stolz auf ihre Leistung.

Über eine Erfolgsmeldung meiner Verkehrsbemühungen habe ich mich besonders gefreut. Ein Lkw-Spediteur aus Hamburg, den ich unlängst bei einer Talkshow, und zwar in Hamburg, traf, sagte: Immer, wenn er den Regierungsbezirk Köln mit seinen Fahrzeugen durchquere, würden die Fahrer sich besonders ordnungsgemäß verhalten, die Geschwindigkeit heruntersetzen und die Plane noch einmal nachziehen, damit sie bei ihrer Reise durch die Republik nicht von uns auf einem Parkplatz vorübergehend stillgelegt würden, weil sie die Ruhezeiten nicht eingehalten hätten. Das koste echtes Geld, meinte er. Lieber wolle er vorschriftsmäßig fahren. Es geht also, dachte ich. Daran merkt man, daß ein Hamburger bei Köln nicht nur an Karneval denkt.

Verkehr an sich

Was ist Verkehr an sich? Das ist mir erst im fortgeschrittenen Alter durch ein Schlüsselerlebnis bewußt geworden. Ort: Königshofen in Grabfeld, wohl in Unterfranken gelegen, jedenfalls ziemlich abseits. Wir wanderten mit unserer Wandertruppe, wie jeden Oktober, zum Etappenziel, trotteten gemütlich über den Bürgersteig in Richtung Stadtmitte, als plötzlich ganz scharf rechts auf dem Bürgersteig ein Automobil der Mittelklasse auf einen markierten hauseigenen Parkplatz einbog und uns beinahe über den Haufen fuhr. Da rufe ich: »Was fällt Ihnen ein, Sie rücksichtsloser Patron?«, auf's höchste empört. Erwidert der, Frau und Kinder ebenfalls in seinem Mobil: »Sie behindern den Verkehr, machen Sie Platz!« Da wußte ich, was Verkehr bedeutet: *Auto*verkehr. Und alles andere hat sich unterzuordnen. In der Seele dieses Rechtsabbiegers existierten einfach keine Fußgänger.

Es ist leider allzu wahr, daß über 50 Prozent des Individualverkehrs pro Fahrt weniger als 10 Kilometer Strecke zurücklegt, ein glattes Drittel bewältigt sogar nur 5 Kilometer; vom Gesamtverkehr aller Pkws sind über 50 Prozent Freizeit- und Urlaubsreisen. Trotzdem reden viele Leute von der absoluten Notwendigkeit des Autos – eine Mär, nicht mehr. Wenigstens hier und da könnten sie zu Fuß gehen oder sich auf's Rad schwingen. Einige Leute würden, wenn man sie klonte – hoffentlich schafft die Gentechnik das nicht bald –, sogar sich selbst überfahren. Vorausgesetzt, auch die Unzulänglichkeiten dieses Typs würden mitgeklont.

Viele Parlamente und Räte verabschieden Resolutionen gegen die Stillegung einer Eisenbahnstrecke. Ich habe erlebt, daß bei solcher Gelegenheit der Parkplatz am Bahnhof nicht ausreichte, in dem resolutioniert wurde! Das sollen Vorbilder sein? Wie wäre es wohl, wenn sich – nicht nur aus Umweltschutzgründen – mancher politisch Hochstehende auch mal in einen Bus oder einen Zug setzte: Hätten sie da nicht eine prima Gelegenheit, einen Teil ihres Wahlvolkes direkt kennenzulernen? Im Auto fährt man anonym daran vorbei, und man kennt auch nicht die Autotelefon-Nummer des unmittelbar vor einem fahrenden Verkehrsteilnehmers. Da bleibt die Kommunikation auf der Strecke. Aber vielleicht wollen sich diese Herrschaften ja gerade vor dem Wahlvolk verstecken, um nicht unmittelbar Rede und Antwort stehen zu müssen?

Wer Bus, Bahn oder Zug fährt, muß natürlich seine Zeit genau einteilen. Man braucht etwas mehr Zeit, die haben die meisten angeblich nicht. Sie müssen von einem Ort zum anderen, sind eingeladen oder haben sich einladen lassen, da reicht keine Bahn, heißt es. Könnte man nicht den einen oder anderen Termin stornieren und damit seine Unentbehrlichkeit ein wenig relativieren? Könnte ja sein, daß man sogar früher da ist: nämlich mal zu Hause.

Demnächst wimmelt es von superschnellen Zügen, die nur den kleinen Nachteil haben, daß sie fast so viel Energie auffressen wie ein Auto. 50 Leute, die mit dem Thalys von Köln nach Paris fahren, verbrauchen doppelt so viel Energie, als wenn man sie in einen Bus packte und auf die gleiche Strecke schickte. Das ist Fortschritt nur im Verbrauch von Energie. Ökologisch gesehen müßte der Mensch sowieso zu Hause bleiben. Und für die eine oder andere Veranstaltung wäre es sowieso von Vorteil, sie fiele aus. Es würde dann weniger Unsinn erzählt. Das gilt übrigens auch für unsere Industriekapitäne. Warum fahren die meisten so dicke, benzinfressende Kutschen? Die Mehrzahl müßte sowieso abnehmen. Da böten sich längere Gehstrecken an.

Nun will ich durchaus keinen autofeindlichen Standpunkt vertreten, wie mir die »Bild-Zeitung« und natürlich auch der ADAC häufiger nachsagen. Der Berufspendler, der es weit zu seiner Arbeitsstätte hat und der in einem Gebiet wohnt, wo entweder durch frühere sporadische Besiedlung oder durch künstliche Satellitenvororte ein öffentlicher Nahverkehr, und zwar ein dichter, nicht mehr zu bezahlen wäre, braucht nach wie vor ein Auto. Man kann keinen Menschen in nicht vorhandene Busse oder Bahnen zwängen. Das müssen auch die strammsten Ökologen einsehen. Aber man kann den Verkehr eindämmen, ohne eine Abnahme an Lebensqualität in Kauf zu nehmen.

Ist es eigentlich Qualität, wenn man in kurzer Zeit möglichst viele Kilometer zurücklegt? Kann es nicht auch Qualität sein, wenn man die freie Zeit besser nutzt? Wenn ein ICE oder auch TGV eine Stunde früher ankommt als der herkömmliche Zug: Was macht man mit dieser Stunde? Kauft man auf der Zeil in Frankfurt unnötige Sachen ein? Und auch die Geschäfte auf den Champs Élysées sind nicht billig.

Ganz schlimm wird es beim Lkw-Verkehr: Da bringt ein Wagen Altpapier von Düsseldorf nach Brüssel, dort wird es verarbeitet, als Altpapier. Eine Stunde später kommt ein anderer Lkw von Brüssel, der nach Düsseldorf fährt, ebenfalls Altpapier, das in Düsseldorf verarbeitet wird. Das nennt man Marktwirtschaft. Den süddeutschen Aldikonsumenten ist es kaum vergönnt, Joghurt aus ihrem Land zu verzehren. Im Zweifel kommt er aus Westdeutschland. Milch wird über die Alpen gefahren, dort verkäst und kommt als Mozzarella zurück. Tausende Lkws kurven leer durch die Republik.

Bei einer Lkw-Kontrolle kann man wirklich das Grausen kriegen, wenn man die Transporte auf ihre Sinnhaftigkeit prüft. Das System der rollenden Läger mit CB-Funk und Telefon spart Kapital für die Lagerhaltung: solange die Lkws noch ankommen. Viele Betriebe haben eigene Lager abgeschafft und in Form endloser Lkw-Kolonnen auf die Straßen verlagert, in den öffentlichen und öffentlich bezahlten Raum. Der Steuerzahler finanziert die Lagerhaltung der Privatwirtschaft! Die kaputten rechten Fahrstreifen der Autobahnen sind dafür ein beredtes Zeugnis.

Viele deutsche Parlamentarier und Kommunalpolitiker lieben den Luftverkehr. Ob es um die Erweiterung eines Flughafens oder die Ertüchtigung eines Landeplatzes geht, man ist dabei. Positive Beschlüsse stärken die Wirtschaft, sagen sie. Die Flughäfen seien Job-Maschinen. Da kann einer schneller landen, schneller wieder wegfliegen, kurzum: die Geschäfte sollen florieren. Auch die privaten Flieger mit ihren Mähmaschinen genießen die Obhut der Verantwortlichen, wenn sie nicht gerade selbst in unmittelbarer Nähe eines Verkehrslandeplatzes wohnen. Mögen dabei auch Naturschutzgebiete wie die Wahner Heide in Köln zu kurz kommen beziehungsweise kürzer gemacht werden, mögen Nachtfluggenehmigungen auch die Nerven der Anwohner strapazieren: fast alles ist erlaubt, damit der Investor kommt und die angebliche Job-Maschine boomt.

Über den Dreck, den die Flugzeuge verursachen, redet man wenig (oder nur darum herum). Bei einer Wanderung durch das Hohe Venn hatte ich ein Schlüsselerlebnis. Der Himmel war an einem prächtigen

Oktobertag blau, keine Wolke am Horizont zu sehen, und doch war es diesig. Ein Blick nach oben offenbarte die Lage: Überall zogen sich Kondensstreifen von Verkehrsmaschinen in großer Höhe hin, die sich zu einem breiten Band vergrößerten. Ich werde diese kümmerliche Oktobersonne nicht vergessen und den karierten Himmel: West/Ost, Nord/Süd.

Lassen Sie mich noch auf den innerstädtischen Verkehr zu sprechen kommen. In Köln beispielsweise haben die Kinder aufgrund der hohen Abgaskonzentration 70 Prozent mehr Benzol im Blut als im westfälischen Borken. Wollen wir damit so weitermachen? Ich bin dagegen. Der motorisierte Autoverkehr darf nicht mehr so attraktiv sein. Wir brauchen nicht noch mehr innerstädtische Parkplätze. Auch sollten die 30-Kilometer-Zonen nicht mehr eigens ausgewiesen werden, vielmehr muß Tempo 30 überall da gefahren werden, wo es sich nicht um eine Magistrale handelt, eine größere Verbindungsstraße. Für die reicht Tempo 50 vollkommen aus. Außerdem müssen mehr Straßen mit Fahrradwegen ausgestattet werden, denn die Pedaltreter haben immer noch eine minimale Verkehrsfläche.

Es ist beispielsweise überhaupt nicht einzusehen, warum der öffentliche Dienst und private Firmen ihren Arbeitnehmern kostenlose Parkplätze zur Verfügung stellen. Ein Parkplatz, der unterirdisch neu errichtet werden müßte, kostet in der Kölner Innenstadt 50.000 Mark. Wenn der kostendeckend bewirtschaftet würde, müßten die Leute für ihre Parkplätze zwischen 450 und 500 Mark im Monat bezahlen. Tatsächlich ist die höchste Stellplatzmiete aber 150 Mark.

Und dann die Einkaufspendler. Ich halte überhaupt nichts davon, in die Stadt reinzufahren, einen Parkplatzsuchverkehr zu veranstalten und wenig später wieder rauszufahren. Wovon ich noch weniger halte ist, daß im Berufsverkehr die Autofahrer morgens wie die Flöhe einfallen, ihre Kisten neun Stunden lang in der Stadt einfach abstellen und abends in ihre Vororte wieder zurückkehren. Da muß man sich doch mal fragen: Haben denn eigentlich die Leute, die selbst mitten in der Stadt wohnen, nicht auch einen Anspruch auf Lebensqualität? Wer bestimmt denn überhaupt in unserer Gesellschaft den Begriff der Lebensqualität?

Ich möchte mal wissen, wer aus den kommunalen Parlamenten in modernen Großstädten überhaupt noch in der Innenstadt wohnt. Die meisten, vermute ich, wohnen irgendwo draußen, und von außen treffen sie dann ihre Entscheidungen und verfassen Resolutionen über das Gebilde Stadt. Das ist ein Widersinn sondergleichen: den Nahverkehr aus der Perspektive des Dienstwagens zu beurteilen.

Allerdings ist in den Städten auch beim öffentlichen Nahverkehr in der Vergangenheit viel Unsinn gemacht worden. Zum Beispiel, in Städten mit einer halben Million Einwohnern U-Bahnen zu bauen. Die U-Bahn in Paris, London oder Berlin war notwendig. Aber Städte wie Köln, München, Stuttgart oder Frankfurt brauchen kein riesiges U-Bahnnetz. Es würden ein, zwei Strecken von Norden nach Süden, von Osten nach Westen völlig ausreichen. Der Bau eines Kilometers U-Bahn kostet bis zu zehnmal soviel wie ein Kilometer Straßenbahn! In Deutschland sind während der U-Bahn-Baumanie Milliarden in der Erde verschwunden, die künftige Generationen sicher gerne wieder rausholen würden. Die Ring-U-Bahn in Köln habe ich nicht verhindern können. Sie hat Hunderte von Millionen gekostet und war nicht nötig. Man hätte dort ohne weiteres die Straßenbahn, entsprechend modernisiert, weiter fahren lassen können, die Trasse war breit genug. Auch für Frauen und andere, die sich unterirdisch gefährdet fühlen, wären die Probleme bei oberirdischen Bahnen geringer.

Gott sei Dank denkt man jetzt in erster Linie an die Verlängerung vorhandener Straßenbahnlinien. Und das nicht nur in Köln. Dazu mehr S-Bahn-Stationen an vorhandenen Bahnstrecken. Das verdichtet die Bahnhöfe und kostet weit weniger Geld als rolltreppenbestückte U-Bahnhöfe.

Garzweiler zwei

Sie werden den Namen Garzweiler nicht mehr hören wollen, weil er in den letzten Jahren durch die deutschen Medien lief und immer mit Streit verbunden war. Aber am Ende wissen Sie gar nicht, worum es geht. Ich will es kurz machen, aber ausführlich.

1984 wurde das Braunkohletagebauvorhaben Garzweiler II bekannt. Die Firma Rheinbraun, eine Tochter der RWE, wollte ihr bisheriges Abbaugebiet um Frimmersdorf nach Westen erweitern. Damals hieß das Vorhaben noch Frimmersdorf West-West. Die Düsseldorfer Landesregierung gab ein erstes Untersuchungsprogramm Braunkohle in Auftrag, das in grundlegender Weise die Entscheidung über die künftige Energiepolitik vorbereiten sollte. Dabei wurden die gesamten Braunkohlevorkommen im Rheinland untersucht, und natürlich die Grundwasserabsenkung und die Umsiedlung der Bevölkerung. Bei der Grundwasserabsenkung war besonders das Problem des Trockenfallens der Feuchtgebiete des Naturparks Schwalm-Nette zu lösen. Bei der Umsiedlung wurde ursprünglich von 11.800 Menschen ausgegangen.

Zuständig für den Braunkohleausschuß, der über den Tagebau befindet, ist der Regierungspräsident Köln, der in den ersten Jahren sogar Vorsitzender des Braunkohleausschusses war. Im Regierungspräsidium ist ein eigenes Dezernat für diese Abbauvorhaben zuständig, denn das kann ja alles nicht ungeordnet gehen und muß auch die Natur schonen.

Im August 1987 hat die Rheinbraun AG den Antrag zur Aufstellung und Genehmigung eines Braunkohleplans für das Abbaugebiet Garzweiler II gestellt, im September 1991 wurden die angeforderten Detailuntersuchungen und praktischen Tests abgeschlossen. Es gab dabei mehrere Gutachten zur Ökologie, zu den Abraumkippen, zur Wasserbeschaffung, zu einem Restsee und zur Seismik (wegen möglicher Erdbeben).

Die Landesregierung kam nach Auswertung aller Erkenntnisse zu der Überzeugung, daß Garzweiler II machbar sei. Der Braunkohleausschuß begann dann 1991 mit der Arbeit. Darin sind Vertreter des Bezirksplanungsrates (regional), der Gemeinden (kommunal) und beispielsweise der Kammern (funktional) entsandt. Dabei gab es auch eine förmliche Prüfung der Umweltverträglichkeit. 1994 kam schließlich eine öffentliche Erörterung, und ich erinnere mich, wie heftig im Vorfeld rund 19.000 Bürgerinnen und Bürger schriftliche Einwände vorbrachten und mich bei zahlreichen Veranstaltungen wütend angriffen.

Ein Erlebnis muß ich hier einflechten. Wir standen mal wieder vor allerhand Kameras auf irgendeinem Kirchplatz, ich glaube es war in Erkelenz-Immerath. Es mußten wieder Standpunkte ausgetauscht werden, doch es war schon alles gesagt, nur noch nicht von allen. Ich hatte mich bereits geäußert, und einige Bürger, die in meiner Nähe standen, beschimpften mich – natürlich zu Unrecht –, aber wer will schon von seiner Scholle vertrieben werden, und das auch noch unter allgemeinen energiepolitischen Gesichtspunkten? Da erkundigte ich mich bei einem meiner schärfsten Kritiker, wo es denn Altbier gäbe, und zwar eine bestimmte Sorte. Bolten-Alt, von einer Brauerei in Korschenbroich. Das entzückte die protestierenden Bürger so sehr, daß wir den Rest der Veranstaltung, während die anderen noch allerhand Statements abgaben, damit verbrachten zu ermitteln, wo man dieses Bier in der

Nachbarschaft besorgen könne. Man muß wissen, in dieser Gegend wird Altbier getrunken, man muß natürlich auch wissen, daß ich aus einer Altbier-Gegend komme. Das verbindet. Selbst bei einem so strittigen Thema.

Kurz vor Weihnachten 1994 hat dann der Braunkohleausschuß den Braunkohlenplan Garzweiler II aufgestellt, und zwar genau in dem Zeitrahmen, den ich seinerzeit mit dem Ausschuß verabredet hatte. Am 20. Dezember sagte ich bei einem meiner seltenen Auftritte in der »Tagesschau«: Damit sei das schwierigste Verwaltungsverfahren der Nachkriegszeit bewältigt. Welch ein Irrtum!

Bevor es aber zur Beschlußfassung des Braunkohleausschusses kam, habe ich im Juni, mitten in einer Ausschußsitzung, das Verfahren angehalten. Ich hatte festgestellt, daß meine Leute den Gemeinden ein fast 800 Seiten dickes Kompendium mit Bedenken und Anregungen zugeschickt hatten, mit der Bitte, dies in vier Tagen abschließend zu behandeln! Um einen Verfahrensfehler zu vermeiden, habe ich die Vorlage sofort zurückgezogen. Damit war die Sitzung abgebrochen, und es keimte Mißtrauen auf. Der damalige Fraktionsvorsitzende Klaus Matthiesen bekniete mich, das Verfahren sofort fortzusetzen. Und es war auch das einzige Mal, daß Wolfgang Clement in meinem Dienstzimmer saß, wo er mir als Wirtschaftsminister ebenfalls gut zuredete. Denen war wohl erzählt worden, ich wolle das Verfahren Garzweiler II platzen lassen. In Wirklichkeit war mir aber bloß daran gelegen, einen unangenehmen Verfahrensfehler zu vermeiden ... Durch die Fülle der Jahre, in denen wir dieses Verfahren schon beraten mußten, war ich ein gebranntes Kind.

Ich habe den Herren Matthiesen und Clement gesagt: Das Verfahren wird im Zeitplan abgehandelt, aber den Ablauf, den bestimme ich durch entsprechende Vorlagen: Und wehe, wenn mich einer daran hindert. Im Dezember des Jahres erkannten dann auch meine Kritiker, daß meine Intervention den Zeitplan nicht gefährdete. Kurz vor der Landtagswahl, im März 1995, hat dann das zuständige Ministerium für Umwelt, Raumordnung und Landwirtschaft (MURL) den Braunkohlenplan genehmigt, doch nun begann das Elend. Die Grünen im Landtag strengten eine Organklage an, und sechs Gebietskörperschaften legten wegen behaupteter Verletzung der kommunalen Selbstverwaltung Verfassungsbeschwerde ein. Der Verfassungsgerichtshof hat zwei Jahre später im Sommer 1997 die Klagen zurückgewiesen, aber die Sache war noch immer nicht in trockenen Tüchern.

Im Mai 1995 verlor die SPD ihre absolute Mehrheit bei der Landtagswahl in Nordrhein-Westfalen und mußte mit den Grünen ein Bündnis eingehen. In der Koalitionsvereinbarung zu Garzweiler II verständigte man sich auf Verfahrensschritte, die im Einklang mit der rechtsgültigen Genehmigung standen. Die Bewertung blieb unterschiedlich. Im August 1995 beantragte die Rheinbraun AG beim Bergamt Düren die Zulassung des Rahmenbetriebsplanes. Das ist so etwas wie ein Bebauungsplan. Zudem brauchte es auch noch die wasserrechtliche Erlaubnis, um das Wasser abzupumpen, die sogenannte »Sümpfung«. Dann, 1997, ging es hoch her. Die Grünen behaupteten, energiewirtschaftlich sei Garzweiler II gar nicht notwendig. Den Rahmenbetriebsplan wollte die zuständige Ministerin, Bärbel Höhn, nur mit allerhand Auflagen zulassen, die wiederum der Koalitionspartner SPD nicht akzeptierte. Schließlich wurde wieder kurz vor Weihnachten der Rahmenbetriebsplan zugelassen, und dann ging es in die nächste Runde, betreffend die wasserrechtliche

Erlaubnis, die nach weiteren Konflikten Ende 1998 ebenfalls erteilt wurde.

Wie seit der Landtagswahl 1995 in diesem Vorhaben interveniert wurde, das habe ich noch nie erlebt! Für die wasserrechtliche Erlaubnis, wofür meine Behörde mit zuständig ist, wurde sie durch Erlasse gehindert, überhaupt mit dem zuständigen Landesoberbergamt direkt zu verkehren. Das Landesoberbergamt wiederum erhielt vom Ministerium einen Maulkorb, mit anderen zu verkehren, und mußte alles dem Ministerium vorlegen. Frau Höhn hatte den Verdacht, ich wollte die wasserrechtliche Erlaubnis an ihr vorbei an das Landesoberbergamt schicken, und damit könne das Landesoberbergamt die Genehmigung erteilen. Dazu gehörte auch mein Kollege in Düsseldorf, Jürgen Büssow, weil der für den nördlichen Teil des Abbaugebietes wasserrechtlich zuständig ist.

Ich muß zugeben, daß ich tatsächlich an diese Möglichkeit gedacht habe, da mir die ständigen Erlasse und Interventionen des MURL auf den Keks gingen und ich die Befürchtung hatte, die wasserrechtliche Erlaubnis, die unbedingt notwendig war für den Tagebau, würde auf den Sanktnimmerleinstag verschoben. Denn zwischen einer Umsiedlung der Beteiligten und dem Abbau der Kohle müssen mindestens acht Jahre liegen, und vorher muß noch trockengepumpt werden.

Die Grünen wollten nicht, daß das Schwalmgebiet entwässert würde durch den tiefen Tagebau. Das ist ökologisch verständlich: deswegen gab es aber die Auflagen für Rheinbraun, das Wasser an diesen Stellen so zu versickern, daß eben kein Trockenfallen zu befürchten stand oder zumindest die Auswirkungen begrenzt blieben.

Garzweiler II hätte um ein Haar die Koalition gesprengt, weil sich die Grünen völlig einseitig mit dem

Trockenfallen eines Feuchtgebietes beschäftigt haben. Aber wo Erlen, Weiden und Eschen wachsen, würden, wenn es trockener wäre, auch Buchen und Eichen wachsen. Die Grünen hätten sich mehr um die Frage kümmern sollen, was mit dem Kohlendioxyd ist und mit dem Energieverbrauch allgemein. Seinerzeit hatte die Landesregierung mit Rheinbraun und dem RWE vereinbart: Wenn Garzweiler II als Tagebau kommt, müßten die Kraftwerke modernisiert, der Ausstoß an Giften verringert und der Wirkungsgrad erhöht werden. RWE hatte daraufhin ein 20-Milliarden-Erneuerungsprogramm für den Kraftwerkspark zugesagt. Das erste dieser Kraftwerke in Bergheim-Niederaußem ist im Bau und hat statt eines Wirkungsgrads von durchschnittlich 32 bis 37 Prozent einen von 42 Prozent; und das nächste Kraftwerk mit noch besserer Technik wird einen Wirkungsgrad von um die 50 Prozent haben. Das heißt: ein Drittel Braunkohle wird weniger gebraucht, um die gleiche Menge Strom zu erzeugen. Damit strömt ein Drittel weniger Kohlendioxydemissionen aus.

Ich selbst hatte im Vorfeld dieser Vereinbarungen mit den Leuten des RWE verhandelt. Ich weiß noch, wie ich mit Friedhelm Farthmann, der damals Fraktionsvorsitzender war, und mit Prof. Werner Hlubek vom RWE gesprochen habe, als Vorsitzender eines entsprechenden Arbeitskreises des SPD-Landesvorstandes. Ich bin stolz darauf, mit dazu beigetragen zu haben, daß ein solches Energiesicherungsabkommen zustande kam.

Denn wo kommt der Strom her? Erstens aus der Steckdose, aber zweitens von Energieträgern. Wir haben in Deutschland zu vernünftigen Kosten nur noch die Braunkohle. Die Steinkohle ist zu teuer und wird zurückgefahren. Sonst hängen wir vom importierten Erdgas ab, vom importierten Erdöl und von der Kernkraft, deren Risiken wir nicht genau abschätzen können und deren Kosten künstlich niedrig gerechnet wurden. Bei der Endlagerung ist Kernkraft allemal teurer. Und wir brauchen noch einige Zeit, bis alternative Energien stärker genutzt werden können. In der Zwischenzeit benötigen auch die Grünen den Strom aus der Braunkohle – um bei Fernsehsendungen, wo sie ihren konträren Standpunkt bekanntgeben, gut ausgeleuchtet zu sein.

Denkmalschutz

Meine Feinde – und auch einige Neutrale – meinen, daß ich es mit dem Denkmalschutz beim Zeughaus, mit dem goldenen Flügelauto, übertriebe. Wer aber meine sonstigen Aktivitäten auf diesem Gebiet kennt, würde auf diese Idee nicht kommen.

Meine erste Auseinandersetzung ging um Schloß Augustusburg. Dieses Rokokoschloß, das Kurfürst Clemens August nach Plänen von François de Cuvilliés und Balthasar Neumann bauen ließ und das 1768 fertig wurde, gehört dem Land Nordrhein-Westfalen. Es ist das schönste Barockschloß nördlich des Main und wird vom Regierungspräsidenten Köln verwaltet.

Im Juli 1981 stellte das Auswärtige Amt den Antrag, dort im November drei Staatsempfänge abzuhalten. Das habe ich abgelehnt. Meine Denkmalschützer sagten, durch das Aufheizen der Räume könnten die antike Ausstattung und die Bausubstanz starken Schaden nehmen. Viele der Bilder sind nur aufgemalt und haben keinen Rahmen, schon bei leichten Temperaturschwankungen entstehen darin Risse. Das Auswärtige Amt war stinksauer und hat sich an den Chef der Staatskanzlei gewandt: um sich über mein Verbot zu beschweren, wie das so üblich ist.

Ich habe also die Vertreter von Bund und Land im Dezember des Jahres nach Schloß Augustusburg eingeladen und ihnen die bisherigen Schäden durch eine eindrucksvolle Dokumentation gezeigt. Ich habe zudem einen Forderungskatalog aufgestellt: Keine Staatsempfänge in den Wintermonaten; nicht mehr als vier Empfänge in den Sommermonaten; die

Maßnahmen zur Aufheizung liegen in der Hand der Schloßverwaltung; Fernsehteams dürfen mit ihren Lampen gefälligst nicht so viel Wärme verbreiten.

Um meinen festen Willen zur Durchsetzung dieser Forderungen zu dokumentieren, habe ich mich im Januar 1982 in den Schnee vor Augustusburg gestellt und dem Fernsehen erklärt: Königin Beatrix sei die letzte gewesen, die im Winter im Schloß empfangen wurde. Ein Jahr später war es endlich soweit: Eine Vereinbarung des Landes, des Auswärtigen Amtes und des Bundespräsidialamtes schränkte die Nutzung des Schlosses für repräsentative Zwecke zwischen dem 15. November und dem 15. März ein. Allerdings waren die Schlösser Augustusburg und Falkenlust noch nicht förmlich in die Denkmalliste eingetragen. Das geschah erst einige Monate später. Schließlich ist auch die Gesamtanlage in die UNESCO-Liste des Kultur- und Naturerbes der Welt aufgenommen worden. Und seit 1983 werden im Winter keine Staatsempfänge mehr auf Schloß Augustusburg gegeben. Seitdem gibt es auch keine Schäden mehr durch das Aufheizen der Räume.

Nach diesem Sieg eine Niederlage. Das ehemalige Hotel Petersberg sollte ein Gästehaus für Staatsgäste der Bundesregierung werden und wegen seines Denkmalwertes auch unter Schutz gestellt werden. Das Verfahren wurde im Januar 1981 eingeleitet. Aber als die ersten konkreten Planungsunterlagen 1985 vorlagen, war ersichtlich, daß die Umbauten für Repräsentationspflichten, Brandschutzanforderungen, Sicherheitsvorkehrungen usw. dem Denkmal schaden würden. Trotz des energischen Widerstandes meiner Leute wurde der Petersberg aber so umgebaut, daß von einem Denkmal keine Rede mehr sein kann. Merkwürdigerweise steht das Gebäude aber immer noch in der Denkmalliste. Es ist vergessen worden, es zu streichen.

Dritter Fall: die Burg Vogelsang. Mit dem Bau der Burg Vogelsang in Schleiden, in der Eifel gelegen, wurde 1934 begonnen, die wesentlichen Teile bis 1936 errichtet. Veranlaßt hatte das der Reichsorganisationsleiter der NSDAP, Robert Ley. Das Ganze sollte als Schulungsstätte dienen und im Lauf der Jahre für die Ausbildung des politischen Führungsnachwuchses der Partei - neben Krössingsee - heute Polen -, und Sonthofen - als »Ordensburg« ausgebaut werden. Der Schulungsbetrieb »zur Schaffung neuer Persönlichkeiten« wurde 1936 aufgenommen, jedoch bei Kriegsausbruch eingestellt. Im Anschluß daran wurde die Anlage militärisch genutzt, schließlich unter britischer, dann unter belgischer Verwaltung als Truppenübungsplatz in Beschlag genommen. Heute trägt die Anlage den Namen »Camp Vogelsang« und ist in Bundesbesitz. Ich habe 1982 nach einer Besichtigung der Burg veranlaßt, das Rheinische Amt für Denkmalpflege zu fragen, ob die Burg als Denkmal zu bewerten sei. Ein halbes Jahr später kam die positive Antwort. Die Belgier wollten von der Unterschutzstellung aber nichts wissen. Wir bekamen von ihnen nicht einmal einen Fototermin auf der Burg. Merkwürdigerweise war die ehemalige Ordensburg Sonthofen in Bayern zu diesem Zeitpunkt bereits als Denkmal eingetragen, ohne daß diese Tatsache dort Einschränkungen für die entsprechende Nutzung durch die Bundeswehr bedeutet hätte. Schließlich wurde der Bundesminister der Finanzen eingeschaltet, der über die Bundesvermögensverwaltung die Liegenschaft verwaltete. Damit sah sich nun auch der Bund in der dummen Lage, für die denkmalgeschützten Veränderungen künftig zur Kasse gebeten zu werden. Wir hatten einen weiteren Gegner der Unterschutzstellung.

Im März 1989 erfolgte dann doch die Eintragung in die Denkmalliste der Stadt Schleiden. Die Presse griff das Thema auf, und die »Aachener Volkszeitung« schrieb: »Ohnehin ist das Unheil, das die Hitlerianer über ihr Volk gebracht haben, unermeßlich. Bedarf es da wirklich noch des Denkmals Vogelsang? Die Eifel hat genug gelitten, von den Bunkern des Westwalls bis zu den Soldatenfriedhöfen ist es nur ein paar Schritte.« Schließlich regte sich auch noch der Bürgermeister der Stadt Schleiden auf, Alois Sommer, und teilte mit, der Rat der Stadt sei befremdet, vor allem über die Begründung, die der notwendigen Funktion des Bauwerkes als Mahnmal nicht gerecht sei.

Ich habe den Schleidenern daraufhin geschrieben, die Ordensburg Vogelsang sei als dinglicher Zeitzeuge der schwärzesten Epoche der Deutschen angemessen zu präsentieren. Den Kritikern habe ich zugerufen, es gäbe kein Loch in der Geschichte. Viele Leute neigen nämlich auch heute noch dazu, das Dritte Reich wegzuschließen und so zu tun, als ob es zwischen 1933 und 1945 keine Geschichte gegeben hätte. Aber Geschichte beginnt nicht erst mit Demokratie. Dann könnten wir auch das Königreich Preußen und bis hin zu Karl dem Großen alles andere vergessen ... Vogelsang jedenfalls wurde eine teure Angelegenheit für die Bundesvermögensverwaltung. Sie mußte kurz danach die verrottete Naturschiefereindeckung erneuern, und zwar nicht mit Betumenschindeln, die hätten die belgischen Streitkräfte bezahlt, sondern wieder mit Naturschiefer.

Nächster Denkmalknatsch. Auf Wunsch der Bezirksregierung Köln erstellte das Rheinische Amt für Denkmalpflege 1996 ein Gutachten zum Denkmalwert des Abgeordnetenhochhauses des Deutschen Bundestags, »Langer Eugen« genannt. Der Lange Eugen ist ein Produkt der Architekten Egon Eiermann, Paul Baumgarten und Sep Ruf. Eiermann hatte sich zunächst gegen ein Hochhaus gewehrt. Doch der Bundestag, damals unter Eugen Gerstenmeier (deswegen »Langer Eugen«), hatte dem Hochhaus den Vorzug gegeben. 1969 zogen die Abgeordneten ein; 1997 haben wir die Verwaltung des deutschen Bundestags über die Absicht informiert, das Abgeordnetenhochhaus in die Denkmalliste der Stadt Bonn einzutragen. Obwohl es darüber viele Diskussionen gab, hat die Verwaltung des Bundestages positiv dazu gestanden. Aber es gab Streit um unseren Ausdruck »Solitär«, weil schon damals die Stadt Bonn am Bau weiterer Hochhäuser in der Rheinaue nicht gehindert werden wollte. Aber im Dezember 1997 habe ich dem Vizepräsidenten des deutschen Bundestages, Burkhard Hirsch, die Unterschutzstellungsurkunde persönlich vor dem Langen Eugen ausgehändigt. Das war ein Erfolg.

Zum Abschluß noch ein Mißerfolg. Als 1986 die Bundesbaudirektion Bonn bei uns die Erlaubnis für verschiedene bauliche Maßnahmen am Bundeshaus beantragte, ging es auch um den Abbruch des bisherigen Plenarsaals und die Errichtung eines neuen. Anderthalb Jahre später beschloß der Bundestag den Abriß und Neubau mit kreisförmiger Sitzanordnung. Dagegen stand das Denkmal des alten Bundestages. Es gab viele Diskussionen, auch rechtliche, denn der Denkmalschutz hat in Nordrhein-Westfalen Verfassungsrang und unterliegt auch nach dem Grundgesetz der nichtbeeinflußbaren Verfassungshoheit der Länder. Dagegen betonte der damalige Präsident des deutschen Bundestages, Jenninger, die öffentlichen Interessen, die durch den Beschluß des Bundestages manifestiert worden seien. Einige Monate später wurde deshalb von uns die Zustimmung zum Abbruch der Lobby des Plenarsaals gegeben. Dahinter stand eine Entscheidung des zuständigen Landesministers, Christoph Zöpel, dem Bundestag Vorrang vor den Denkmalinteressen zu geben.

Nach dem Umzug des Bundestages nach Berlin stellte sich allerdings zwei Jahre später die Frage: Was machen wir mit dem nagelneuen Plenarsaal? Hätten also die Denkmalschützer zuvor bis zum Letzten gekämpft, brauchte man sich mit dieser Frage überhaupt nicht zu beschäftigen! So ist das Leben.

Denkmalschutz darf keine leere Floskel sein. Er muß natürlich auch nicht statisch aufgefaßt werden, so daß man keinen Nagel mehr in eine geschützte Wand einschlagen kann. Aber es ist selbstverständlich, daß die Substanz eines Denkmals nicht kaputtgebaut werden darf. Wenn man bedenkt, wie peinlich genau Städte und Gemeinden darauf achten, daß in Jugendstilhäuser Fenster eingebaut werden, die genauso unterteilt sind wie um die Jahrhundertwende, dann darf es sich auch der Staat nicht erlauben, bei eigenen Denkmälern weniger sorgfältig zu verfahren. Oft ist das aber so. Das verunsichert und verärgert den Bürger – verständlicherweise.

Ich muß an dieser Stelle meinen Denkmalschützern bescheinigen, daß sie immer gekämpft haben wie die Löwen, auch in schier aussichtslosen Fällen. Trotzdem ist dieses Feld übersät mit Siegen und Niederlagen. Die Niederlagen erklären sich unter anderem oft durch ein mangelndes Geschichtsbewußtsein der handelnden Personen, den sogenannten Entscheidern. Deutschland ist durch den Zweiten Weltkrieg ärmer an Denkmälern geworden als unsere Nachbarländer, bei denen die Zerstörungen durch Luftangriffe und Artilleriebeschuß nicht so gravierend waren. Wer sich zum Denkmalschutz bekennt, der bekennt sich u. a.

auch zur Geschichte des Dritten Reiches. Wer meint, die Zukunft eines Landes bestünde nur aus Hochhäusern mit kupferbedampften Scheiben und dem Nutzen allerlei moderner Technik (neudeutsch: Technologie, was falsch ist, aber imposant klingt), dessen Perspektive ist zu eng. Die Zukunft des Landes wird auch von unserer Geschichte bestimmt.

Ladenschluß und Sonntagsruhe

Der Sonntag ist nach christlicher Tradition ein Feiertag. Daneben gibt es sogenannte »Stille Feiertage«, die noch einen besonderen gesetzlichen Schutz erfahren. Außerdem haben wir den Samstag, der jahrzehntelang, durch das Ladenschlußgesetz geregelt, um 14 Uhr mit seiner Geschäftstätigkeit ein jähes Ende fand. Ich verquicke hier nicht unzulässig diese Tage miteinander, sondern ich mache auf das Problem einer Bundesnorm (Ladenschlußgesetz) und einer Landesnorm (Sonn- und Feiertagsgesetz des Landes Nordrhein-Westfalen) aufmerksam.

Heutzutage schallt laut und unüberhörbar der Ruf nach einer weitgehenden Freigabe des Ladenschlusses am Samstag und der Öffnung auch an zahlreichen Sonntagen. Begründung: Der Kunde würde gehindert, einzukaufen und Dienstleistungen abzufordern, und im übrigen wäre es auch gut für die Arbeitsplätze. Da die Leute aber nicht plötzlich mehr Geld haben – und sogar viele Käuferschichten mit niedrigerer Kaufkraft durch die Straßen eilen –, wird man sich die unangenehme Frage stellen müssen: Wozu dienen die verlängerten Öffnungszeiten, wenn man doch nicht mehr kaufen kann, als man im Portemonnaie hat?

Ich habe dazu eine Theorie: Es geht gar nicht wirklich ums Kaufen, sondern es geht nur ums Gucken und »Erleben«. Die Leuten sollen (wollen?) nicht durch leere Straßen eilen, sondern in von Menschen bevölkerte Geschäfte gehen, sich anschauen, was man alles kaufen könnte, dann nach Hause fahren, Fernsehen gucken, Werbung für Produkte über sich ergehen lassen, die man dann vielleicht am nächsten Samstag oder Sonntag in Geschäften begutachtet, um sie dann in natura zu sehen und nicht nur auf der Mattscheibe ... Nur eine Theorie, aber mir gefällt sie.

Es gehört derzeit zu einem liberalen Touch, nach längeren Öffnungszeiten zu rufen, wobei der Chor derjenigen, die da singen, ein gemischter ist. Auf der einen Seite die großen Kaufhäuser und Konzerne, auf der anderen Seite moderne Politiker jeglicher Provenienz: der Unionist, mit dem Baß tiefer Überzeugung, der Liberale, mit dem Bariton des Mittelstandes, der Sozialdemokrat als Tenor, aber nicht zu laut und auch nicht zu präzise, um die betroffenen Arbeitnehmer nicht zu sehr zu erschrecken. Ich sprach von Seiten, aber es gibt auch ein Gegenüber: das sind nämlich die Arbeitnehmer, die betroffen sind von längeren Ladenschlußzeiten, und die kleinen Einzelhändler, die nicht genügend Personal haben, um ständig offenzuhalten.

Ich bin allerdings nicht dafür, die bisherigen Regelungen einfach beizubehalten. Wir sind in Europa eines der wenigen Länder, die sehr enge Ladenschlußzeiten haben. Und bei der zunehmenden Verflechtung der europäischen Volkswirtschaften, zumal an den Grenzen, können allzu unterschiedliche Ladenschlußzeiten Verwerfungen bewirken: wenn etwa frustrierte Deutsche aus Aachen kurzerhand in Maastricht oder Lüttich einkaufen, also in Holland oder in Belgien, wo abends länger geöffnet ist. Außerdem ist das bisherige Ladenschlußgesetz für den Verbraucher verwirrend: Wann etwa gibt es einen kurzen Samstag, wann einen langen? Ein Kompromiß zwischen den Interessen der Kunden sowie der Arbeitnehmer und kleinen Einzelhändler wäre: Samstag 18.00 Uhr Ladenschluß. Man könnte hin und wieder im Jahr örtlich eine Ausnahme machen.

Aber kommen wir zum Konkreten. Ich habe nie lange Gelegenheit, etwas theoretisch zu erörtern. Immer kommt mir die Wirklichkeit dazwischen.

Im November 1997 fiel bei mir, höflich aber bestimmt, ein Stoßtrupp Kölner Einzelhändler ein, die wollten die Ladenöffnungszeiten auch am Samstag, den 27. Dezember verlängern – zusätzlich zu den vier langen Samstagen vor Weihnachten, die bereits behördlicherseits genehmigt waren. Da tauschten die Leute Geschenke um, meinten sie, außerdem hätten viele noch Urlaub, kurzum, dieser Samstag eigne sich hervorragend zum Öffnen, und man könne dadurch auch ein wenig zur Auflockerung der Ladenschlußzeiten beitragen. Die Leute waren freundlich, versprachen außerdem ihren Mitarbeitern ordentlich Geld für die beiden verlängerten Stunden: es war von 60 Mark netto auf die Hand pro Stunde die Rede.

Ich war von der Idee sehr angetan, meine Leute weniger. Die sagten, ich könne diesen Samstag gar nicht genehmigen, ich hätte keine Rechtsgrundlage, denn nach § 23 des Ladenschlußgesetzes müßte ein besonderer Grund vorliegen. Dennoch meinten sie, die Idee sei nicht schlecht. Wenn die Idee schon nicht schlecht ist, meinte ich, könnten wir sie auch mal ausführen. Anfang Dezember teilte ich also den erstaunten Kaufleuten mit, der Samstag würde verlängert. Darüber regten sich schon im Vorfeld die Betriebsräte und Gewerkschaften ziemlich auf.

So fand der Einkaufs-Samstag, der 27. Dezember 1997, bis 18.00 Uhr statt, und die Kaufleute in der Innenstadt von Köln waren sehr zufrieden mit ihrem Umsatz. Die Zufriedenheit der Vorort-Kaufleute wird sicher geringer gewesen sein, besonders dann, wenn sie geschlossen hatten. Da sich nach diesem fünften langen Samstag die Gewerkschaften bei der zuständigen Ministerin beschwerten, erhielt ich von dieser einen Erlaß, der mich sanft ermahnte, solche Genehmigungen künftig zu unterlassen. Es gab wohl auch eine Dienstaufsichtsbeschwerde, über deren Schicksal ist mir nichts bekannt.

Doch die Sache ging weiter. Ich hatte den reizenden Kaufleuten schon bei unserer Zusammenkunft im November 1997 gesagt, möglicherweise stünde der nächste Samstag ins Haus, nämlich der 2. Januar 1999. Da müsse man sich rüsten und zeitig darüber reden. Das taten die Herrschaften auch. Sie erschienen in fast gleicher Zusammensetzung wieder, im November 1998, und meinten, der fünfte lange Samstag sei eine gute Idee. Wenn das im Vorjahr so gut geklappt hat, dann wollen wir das wiederholen, sagte ich ihnen. Aber ich hätte Widerstände zu überwinden, die nicht gering seien: das Ministerium stelle sich quer, ich müsse damit rechnen, allerhand Unbill zu erleiden, wenn ich gegen seine Weisungen verstieße. Da lachten die Einzelhändler, einzeln und schallend. Ob ich mich an Weisungen hielte, fragten sie. Ich hielte mich im allgemeinen immer an Weisungen, meinte ich, aber hier ging es nur um eine Ausnahme nach § 23 des Ladenschlußgesetzes. Im übrigen sei der 2. Januar 1999 Euro-Tag: zum ersten Mal könne man mit dem Euro, wenigstens buchmäßig, kaufen, ließ ich die Einzelhändler wissen.

Das mit dem Euro hat mir keiner abgenommen. Nur die Kaufleute. Die Gewerkschaften schrien Zeter und Mordio, die Betriebsräte von Karstadt und Kaufhof legten sich querer als quer: Sie ließen sich auch nicht durch 120 Mark für zwei Stunden aus ihrer klassenkämpferischen Haltung zwängen. Es ginge schließlich um Recht und Gesetz. Aber es geht immer um Recht und Gesetz. Falls Sie es noch nicht wissen: Eine

Weisung, die ich erhalte und die nicht mit dem Gesetz konform ist, muß ich dennoch befolgen! Das ist Recht und Gesetz. Man soll also diesen Begriff nicht so locker in den Mund nehmen. Am Ende weiß man gar nicht mehr, was ist denn nun die führende Norm?

Das zuständige Ministerium teilte mir auf unterster Ebene mit, ich solle das mit dem 2. Januar 1999 lassen. Da ich es nicht ließ, bekam ich persönlich einen Brief des Staatssekretärs Hans Baedeker, der mich anwies, es zu lassen. Er sagte mir später, er habe diesen Erlaß diktiert, unterschrieben und sei dann in Urlaub gefahren, allerdings mit dem nagenden Zweifel, ob ich seine Verfügung überhaupt berücksichtigte. Der Mann hatte das richtige Gefühl. Der lange Samstag am 2. Januar 1999 kam, doch einige Kaufhäuser blieben geschlossen, da die Betriebsräte sich weigerten, die zwei Stunden Mehrarbeit zu gestatten. Also hatten eine Reihe von Häusern auf, einige nicht.

Das alles geschah pikanterweise zu einem Zeitpunkt, als das Land Schleswig-Holstein die für den Ladenschluß zuständigen sozialdemokratischen Staatssekretäre zusammenholen wollte, um eine Änderung des Ladenschlußgesetzes zu beraten. Interessant ist auch das Telefonat, das ich mit besagtem Staatssekretär einen Monat später hatte. Ich sagte dem Staatssekretär, daß es mir lieber wäre, durch Ausnahmegenehmigungen das derzeitige Gesetz zu modifizieren, statt es vollkommen auf den Kopf zu stellen, denn es sei auch fraglich, ob man dafür eine Mehrheit fände. Und spitzbübisch setzte ich nach: Wie es denn zu verstehen sei, daß er einerseits starr darauf beharre, mir erlaßweise den fünften langen Samstag zu untersagen, und auf der anderen Seite in Gedanken schon das Ladenschlußgesetz geändert hätte? Er erwiderte,

Gesetz sei Gesetz, und solange ein Gesetz gelte, gelte ein Gesetz.

Das ist genauso richtig wie falsch. Ich habe mir ausgemalt, was selbiger Staatssekretär wohl gesagt hätte, wenn der Ministerpräsident Clement höchstpersönlich auf den Gedanken gekommen wäre, den 2. Januar zum Euro-Tag zu erklären. Hätte er sich Clement widersetzt? Hätte er Bedenken geltend gemacht? Gar den Euro-Tag oder noch den Euro in Frage gestellt? So ist das Leben: das Leben nach Recht und Gesetz. Dabei wollen wir immer den »goldenen Vogel« im Auge behalten, der müßte doch von Gesetzes wegen wegfliegen, oder?

Nun werden auch Stimmen laut, den Sonntag freizugeben. Die zuständige Ministerin, Ilse Brusis, die mir durch ihren Staatssekretär den Erlaß zum Verbot des fünften langen Samstags schickte, äußert sich nunmehr öffentlich dazu, die Städte und Gemeinden sollten vier Sonntage öffnen können. Ich halte von diesen Sonntagsöffnungszeiten überhaupt nichts. Es ist auch sehr die Frage, ob die zuständige Ministerin an das Sonn- und Feiertagsgesetz des Landes Nordrhein-Westfalen gedacht hat, das nicht in ihrer Kompetenz steht, sondern in der des Innenministers. Wenn es irgendwelche Feste gibt, kann man ausnahmsweise sonntags die Geschäfte öffnen, aber Feste finden vielleicht ein- oder zweimal jährlich statt, das braucht keinen Dauercharakter zu haben. Wenn wir schon die christliche Tradition, die den Sonntag als Feiertag mit sich gebracht hat, leugnen, dann sollten wir den Sonntag ganz abschaffen und ihn zum Werktag machen. Aber sich in den Sonntag hineinschleichen und ihn dann umzufunktionieren für eine »moderne« Dienstleistungsgesellschaft, das lehne ich ab.

In besonderer Weise ins Gespräch gekommen sind in letzter Zeit die sogenannten »stillen Feiertage« Karfreitag, Allerheiligen, Totensonntag und Volkstrauertag. Der Buß- und Bettag als fünfter ist ja, mit Ausnahme von Sachsen, den Deutschen zugunsten der Pflegeversicherung abhanden gekommen. Ich bin sehr für den Schutz des Sonntages und auch sehr für den Schutz der stillen Feiertage. Doch dieser Schutz darf nicht zur Groteske verkommen. Ich will zum Schluß ein Beispiel nennen, das Sie vielleicht erheitert, mich aber möglicherweise wieder mal in Verruf bringt, eine Gesetzesvorschrift zu locker ausgelegt zu haben. Eines Tages im 97er Jahr ruft mich der Geschäftsführer des 1. FC Köln an, um mir mitzuteilen, daß an Totensonntag im Müngersdorfer Stadion der 1. FC Köln gegen Bayern München spiele (das waren noch Zeiten). Ich sagte, gut, das wird sicherlich eine interessante Begegnung. Nein, er wolle mich nicht über diese Begegnung informieren, das wüßte ich ja allemal, sondern darüber, daß die beiden ab 18.00 Uhr auf dem Platz anträten, weil ja vorher wegen des Sonn- und Feiertagsgesetzes nicht gespielt werden dürfte. Allerdings spielten um 17.00 Uhr die F-Jugenden gegeneinander, 1. FC Köln gegen Bayern München – und mein Sohn Nicolas sei auch dabei.

Blitzschnell reagierte ich. Mein Sohn sei an Totensonntag krank, er sei jetzt schon darniederliegend und könne nicht mitspielen ... In so was wollte ich nicht verwickelt werden. Dann fragte ich den Herrn Geschäftsführer, ob er mich überhaupt angerufen hätte, ob er sich daran erinnern würde, mich angerufen zu haben. Er verneinte das. »Haben Sie mich nun angerufen?«. »Nein«, meinte er, »ich habe Sie nicht angerufen«. »Na also«, sagte ich. Die F-Jugend hat gespielt. Denn wie soll man einem vernünftigen Menschen klarmachen, daß in einem Stadion, wo bereits um 17.00 Uhr Tausende Leute sitzen und auf das große Spiel warten, die kleinen Kicker von 8 oder 9 Jahren *nicht* herumlaufen dürfen und versuchen, Tore zu schießen?

Genehmigungsverfahren

Daß der Regierungspräsident mit Genehmigungsverfahren befaßt ist, wissen nicht alle. Aber die, die es angeht, wissen es sehr genau. Seit vielen Jahren klagt die Industrie über zu lang dauernde Genehmigungsverfahren für neue Fabriken oder Werkserweiterungen, dadurch würden wichtige Investitionen blockiert, die Firmen wanderten ins Ausland ab, und der Industriestandort Deutschland sei in Gefahr.

Das beeindruckte die damalige Kohl-Bundesregierung so, daß sie 1994 zwecks Vereinfachung von Planungs- und Genehmigungsverfahren eine Arbeitsgruppe, die sogenannte Schlichterkommission, eingesetzt hat. Der Vorsitzende hieß Schlichter. Die Kommission trug übrigens ihren Namen zu Recht: Sie war schlichter als schlicht, besonders die Vorschläge, die diese Kommission machte: Sonderbeschleunigung nach Wahl, umweltauditierte Betriebe sollten bevorzugt, Prüfaufgaben an Private vergeben werden. Doch die Bundesländer standen den Vorschlägen mehrheitlich ablehnend gegenüber.

Natürlich waren auch im Regierungsbezirk Köln die Kritiker nicht untätig: der Chemiestandort Köln sei gefährdet. Tatsächlich hatten aber landesweite Erhebungen der Gewerbeaufsicht sowie auch Ermittlungen, die wir veranstaltet hatten, dokumentiert, daß die Genehmigungsdauer in Wirklichkeit deutlich kürzer war, als immer behauptet wurde. Danach wurden 1993 im Landesdurchschnitt 79 Prozent aller Genehmigungsverfahren nach dem Bundesimmissionsschutzgesetz in weniger als einem Jahr abgewickelt!

So eine Genehmigung ist quasi eine Unbedenklichkeitsbescheinigung für den Antragsteller, daß seinem Vorhaben keine öffentlich-rechtlichen Gründe entgegenstehen. Dadurch lassen sich auch unberechtigte Forderungen böswilliger Dritter oder Nachstellungen des Staatsanwaltes erfolgreich abwehren, wenn der Genehmigungsinhaber nachweisen kann, daß er seine Tätigkeit im Rahmen derselben ausübt.

Als verschiedene Ausschüsse des Bundestages die Ergebnisse der Schlichterkommission in einer öffentlichen Anhörung beraten wollten, habe ich dazu vor den Ausschüssen Stellung genommen. Ich verwarf die Vorschläge der Kommission und warnte dringend davor, immer neue Gesetze in die Welt zu setzen, die letztlich nur dazu führten, daß weitere Verwaltungsvorschriften dazukämen und die Genehmigungsbehörden diese neuen Vorschriften ständig zu studieren hätten, um richtig zu handeln. Die Genehmigungsverfahren zu verkürzen sei nicht in erster Linie eine Aufgabe des Gesetzgebers, sondern eine Frage des Managements, also auch einer besseren Zusammenarbeit zwischen den Genehmigungsbehörden, dem Antragsteller und allen beteiligten Dritten. Beispielsweise sollte man sich nicht ständig Briefe schreiben, sondern sich an einen Tisch setzen und das Vorhaben Schritt für Schritt abarbeiten.

Meine mahnenden Worte, die ich ziemlich laut vortrug und mit denen ich viele Bundestagsabgeordnete aufs äußerste erschreckte, hielten die Ausschüsse aber nicht davon ab, ein sogenanntes Investitionserleichterungs- und Baulandgesetz zu verabschieden, das die Genehmigungsverfahren straffen sollte. Die Mehrheit des Bundestages hat damit ein prächtiges Eigentor geschossen. Denn nach dem Bundesimmissionsschutzgesetz wird nunmehr zwischen Genehmigungspflicht und Anzeigepflicht unterschieden, und da in vielen Fällen die Unternehmen angeblich wählen können, entsteht eine große Unsicherheit in der Anwendung dieser Vorschriften. Außerdem sind verschiedene Behörden dafür zuständig, so daß dieses Gesetz keine Erleichterung gebracht hat, sondern nur noch mehr Durcheinander.

Mittlerweile sind die Genehmigungsverfahren allerdings statt durch überflüssige Gesetze mittels reiner Managementmethoden (s. o.) erheblich verkürzt worden. Die Dauer liegt jetzt im Schnitt bei etwa sechs Monaten. Wobei die Anträge der großen Firmen schneller laufen, da sie entsprechende eigene Abteilungen haben, die vollständige Anträge einreichen, die ohne große Nachfragen zu bearbeiten sind. Ich erinnere mich daran, daß ein früherer Vorstandsvorsitzender von Bayer Leverkusen, Hermann Strenger, bei einer entsprechenden Diskussion mir einmal sagte: »Bei Ihnen dauert es 24 Monate, bis die Genehmigung kommt, bei uns kann es 36 Monate dauern, bis wir die Anträge zusammenhaben.« Übrigens ist der jetzige Chef von Bayer, Manfred Schneider, mit den Genehmigungsverfahren zufrieden. Das gilt auch für die übrige Industrie. Sogar die Industrie- und Handelskammer lobt uns, was schon verdächtig ist, und sogar der frühere Wirtschaftsminister Wolfgang Clement hat bei der Erteilung der Genehmigung für das 2,7 Milliarden-Kraftwerk der RWE in Bergheim-Niederaußem meinen Laden gelobt, obwohl er vorher immer mal wieder über die Länge der Genehmigungsverfahren geklagt hatte.

Wenn mir jetzt noch einer nachsagt, die Genehmigungsverfahren dauerten zu lange, dem springe ich an den Hals. Egal, wie hoch er steht. Natürlich können wir noch besser werden. Aber es darf nicht so weit kommen, daß wir nur noch als Urkundsbeamte herumlaufen, die unbesehen alles unterschreiben, und wenn es dann irgendwo »peng« macht, sind wir doch wieder schuld. Auch die Verfahren im benachbarten Ausland, die angeblich kürzer sind, sind es in Wirklichkeit nicht. Übrigens sind meine Leute bei diesem Verfahren spitze. Das muß mal gesagt werden.

Exkurs über Restaurants

Wer von gutem Essen redet, weiß auch gute Restaurants zu schätzen.

Seltsamerweise liegt mein Stammlokal nicht in Köln, sondern in Aachen. Natürlich bin ich dort nicht jede Woche, aber ein paarmal im Jahr treffe ich mich mit Freunden und Bekannten im »Piccolo« an der Wilhelmstraße, ein in schwarz-weiß sehr einfach eingerichtetes Restaurant in einem klassizistischen Gebäude. Hier wird italienisch gekocht, und Marlene Plum weiß auf vortreffliche Weise ihren »Peters-Fisch mit Raukesoße« und auch allerhand Pasti anzupreisen. Ein passender Gavi oder eine gute Kreszenz aus dem Collio-Gebiet lassen den Fisch schwimmen. Die Familie Plum hat übrigens das Restaurant rechtzeitig vor meinem Dienstantritt im Frühjahr 1978, zum 1. Dezember 1977, eröffnet. Gegessen habe ich da zum Beispiel mit dem ehemaligen Oberstadtdirektor Heiner Berger und dem Aachener Polizeipräsidenten Heinrich Bönninghaus, aber auch mit Egidius Braun vom Deutschen Fußball-Bund. Zwei Rezepte des Lokals finden Sie am Ende des Kapitels.

Bei »Alfredo« in der Tunisstraße zu Köln war ich erstmalig 1977 zu Gast. Sozusagen als unbekannter Viersener aus Duisburg. Aber Alfredo Carturan mit Gattin Elisabeth sorgte auch damals schon für einen aufmerksamen Service. Dieser Italiener versprach mir in den letzten 20 Jahren immer gleichbleibende Qualität – und hielt sie. Auch bei ihm schwimmen die Fische, allerdings teilweise in Aluminiumfolie. Leider hat er keinen Traminer vom Isonzo mehr, aber der Sauvignon ist auch gut.

Wer einen etwas weiteren Weg wählt, ist schnell bei Steinheuers in der »Alten Post« in Bad Neuenahr-Heppingen. Ich gehe am liebsten in die »Poststuben«, weniger ins Gourmet-Restaurant, weil man da nicht so beäugt wird. Stefan Steinheuer und seine Gattin Gabi servieren immer neue Kreationen. Letztens aß ich Rehnüßchen, die wie Watte auf der Zunge zergingen. Dazu einen Spätburgunder von der Ahr, einen fetten 97er von Meyer-Näckel.

Das schönste Ambiente zum Speisen hat Schloß Loersfeld. Eine alte Wasserburg mit Backsteinmauern, ganz in der Nähe des Kerpener Kreuzes. Das Kaninchenfilet fand schon der Restaurant-Papst Joachim Römer sehr schmackhaft. Anfangs vermißte ich eine gute Weinauswahl, mittlerweile ist der Keller aber voll.

Die »Hanse-Stube« im Excelsior-Hotel Ernst zu Köln mag dem einen oder anderen zu steif sein. Mahagonigetäfelt sieht sie fast aus wie ein englischer Club. Aber man kann dafür sorgen, daß man dort ruhig und ungestört miteinander plaudert und auch Wichtiges bespricht. Der Restaurantchef Romain Witt paßt in das Ambiente, und er weiß genau, daß ich die Salatsoßen nicht zu sauer wünsche. Dort habe ich Lachs in Sauerampfersoße auf Sauerampferbett kennengelernt, was ich zu Hause nachgekocht habe. Die Weinkarte hat eine große Auswahl deutscher Weine, man braucht sich also gar nicht nach Frankreich zu verirren. Ich empfehle Ihnen den »Forster Ungeheuer, 96er Spätlese«, falls er nicht ausgetrunken ist.

Überwältigt ist man beim Betreten von »Halbedels Gasthaus« in Bonn-Bad Godesberg. Das Ganze sieht aus wie ein riesiges Wohnzimmer. Wenn man sich die Schürzen der Kellnerinnen ansieht, hat man den Eindruck, man sei zu Hause. Nur die Schürzen sind schöner. Wenn man mit seiner Frau mal Streit hat, vorübergehend, versteht sich, sollte man eine Reise dorthin wagen, natürlich mit ihr, und alles wäre geglättet.

Über zehn Jahre habe ich gebraucht, bis einer meiner Wunschträume realisiert wurde: nämlich die Orangerie des Schlosses Augustusburg in Brühl aus einem schon etwas derangierten Café in ein akzeptables Restaurant zu verwandeln. Das Geld, um den maroden Bau zu sanieren, habe ich durch Verkauf der Seeweiherwiese, einem Sportplatz, an die Stadt Brühl beschafft. Die Einrichtung finanzierte Herr Merl von »Feinkost Merl«, und Küchenchef Ralf Bey schaffte es innerhalb von zwei Jahren, der Orangerie einen Michelin-Stern zu verschaffen. Ich sage hier nichts über Speisen und Getränke, sondern weise nur dezent darauf hin, daß die riesige Yucca-Palme, kurz vor der Küche, eine Leihgabe der Familie Antwerpes ist. Sie war zu Hause zu hoch geworden.

Unlängst hatte ich die fixe Idee, mit meiner Frau zu »Hefter« nach Düren zu fahren. Wir sind am Bahnhof Ehrenfeld eingestiegen, in Düren ausgestiegen, zu Fuß zur Kreuzstraße 82 gewandert und dann im Wohnzimmer von »Hefters« gelandet, die früher in Hürtgenwald ihr Domizil hatten. Man sagt, der Kreis Düren sei eine kulinarische Wüste. Wenn diese waghalsige Aussage stimmen sollte, dann ist »Hefter« jedenfalls die Oase. Das Restaurant ist klein, schnuckelig, gemütlich und das Essen vorzüglich. Lassen Sie mich nicht meine Fischvorliebe und meine Weinhobbys weitersingen, Sie wissen ja Bescheid.

Wenn Sie noch nicht auf der Burg Wassenberg gewesen sind, so können Sie über die Autobahn A 61 und dann über die A 46 den größten Teil der Strecke überwinden. Es sind nur 85 Kilometer von Köln. Ich pflege sie ganz oder teilweise mit dem Rad zu fahren, weil es sich lohnt. Ob Sie im Mai/Juni den knackigen Effelder Spargel dort essen oder das zarte Rinderfilet von einem Charolais-Rind aus dem Selfkant: in dem Château-Ambiente werden Sie sich genauso wohl fühlen wie in dem von alten Balken durchzogenen Schloßturm, wo während der Dreharbeiten an einem Film das Denver-Biest Joan Collins schlief. Ich meine, ich hätte noch ihr Parfüm gerochen.

Einer der verrücktesten Menschen, die ich je kennengelernt habe, ist Jean-Marie Dumaine. Er hat ein wartesaalähnliches Restaurant in Sinzig, »Vieux Sinzig« genannt. Natürlich ist er Franzose, wie seine Frau Nicolette. Dort genießt man Brennesseln, Mädesüß, Bärlauch, Giersch, Mire. Kurzum: Die halbe Wiese, über die man üblicherweise unaufmerksam latscht. Bei einer Fernsehsendung hat er mich einmal getestet, wieviel Kräuter ich kenne. Er hatte etwa 30 frische Kräuter eingepflanzt. Ich bin vorsichtshalber an den mir unbekannten vorbeigegangen und habe immerhin mehr als die Hälfte erkannt, darunter Pimpinelle und Ysop. Es lohnt sich, mit dem Fahrrad mal den Rhein heraufzuradeln, in Sinzig Station zu machen und sich den Kräutern hinzugeben. Sollten Sie zu Hause auf den finsteren Gedanken kommen, auch Löwenzahn zu futtern, dann nehmen Sie den ganz jungen und nicht den dunkelgrünen. Der ist teuflisch bitter und hat außerdem eine schrecklich harntreibende Wirkung.

Manche Leute im Rheinland nennen Restaurants nur Lokale oder Kneipen. Dann entscheiden sie sich eher fürs Trinken und nicht fürs Essen. Wo man beides bekommt, ist das »Päffgen« auf der Friesenstraße. Da brauche ich nicht weit zu laufen, das Päffgen-Kölsch schmeckt mir sehr gut. Einer hatte sich mal darüber beklagt, daß es jedes Mal anders schmeckte. Wenn er ein gleichmäßiges Bier trinken wolle, müsse er woanders hingehen, ist ihm beschieden worden. Im Sommer kann man sich schön in den Hof setzen mit alten Kastanien, dann ist der Durst doppelt schön, und dazu ein Krüstchen essen.

Rezepte, die mir die Familie Plum vom Aachener Restaurant Piccolo verraten hat und die zu meinen Lieblingsspeisen gehören. Zunächst eine Ruccola-Soße (vier Portionen).
1 Schalotte in Butter andünsten, ca. 200 g Crème fraîche dazugeben, mit Zitronensaft, Pfeffer und Salz abschmecken, 2 bis 3 Bund italienischen Ruccola (Rauke) fein verlesen, grobe Stengel entfernen und kleinschneiden. Der Ruccola wird roh zu der Crème-fraîche-Schalottenmischung gegeben, einmal aufkochen und mit dem Passierstab pürieren, bis der Ruccola fein gehackt ist. Eventuell nachwürzen, zum Beispiel mit Hühner- oder Fischfond. Die Soße kann zu Pasta oder Fisch gereicht werden.

Panacotta (zehn Personen):
Wichtig für eine gute Panacotta, sagt Frau Plum, ist die Kochzeit der Sahne. 1,5 Liter Sahne, man höre und staune, werden mit ausgekratzten Vanilleschoten schnell zum Kochen gebracht und dann maximal 15 Minuten am Kochen gehalten (bei längerer Kochzeit wird es zu buttrig). Vanilleschoten entfernen, zur schnellen Abkühlung in Eiswasser stellen und rühren. Wenn die Sahne halb erkaltet, vier Blätter Gelatine (nicht mehr, wie in manchen Rezepten angegeben) darin auflösen und weiterrühren, damit sich keine fiese Haut bildet, sagt Frau Plum. Aber essen Sie nicht zuviel davon, das sagt nicht Frau Plum, sondern das sage ich, denn Panacotta macht fett.

IV

Skandälchen und Skandale

– Als medialer Autodidakt unterwegs

Die Medien und ich

*I*ch bin bekanntlich durchaus kein Feind der Medien. Vor einigen Jahren empfahl mir sogar Marie Hüllenkremer, die heutige Kulturdezernentin der Stadt Köln, die damals noch als stellvertretende Chefredakteurin des »Kölner Stadt-Anzeigers« tätig war, in einer Glosse, ich solle mein Kürzel für Regierungspräsident – RP – zutreffenderweise in PR – Public Relations – umändern. »Nur ein Tag mit einem Lebenszeichen vom RP ist ein gelungener Tag, Entzugserscheinungen stellen sich ein, wenn er nicht dies oder jenes kommentiert. Doch Gott sei Dank muß man ihn nicht oft vermissen. Denn kaum eine Woche vergeht, ohne daß Antwerpes in einer Talkshow oder einer Hörfunksendung erscheint. Der Mann weiß schließlich, wie tele- oder audiogen er ist. Ganz zu schweigen von jenen Reality-Ereignissen, bei denen er leibhaftig auftritt – nächtens an der Autobahn vor allem, in voller Äktschen.«

Damit hatte sie gewissermaßen recht, die Frau Hüllenkremer, aber ich habe – meistens – auch recht. Denn mit Hilfe von Zeitungen, Rundfunk und Fernsehen bin ich zwar tatsächlich zu einem der bekanntesten Regierungspräsidenten Deutschlands geworden. Sie kennen aber sicherlich auch die Namen einiger meiner 31 Kollegen? Doch ich betreibe den Umgang mit den Medien ja nicht als Jux und Dollerei, sondern streng im Dienst der jeweiligen Sache. Es geht mir immer darum, Ziele durchzusetzen. Ich bin zwar medialer Autodidakt, aber mit meinen Auftritten in Funk und Fernsehen habe ich fast immer mehr erreicht als andere Kollegen, die an

Heinz Tutt

Ton macht die Musik

Regierung zu Antwerpes

Die Kleine Anfrage des Kölner Abgeordneten und CDU-Chefs Ottmar Pohl an die Landesregierung erwies sich als Bumerang. Pohl wollte dem Regierungspräsidenten Franz-Josef Antwerpes (SPD), der sich einige Male publikumswirksam in die Kölner Kommunalpolitik eingemischt hatte, offenbar einen Denkzettel verpassen: Die Landesregierung möge bitte feststellen, wie oft Antwerpes mit seinen Entscheidungen daneben gelegen habe. Prüfstein hierfür sollten Gerichtsverfahren sein, die einige Kommunen gegen Entscheidungen von Antwerpes angestrengt hatten. Wenn Pohl dem Ansehen des Regierungspräsidenten hat schaden wollen, hätte er besser auf die Kleine Anfrage im Landtag verzichtet. Denn die Landesregierung antwortete ungewöhnlich deutlich auf den freilich auch ungewöhnlich scharfen Angriff – unter anderem hatte Pohl Antwerpes „mißbräuchliche Amtsführung" unterstellt. Die Landesregierung formulierte ihre Antwort wie eine Nachhilfelektion in Staatsbürgerkunde für den Abgeordneten. Sie teilte ihm mit, daß Antwerpes aufgrund seiner vom Gesetzgeber gewollten Funktion eben hier und da in die Belange der Gemeinden eingreifen müsse.

Nachdem Düsseldorf nun die vom CDU-Chef gestellte Fleißaufgabe erfüllt und penibel alle Gerichtsverfahren der vergangenen sieben Jahren aufgelistet hat, sollte nun wieder mehr Sachlichkeit und weniger Schärfe in die Diskussion kommen.

Der Regierungspräsident könnte sich nun zwar zufrieden zurücklehnen. Besser wäre es aber, wenn er darüber nachdächte, warum denn erboste Kommunalpolitiker ihn angreifen und spöttisch als „Landesfürst" bezeichnen. Trotz seines offenbar sicheren Urteils in Sachentscheidungen ist der Widerstand gegen seine Behörde und ihn persönlich oft groß.

Vielleicht ist es ja wirklich nur die Art, wie er häufig, keine andere Meinung geltend lassend, seine Sicht der Dinge zum Maßstab macht.

Kölner Stadt-Anzeiger vom 25. September 1987

ihren Schreibtischen sitzen und wie ein Notar Unterschriftenmappen wegarbeiten.

Natürlich ist es mir nicht gerade unangenehm, daß ich von den Medien zwischen Flensburg und Konstanz gehätschelt werde. Die Leute mögen Politiker, die klare Worte sprechen. An meinem Ruf habe ich allerdings hart gearbeitet. Denn wer nicht mindestens zweimal im Monat bundesweit im Fernsehen zu sehen ist, der bleibt ein *Local Hero*. Außerdem hat zu meinem Erfolg, außer einer gewissen Schlagfertigkeit, der ungewöhnliche Name vermutlich entscheidend beigetragen.

Aber auch eigene Produktivität war mir nie fremd, schon als Jüngling versuchte ich mich im Schreiben. Als Schüler brachte ich meine dichterischen Fähigkeiten beispielsweise in die Abiturzeitung ein. Das ging so weit, daß mein Deutschlehrer bei der Abifeier aus einem Reim von mir zitierte: »Wir wollen nicht Methoden/mit festgelegten Normen,/es gilt allein dem Menschen/zu helfen, sich zu formen.«

Der Deutschlehrer Alois Schnabel, ein waschechter Schlesier, der zwei Jahre im Rußlandfeldzug 1941 vor Leningrad gelegen hatte, wie er stolz zu berichten wußte, und dabei den »Faust« im Tornister hatte, verhehlte beim Abitur nicht seine Überraschung über mein dichterisches Talent, das er spät, zu spät entdeckt habe. Zu spät, um mir noch eine bessere Note in Deutsch zu geben. Wenigstens in Schrift hat er mir eine Zwei gegeben, wenngleich, wie er behauptete, diese zwar schön aussähe, aber völlig unleserlich sei.

Das späte Entdecken meiner Talente zieht sich übrigens wie ein roter Faden durch mein Leben. Man beachte dabei die Farbe des Fadens. Als Juso-Vorsitzender bastelte ich in meiner Heimatstadt Viersen mit an einer Wahlkampfzeitung, die den bezeichnenden

Namen »Der Punkt« trug und als Gegenstück zur »Rheinischen Post/Grenzlandkurier« wirken sollte, einem damals wahrhaft schwarzen Blatt. Meine chefredaktionellen Bemühungen endeten vor Gericht, denn ich hatte etwas zu heftig ausgeholt und den damaligen Lokalredakteur der »Rheinischen Post« ordentlich beleidigt. Ich empfand in den frühen sechziger Jahren die Quasi-Monopolstellung der »Rheinischen Post« am Niederrhein als unangenehm. Deren Lobhudelei für christdemokratische Taten war unerträglich. Der Kabarettist Wolfgang Neuss sagte bei den Berliner »Stachelschweinen«, als ein Fotograf sich gebückt vor ihm aufpflanzte: »Sie sind wohl von der ›Rheinischen Post‹, fotografieren nur im Knien.«

Während meiner Viersener Zeit als SPD-Ratsherr bin ich medienmäßig, was ich auch anstellte – auch wegen der monopolartigen Stellung der »Rheinischen Post« – kaum in Erscheinung getreten. Das änderte sich in Duisburg. Mein erster großer Radioauftritt ereignete sich beim Duisburger Hafenkonzert, einer damals überaus beliebten Sendung, die von Hasso Wolf, einem WDR-Redakteur, moderiert wurde. Hasso Wolf ist mir bis heute treu geblieben, obwohl er längst pensioniert ist; aber er sorgt bei der Deutschen Welle immer noch dafür, daß meine Stimme über den Auslandsrundfunk hin und wieder auch in Sydney zu hören ist, obwohl mein Publikum dort wohl als eher klein, wenn nicht sehr klein eingeschätzt werden muß.

In den Jahren 1970 bis 1975 gab mir die kommunale Neugliederung Gelegenheit, mich mit einfachen Sprüchen und scheinbar klugen Anmerkungen zu verbreiten. Das lief gut. Ich fühlte mich als einer der Lieblinge der Duisburger Medien: immerhin wollten mich zwei bis drei schreibende Journalisten, ein Fotograf und vielleicht sogar ein Radiomann treffen. Bevor ich 1978 nach Köln ging, saß ich bei Alfred Biolek auf der Couch, in der Fernsehsendung »Kölner Treff«, einer der ersten erfolgreichen deutschen Talkshows, und bemühte mich, reichlich schlagfertig zu sein. Aber ich war sehr nervös und wußte mit meinen Händen nichts anzufangen, woraufhin irgendein Zuschauer schrieb, warum ich immer die linke Hand in der Hosentasche hielte. Dabei hatte ich sie in der Sendung gar nicht in der Hosentasche.

In einer späteren Sendung mit Alfred Biolek fand dann der folgende berühmte Dialog statt:

Biolek: »Sind Sie eitel?«

Antwort: »Wer fragt mich das?«

Wegen des großen Lacherfolges haben wir diesen Wortwechsel bei einigen karitativen Talkshows wiederholt. Natürlich ist Biolek eitel, und selbstverständlich bin ich das auch. Es ist alles nur eine Frage des Grades der Eitelkeit, den man dann vielleicht noch einigermaßen objektiv erörtern kann. Aber doch nicht die Eitelkeit an sich! Jeder Mensch ist eitel, und es ist praktischer, es gleich zuzugeben, als intellektuelle Bocksprünge zu machen und sich mönchisch darzustellen. Ein Mönch übrigens, der sich sorgfältig einen Scheitel zieht, ist auch eitel, mag sein Gewand auch noch so ärmlich und hären aussehen ...

In Köln schließlich stieg meine Medienpräsenz rapide. Was immer ich anpackte, es wurde breit ausgewalzt. Aber Vorsicht: Je breiter das geschieht, desto kritischer wird's auch gemacht. Es gab Leute, die mich vor allzuviel Medienpräsenz warnten. Diese Warnungen habe ich in den Wind geschlagen. Ab Anfang der achtziger Jahre übernahm das Fernsehen die dominierende Rolle in der öffentlichen Meinung, die privaten Sender feierten Premiere, und der WDR regionalisierte sich. Das geschah unter dem damaligen Intendanten, Freiherr Friedrich von Sell, der zwar nicht genau wußte, wo die Grenzen der Regionen waren, der aber das Händchen hatte, den Öffentlich-Rechtlichen mit dem Regionalfernsehen einen dicken Platzvorteil gegenüber den Privaten zu verschaffen.

Alle Sendungen, in denen ich aufgetreten bin, kann ich hier nicht aufzählen, das wäre reine Statistik; aber die schönsten waren die langen, wo man sich richtig auslassen konnte. Ich erinnere mich an den »Heißen Stuhl« bei RTL, wo die Kontrahenten um die Wette schrien und ich auch. Später habe ich so was gelassen. Ich stand mal an der Berliner AVUS einer wütenden Schar von Motorradfahrern gegenüber, die sich darüber beschwerten, daß diese Autobahn auf die Geschwindigkeit von 100 Kilometer pro Stunde begrenzt würde. Die machten mich sogar dafür verantwortlich, obwohl meine Berliner Zuständigkeiten eher gering waren. Die schrien, und ich schrie zurück. Da sagte mir plötzlich ein Fernsehmann: »Sie müssen nicht schreien, sie kommen auch so einwandfrei und deutlich über den Sender, die anderen drehen wir runter. Dieses Spektakel kann ohnehin kein Mensch verstehen.« Dieser Hinweis hat mir bei manchen späteren Braunkohlefernsehsendungen, wo wütende Anti-Garzweiler-II-Menschen in großer Schar versammelt waren, sehr geholfen.

Wenn man in Köln als Regierungspräsident arbeitet, ist das natürlich etwas anderes als beispielsweise in Trier. Köln ist als Medienstadt wie ein ständiges Heimspiel. Trier wäre immer auswärts, ja wie ein Spiel im Ausland auf einem holprigen Platz. Doch Vorsicht, auch das Kölner Pflaster ist sehr gefährlich. Denn auch wenn man noch so gut mit einem Journalisten bekannt ist, kommt es häufiger vor, daß man in die

Pfanne gehauen wird. Und das noch mit Zitaten, die so nie gefallen sind. Man hat es nur *ungefähr* so gesagt.

Erst anläßlich meiner Wohnungsgeschichte – Max-Bruch-Straße 8 – habe ich gemerkt, welche Trüffelviecher unterwegs waren, um immer neue Sachen auszugraben oder zu kombinieren, damit Thema und Leserschaft heiß blieben. Da kam die negative Seite meiner Medienpräsenz voll zum Tragen. Selbst der Kölner »Express«, mir sonst oft wohlgesonnen, schlug zu. Antwerpes verkauft sich einfach besser als Müller. Wer im Licht der Öffentlichkeit steht, muß damit rechnen, daß jedes Popeln in der Nase betrachtet wird. Beim Karstadt: Der Antwerpes kauft sich gerade drei farbige Unterhosen. Wozu braucht er die? Fehlt nur der Fotograf in der Umkleidekabine ...

Manchmal wurde mir unterstellt, ich würde die Medien benutzen. Aber die meisten Journalisten lassen sich nicht benutzen. Die merken das! Weil meine Entscheidungen bei vielen nicht gerade beliebt sind, bilden die Medien für mich eine Art Schutzmauer gegen meine Gegner. Ich gebe Ihnen als Beispiel meine nächtlichen Autobahnkontrollen. Da haben wir am Aachener Europaplatz an einem heißen Juni-Tag festgestellt, daß jeder vierte Autofahrer angetrunken war, jeder 25. sogar regelrecht besoffen. Das ist ein gefährlicher Skandal, der *sofort* abgestellt werden muß. Diese Kontrollen sind mittlerweile gefürchtet, aber nur, weil wir sie in die Öffentlichkeit gebracht haben. Das hat überhaupt nichts damit zu tun, daß ich mediengeil wäre. Aber wenn ich das Gute nur klammheimlich täte, dann fehlte in diesem Fall absolut die präventive, abschreckende Wirkung. Hier sind also die Medien die wichtigsten Helfer. Eine andere Möglichkeit gibt es nicht.

Aber ich laufe den Medien nicht hinterher. Sie haben nur generell etwas übrig für Leute, die eckig sind, die sagen, was sie wollen, und das kurz und prägnant. Da können die einen im Publikum sagen: Wenn der schon im Fernsehen ist, wird mir schlecht. Andere sagen: Gott sei Dank, da ist er wieder.

Mein besonders intimes Verhältnis zu den Medien hat darüber hinaus viel mit meinem Verständnis von Politik und Veränderung zu tun. Ich streite mich nämlich gern. Mein Motto war immer: Streiten statt gleiten. Denn nur in strittigen Auseinandersetzungen kann in kurzer Zeit etwas Nützliches für die Gesellschaft erarbeitet werden. Deshalb habe ich immer wieder Entscheidungen mittels Streit gesucht. Mein unmittelbarer Vorgesetzter, der nordrhein-westfälische Innenminister, früher Herbert Schnoor, heute Fritz Behrens, hat darüber zuweilen deutlich die Stirn gerunzelt. Aber ich habe zurückgerunzelt und konsequent meine Linie durchgehalten.

Im übrigen suche ich keineswegs jeden Tag krampfhaft nach einem neuen Zankapfel. Vielmehr werden einem die meisten Dinge, die kontrovers verhandelt werden, zunächst zugetragen, ohne daß man das beeinflussen kann. Erst wenn es darum geht, zu einer Lösung des Problems zu kommen, treibe ich die Gegensätze im Streit auf die Spitze, um eine Beschleunigung des Ganzen zu erreichen. Natürlich bleiben bei dieser Art zu handeln immer ein paar Verletzte zurück – aber ich bin nicht nachtragend. Ich habe selbst von allen Seiten Prügel eingesteckt, doch nach ein paar Tagen ist das wieder vergessen. Wenn ich nachtragend wäre, dürfte ich mit keinem Reporter mehr reden.

Ich hatte vom Heimvorteil geschrieben, den man in Köln hat, obwohl ihn viele nicht nutzen. Die stehen nie auf dem Platz, können somit auch die Spiele weder gewinnen noch verlieren. Es ist aber nicht nur der Heimvorteil, sondern es muß auch noch einiges hinzukommen: ein unverwechselbares Gesicht, eine Sprache, die man jederzeit einordnen kann, sowohl vom Tonfall als auch vom Dialekt, moduliert versteht sich, eine Gestik, die dazu paßt, und nicht zuletzt der Inhalt, den man abnimmt oder nicht. Und die Sätze müssen möglichst kurz sein und sollten keine »Prozentsätze« enthalten.

Ich sage meistens das, was ich denke. Manche mögen das, andere nicht. Inhaltsschwangere Worthülsen, wie sie von zu vielen Politikern im Munde geführt werden, lehne ich jedenfalls kategorisch ab. Ich bin für das klare Wort. Wer dazu nicht in der Lage ist, beweist nur seine Feigheit und Ideenarmut, und daß er sich von denjenigen, für die er seine Politik gefälligst und selbstverständlich zu betreiben hat, nämlich das Volk, schon meilenweit entfernt hat. Ich muß mich nicht mit allerhand Babys fotografieren lassen, um die Aufmerksamkeit der Öffentlichkeit zu erregen. Eine gute Idee ziehe ich bei weitem vor. Die meisten Leute aber, die mir schreiben, häufig »der sogenannte kleine Mann von der Straße«, geben mir darin recht. »Herr Antwerpes«, schreiben die mir, »Sie sind ein strenger, aber gerechter Mann.« An solchen Reaktionen kann man merken, daß die Menschen ein Gespür dafür haben, ob ein Politiker oder hoher Beamter sich lediglich selbst inszeniert oder ob dahinter eine Idee, ein Wunsch nach Verteidigung des Rechts oder nach sozialem Ausgleich steht.

Ich erinnere mich beispielsweise an einen grandiosen Auftritt im ungarischen Fernsehen zur besten Sendezeit, mit allerhand tiefschürfenden Bemerkungen meinerseits, die in Deutschland und gar im Kölner

Raum völlig unbeachtet blieben. Was ich aber nicht als kränkend empfinde, denn wer versteht in Köln schon Ungarisch? Auch meine lichtvollen Ausführungen im norwegischen Fernsehen verhallten hierzulande ungehört und ungesehen ...

Golf mit Handicap

Sie werden annehmen, ich sei ein leidenschaftlicher Golfer, weil ich dieses Thema anpacke. Bin ich aber nicht. Ich habe noch nie einen Golfschläger in der Hand gehabt. Aber ich stand einmal kurz davor, als seinerzeit der Präsident der deutschen Golfer, Jan Brügelmann, zu mir ins Büro eilte und mit Schläger und Ball bewaffnet seine Freude über eine Initiative meiner Behörde schlagfertig zum Ausdruck brachte. Es war im Dezember 1982, als ich dem Bezirksplanungsrat, einem Gremium, das die Gebietsentwicklungsplanung bei mir berät und verabschiedet, ein Golfplatzgutachten vorgelegt habe. Zu einer Zeit, als kaum einer Golf spielte und man gerade erst dabei war, den Klassenkampf gegen den Tennissport allmählich einzustellen.

Meine Planer hatten sich mit dem Thema Golf befaßt, um einen Überblick darüber zu bekommen, wo es bereits Golfplätze gab, wo welche geplant oder im Gespräch waren und wie diese Standorte zu bewerten seien. Ziel der Untersuchung war herauszufinden, ob die vorhandenen Plätze ausreichten und wie viele Plätze eventuell noch erforderlich waren und wo man sie anlegen könnte. Dazu wurden die allgemeinen planungsrechtlichen Voraussetzungen zur Realisierung von Golfplätzen geprüft.

Damals gab es 15 Golfclubs mit 3.700 Mitgliedern im Regierungsbezirk Köln. Das hieß, daß ein Promille der Bevölkerung Golf spielte. Ermittelt wurde nun, daß sowohl im Raum Aachen als auch im linksrheinischen Gebiet um Köln unterdurchschnittlich wenig Golfplätze vorhanden waren und es dort offensichtlich einen Bedarf gab. Wir gingen nämlich von zwei Promille für die Zukunft aus, also einer Verdoppelung; dafür fehlten 15 Plätze.

Die Reaktion der Medien auf unsere Initiative war durchwachsen. Der »Kölner Stadt-Anzeiger« fragte polemisch: »Wie viele Arbeitslose spielen Golf?« Die gleiche Zeitung hat jedoch in ihrer Erftkreis-Ausgabe das Thema ausführlich behandelt. Und das lag nicht zuletzt daran, daß im Erftkreis vier neue Golfstandorte geplant wurden.

Während 1982 noch bösartig nach dem Anteil arbeitsloser Golfspieler gefragt wurde, betrauerte die Presse fünf Jahre später, mit welcher Strenge die Golfplätze aus den Ballungsräumen verbannt würden, damit die wenigen Freiflächen in der Stadt Erholungssuchenden vorbehalten bleiben. Auch die IHK nahm sich der Sache an und verbreitete 1996 sogar die Golfstandortkarte meiner Behörde. Mittlerweile spielen nicht zwei Promille der Bevölkerung Golf, wie wir damals annahmen, sondern mindestens doppelt soviele!

Schlechtmeinende sprechen davon, ich würde den Egoismus der Leute durch Anlegen von Golfplätzen fördern: Golfer spielten nur gegen sich selbst und nicht, wie beim Tennis, gegen einen anderen und wie beim Fußball mit zehn Leuten gegen weitere elf. Aber diese Argumente sind ziemlich gehässig. Denn Golf spielen kann man bis ins hohe Alter, und es tut manchem älteren Herrn und mancher älteren Dame durchaus gut, wenn sie kariert behost bei Wind und Wetter den Schläger schwingt, statt zu Hause zu sitzen und sich im Fernsehen noch ein Golfturnier anzusehen – und das unter besseren Wetterbedingungen.

Stillmutter Elfi

Meine Frau ist eine leidenschaftliche Stillmutter. Das führte dazu, daß man unsere Kinder Sarah und Nicolas, als sie noch klein waren, auf Fotos nicht voneinander unterscheiden kann, weil sie beide dicke Backen haben und auch ansonsten durch die Muttermilch gut ernährt und proper waren. Die Probe aufs Exempel machten wir bei einer Reise nach Neuseeland. Meine Tochter Sarah, ein Jahr alt, wurde weiter gestillt, und wir hatten keine Probleme, sie zu ernähren, als wir fünf Wochen mit einem Van quer über die wunderschöne Insel fuhren, während die Eltern darauf achten mußten, europaähnliche Nahrung zu sich zu nehmen.

Stillen war damals nicht »in«. So kam meine Frau, nach zahlreichen Attacken auf ihre Stillerei, im Mai 1984 auf die Idee, sich im Café Reichard fotografieren zu lassen, während sie Tochter Sarah die Brust gab. Pfui, sagten die Sexisten, wie kann man eine mütterliche Brust der Öffentlichkeit zeigen? Das war ein Aufstand! Beim »Express« klingelten die Telefone Sturm, bei Elfi Scho-Antwerpes wurde der Frühstückskaffee kalt, der WDR bat um ein Interview fürs Mittagsmagazin. Stillen im Café war Gesprächsthema Nummer eins. Die meisten Kölner gratulierten meiner Frau zu ihrer mutigen Tat.

Die Gattin des damaligen WDR-Intendanten, Barbara von Sell, erklärte öffentlich, die Idee sei fabelhaft, prominente Frauen sollten den anderen Mut machen. Auch der Bandleader Günther Noris beglückwünschte meine Frau und betonte, wie wichtig der Körperkontakt beim Stillen für die Entwicklung des Kindes sei.

Noch heute betreut meine Frau in Kölner Krankenhäusern viele Mütter und Stillgruppen und wirbt für die Ernährung der Babys über die Brust, zumal die Muttermilch eine ganze Reihe von Bestandteilen enthält, die die Kinder gegen Krankheiten schützt, vor allem gegen Allergien.

Ich hielt diese Stillerei meiner Frau zwar für gut, hatte aber nicht mit dem Aufsehen gerechnet und sah mich schon im Mittelpunkt ziemlichen Spotts. Aber Ehefrau Elfi, die schon aus einem anderen Café herausgegrault worden war, hielt tapfer durch. Und heute wagt kaum ein Wirt oder Gaststätteninhaber noch, eine Stillmutter hinauszuschmeißen.

Jedes Jahr treffen sich die Regierungspräsidenten irgendwo in Deutschland zur Bundeskonferenz und tauschen dabei wichtige und weniger wichtige Probleme aus. Gelegentlich nimmt daran auch ein leibhaftiger Ministerpräsident teil, beispielsweise von Rheinland-Pfalz, einem Land, das etwas weniger Einwohner hat als der Regierungsbezirk Köln, dafür aber mehr Mittelgebirge und das schönste Flußpanorama der Welt, auch was Mittleres, nämlich den Mittelrhein.

Also der Ministerpräsident von Rheinland-Pfalz. Nicht der jetzige, Kurt Beck, sondern der vorvorherige, also der, der vor Rudolf Scharping das Land regierte, nämlich Bernhard Vogel, heute in gleicher Funktion in Thüringen, das auch viel Mittelgebirge hat. Der Vogel hat sich eigentlich gar nicht umgewöhnen müssen, es sei denn sprachlich.

1984, irgendwann im Mai, tagten die Regierungspräsidenten in Trier, bei ihrem Kollegen Schwedje, der später Priester wurde. Es war ein festlicher Abend, mit Damen und einer Weinprobe im Trierer Romanischen Museum. Die Regierungspräsidenten mit ihren Damen tranken gesittet schöne Kreszenzen von Rhein und Mosel. Weniger gesittet verhielt sich Tochter Sarah mit sieben Monaten in ihrem Kinderwagen, der auch im Museum stand, und zwar etwas seitlich. Meine Frau konnte sie ja nicht im Stich lassen, weil sie das Kind noch stillte. Sarah, sonst eher ein zurückhaltendes Baby, fing plötzlich an zu schreien und hielt im Verlauf des Abends auch nur selten inne. Mich störte das nicht, meine Frau auch nicht. Aber plötzlich, nach knapp anderthalb Stunden, brach Bernhard Vogel auf, keiner konnte sich den abrupten Abgang erklären. Wir tranken aber auch ohne ihn weiter.

Erst Jahre später erfuhr ich von einem guten Bekannten aus Juso-Zeiten, Günter Schlatter, heute Vorstandsmitglied bei der Provinzialversicherung, daß Vogel wegen Sarah aufgebrochen war. Junggeselle Bernhard war solches Geschrei nicht gewöhnt gewesen und hatte, bei einer Ministerpräsidentenkonferenz oder so, alles Johannes Rau erzählt. Rau selbst hat mir nie davon berichtet. Er wollte mich wohl nicht beunruhigen. Hätte er auch nicht.

Storch Hansi

Eine meiner schönsten Auseinandersetzungen verdanken wir dem schlechten Weinjahr 1987. Der freilebende Weißstorch Hansi hatte den Kölner Zoo seit mindestens 15 Jahren regelmäßig besucht und natürlich dort auch die Störchin Rita und mit ihr Nachwuchs in die Welt gesetzt. Diese Nachkommenschaft wurde an andere zoologische Gärten und ähnliche Einrichtungen verkauft. Dann kam die neue Bundesartenschutzverordnung (BArtSchV) zum Januar 1987 heraus, und es entstanden rechtliche Bedenken gegen die Verkaufspraxis der Zoodirektoren. Weißstörche durften, als vom Aussterben bedrohte Tiere, nur noch dann gehandelt werden, wenn sie von in Gefangenschaft lebenden Tieren gezeugt und geboren wurden. Nach Inkrafttreten dieser Verordnung bekamen Rita und Hansi drei Nachkommen, die im Sinne der BArtschV zwar, mütterlicherseits, von einem in Gefangenschaft lebenden Tier abstammten; Vater Hansi war aber als Freiflieger immer noch zu den Wildtieren zu rechnen, und deshalb verweigerte die Stadt Köln zunächst die Genehmigung des vom Zoo geplanten Verkaufs der drei Jungstörche an den Tierpark in Aachen.

Nun machte aber der Direktor des Zoologischen Gartens Köln, Prof. Günter Nogge, erhebliche Bedenken gegen eine mögliche Auswilderung geltend, da er die Jungstörche, wegen ihrer verschieden geprägten Elternteile, in der Natur als orientierungslos einschätzte. Ein schlimmes Schicksal schien den Jungstörchen gewiß. Aber die Jungtiere konnten trotzdem nicht im Zoo bleiben, da sich Storch Hansi ihnen gegenüber sehr aggressiv verhielt. Schließlich war die Stadt so großzügig, eine Befreiung zu erteilen, die Tiere hätten also nach Aachen verkauft werden können. Da sagten mir aber meine Leute, die Vermarktungsgenehmigung sei rechtswidrig. Also habe ich den Kölner Oberstadtdirektor angewiesen, die Befreiung vom Vermarktungsverbot wieder aufzuheben und die Störche nach Köln zurückzuholen. Doch der Kölner Zoo hatte schon vollendete Tatsachen geschaffen, die Störche befanden sich bereits in Aachen, aber kupiert. Man hatte ihnen die Federn zu einem Teil abgeschnitten. Das bewirkte eine dauernde Flugunfähigkeit, es war also nichts mehr mit einer Auswilderung.

Nun kam die Geschichte in ein neues Stadium. Vor allem wurde über den Zeitpunkt des Kupierens gestritten. Meine Behörde ging davon aus, daß die Tiere bereits vor der Verkaufsgenehmigung der Stadt Köln, also rechtswidrig, kupiert worden seien. Der Zoo antwortete darauf sehr ausweichend. Unsere Vermutung ließ sich nicht belegen. In diesem Zusammenhang habe ich gesagt: Entweder lügt der Nogge, oder sein Gedächtnis hat ihn im Stich gelassen. Nachdem ich weiter auf die Durchsetzung meiner Weisung drängte, geriet der Aufsichtsratsvorsitzende des Kölner Zoos, Heinz Lüttgen, ein Parteifreund von mir, in höchste Wallung und legte noch im November eine Dienstaufsichtsbeschwerde gegen mich ein, die allerdings fünf Monate später fristgemäß zurückgewiesen wurde. Ich erinnere mich nicht mehr an den Inhalt. Wahrscheinlich ging es um Lügen oder schwaches Gedächtnis.

Nun lebten also die Nachkommen von Hansi, gewissermaßen verstümmelt, in Aachen. Also haben wir auf die Durchsetzung der Weisung verzichtet, die Stadt aber aufgefordert, wegen des verbotenen Kupierens ein Bußgeld in Höhe von 1.000 Mark festzusetzen. Das machte der Oberstadtdirektor schließlich im Mai 1988. Noch bevor allerdings über Nogges Einspruch gegen den Bußgeldbescheid entschieden worden war, nahm die Natur ihren Lauf, und es begann der zweite Kölner Storchenkrieg. Denn am 18. Mai bekamen Rita und Hansi erneut Nachwuchs, die beiden Jungstörche Franz und Josef, offensichtlich nach meinen Vornamen benannt. Wieder haben wir den Oberstadtdirektor angewiesen, für die Auswilderung zu sorgen. Diese Ordnungsverfügung, daran erinnere ich mich noch genau, erging am 8. 8. 88. Natürlich legte der Zoo Widerspruch ein. Doch mit einiger Mühe fanden wir schließlich eine geeignete Auswilderungsstation, und der Kölner Zoo lieferte die beiden Störche freiwillig an diese Station aus.

Unser Storchenkrieg führte beim Kölner Rosenmontagszug 1989 zu einem Prunkwagen, auf dem Herr Professor Nogge und ich uns drohend gegenüberstehen. Aber ich glaube, ich hatte wenigstens vorübergehend das Publikum auf meiner Seite. Die beiden Storchenkriege führten jedenfalls zu einer Änderung der Bundesartenschutzverordnung, dergestalt, daß den zoologischen Gärten größere Freiräume hinsichtlich geschützter Tierarten eingeräumt wurden. Herr Nogge hatte seine Kollegen mobilisiert und das zuständige Bundesministerium entsprechend beeindruckt.

Jahrelang schmollte mir der Zoo-Professor wegen dieser Auseinandersetzung. Aber was Recht ist, muß Recht bleiben. Ich habe ihm später aber Genugtuung gegeben, indem ich den Text des berühmten Musikstücks »Karneval der Tiere« des französischen Komponisten Camille Saint-Saëns in den Kölner Zoo verlegt habe und das Opus in Hürth vor 700 Zuschauern uraufgeführt wurde. Ich warte immer noch auf einen ent-

Antwerpes und Nogge im Rosenmontagszug (Köln 1989)

sprechenden Auftritt in der Philharmonie. Aber kaum hatte ich die Angelegenheit mit dem Intendanten der Philharmonie, Franz-Xaver Ohnesorg, besprochen, wurde er zur Carnegie-Hall nach New York abberufen. Da gibt es keinen einzigen Storch.

Reality TV

Die privaten Fernsehsender begannen seit 1992 zunehmend sogenannte »Reality Shows« zu produzieren und benutzten dazu die Feuerwehren, den Rettungsdienst und auch die Polizei als öffentlich bezahlte Statisten. Das Konzept dieser Sendungen beruhte darauf, scheinbar »authentische«, »echte« Fälle mit einer Spielfilmdramaturgie voller Action und Blut zu präsentieren. Zunächst begnügte man sich mit nachgestellten Szenen, etwa in der Sendung »Notruf« bei RTL. Später wollte man zu Originalaufnahmen greifen, beispielsweise für die Sendung »Die Retter« bei SAT 1 – geplant, aber nie realisiert – und »Augenzeugenvideos«, ebenfalls RTL. Der deutsche Feuerwehrverband sah seine Stunde gekommen und forderte seine Mitglieder zur Unterstützung der Sendereihe »Die Retter« auf. SAT 1 beschloß sogar, Kameras an Feuerwehren auszugeben.

Als mir das zu Ohren kam, habe ich alle Oberstadt- und Oberkreisdirektoren des Regierungsbezirks gebeten, mit ihren Feuerwehren und Rettungsdiensten solche sensationslüsternen Sendungen nicht zu unterstützen. Aber am 15. Januar 1993 filmte RTL im Rahmen der geplanten Reality-Serie »Im Visier« eine schwerkranke Frau unter entwürdigenden Umständen in ihrer Wohnung und auch im Rettungswagen. Der Notarzt verletzte vor laufender Kamera seine Schweigepflicht, die Frau starb acht Stunden später im Krankenhaus. Ich habe den Vorfall öffentlich aufgegriffen, das gedrehte Material wurde nicht gesendet, und der größte Teil der Presse und die öffentlich-rechtlichen

Rundfunksender begrüßten in Kommentaren meine Haltung. Die überwiegende Zahl der Feuerwehren, Hilfsorganisationen, die Arbeitsgemeinschaft der Notärzte und verschiedene politische Gremien sprachen sich ebenfalls gegen eine Unterstützung von Reality-Shows aus.

Mit einigen Monaten Abstand gab es schließlich sogar eine gemeinsame Erklärung des Innen- und des Gesundheitsministeriums über die Zusammenarbeit mit den Medien, und die privaten Fernsehsender gerieten mit den Reality-Shows immer mehr in die Defensive. Allerdings hatten nun einige Funktionäre des deutschen Feuerwehrverbandes große Schwierigkeiten einzusehen, daß sie auf das falsche Pferd gesetzt hatten.

Im nachhinein klingt das alles leicht und selbstverständlich. Tatsächlich war es aber ungeheuer schwierig, an die Fernsehaufnahmen des Senders RTL zu gelangen, nachdem durch die Presse bekanntgeworden war, daß ein Kamerateam eine schwerkranke Frau gefilmt hatte.

Ich versuchte das Band zu bekommen und machte zu dem Zweck einen persönlichen Besuch bei RTL; die wollten mir den Film auch zeigen, aber nur als Privatperson. Ich sagte den Herrschaften, ich sei nicht als Privatperson, sondern als Amtsperson gekommen, und bei dem Film handele es sich um ein zu sicherndes Beweismittel. Das erschreckte die Damen und Herren des Senders so, daß sie das Band doch nicht herausrückten. Meine Mitarbeiter und ich mußten unverrichteter Dinge abziehen, ohne den Beweis für diese Fernsehaufnahmen in Händen zu haben.

Dann machte der Sender jedoch einen taktischen Fehler. Die »BZ« in Berlin hatte ebenfalls über den Skandal berichtet, und um sich zu entlasten, hatte RTL der Zeitung eine Videokassette dieser Aufnahme zur Verfügung gestellt – in der edlen Hoffnung, die »BZ« würde davon ablassen, RTL zu attackieren. Doch der Redakteur, der über die geplante Serie schrieb, hatte nichts Eiligeres zu tun, als mir das gesuchte Band zuzuschicken.

Noch bevor ich diese Videokassette in Händen hatte, leugnete die Stadt Köln beharrlich, daß sie die Erlaubnis dazu erteilt hätte, einen Rettungsdienstwagen einzusetzen; auch habe keineswegs der Notarzt vor laufender Kamera seine Schweigepflicht verletzt. Der damalige Stadtdirektor betrieb eine völlige Verharmlosung des Vorfalls, was mich aufs äußerste erregte. Er knickte jedoch alsbald ein, nachdem wir ihm eine Kopie des Bandes übersandt hatten, und die Stadt Köln gelobte feierlich, von solchen fragwürdigen Unterstützungsmaßnahmen fortan die Finger zu lassen.

Die bemerkenswert verspätete Reaktion offizieller Stellen ärgerte mich bei der Diskussion über Reality-TV ganz besonders. Mit meiner Kritik an RTL und dessen Tendenz zu Reality-Shows war ich ziemlich alleine. Wollte man die gerade neu etablierten Privatsender etwa vor Kritik verschonen? Wenn ich sonst irgend etwas in Angriff nehme, habe ich, schwuppdiwupp, sofort eine Erklärung der jeweils Zuständigen auf dem Tisch. In diesem Fall jedoch dauerte es Monate, bis sich jemand zu einer Stellungnahme bereitfand.

Ein Jahr später schließlich veröffentlichte der »Kölner Stadt-Anzeiger« einen Artikel, wonach der Rundfunkstaatsvertrag durch einen Absatz ergänzt worden sei, mit dem Reality-TV verboten wurde. Die Schlagzeile lautete: »Lohn des Protests«. Ein später und verdienter, aber schwer erkämpfter Lohn.

Einbürgerung von ausländischen Sportlern

Kaum hatte ich 1978 meinen Dienst angetreten, da machte das Innenministerium Nordrhein-Westfalen die neuen, zwischen dem Bundesinnenminister und dem Deutschen Sportbund vereinbarten Grundsätze über die Einbürgerung von Spitzensportlern bekannt. Danach sollte die normale Aufenthaltsdauer von mindestens 10 Jahren für die Einbürgerung von Spitzensportlern erheblich verkürzt werden. Vor allen Dingen dann, wenn die Sportler in der deutschen Nationalmannschaft eingesetzt werden sollten oder es sich um besonders talentierte Jungsportler handelte, deren Leistungen allgemein große Anerkennung fanden – vor allem im Fernsehen.

1990 und 1994 wurden diese Grundsätze bestätigt. Ich habe mir daraufhin erlaubt, den Innenminister dezent darauf aufmerksam zu machen, daß es doch wohl notwendig wäre, daß diese Sportler bestimmte kulturelle Mindestvoraussetzungen erfüllen sollten: etwa deutsche Sprachkenntnisse. Das meinte der Innenminister auch. Zudem habe ich auf die eklatante Bevorzugung von Spitzensportlern gegenüber Normalbürgern hingewiesen und gebeten, das zu revidieren. Es sei nun auch der richtige Zeitpunkt dazu, nach der Vereinigung würde Deutschland vermutlich ohnehin zur Sportweltmacht.

In der ARD-Sendung »Monitor« habe ich dann die öffentliche Ungleichbehandlung in der nordrhein-westfälischen Einbürgerungspraxis kritisiert. Ich sagte: Wenn ausländische Mitbürger in der Regel 10 Jahre in der Bundesrepublik wohnen müssen, um Deutsche zu werden, dürften Sportler aus dem Ausland nicht bevorzugt werden. Ein Vertreter des Innenministeriums Nordrhein-Westfalen verteidigte jedoch die praktizierte Vorgehensweise, auch mit Blick auf die Attraktivität der Fußballbundesliga. Das gab natürlich wieder Knatsch.

Im Landtag fragte der Grünen-Abgeordnete Mai nämlich die Landesregierung, ob sie mit den Bewertungen des Kölner Regierungspräsidenten übereinstimmte oder ob sie die Ungleichbehandlung für korrekt hielte. Der Innenminister Schnoor antwortete: Es gebe keine spezielle nordrhein-westfälische Einbürgerungspraxis; es träfe auch nicht zu, daß es bei der Bewertung von Einbürgerungen zwischen dem RP in Köln und dem Innenminister einen Dissens gäbe; in der Beurteilung des Falls »Homneac« (der offenbar Auslöser für die Sendung gewesen sei) hätten der Regierungspräsident und der Innenminister übereingestimmt, außerdem gäbe es keine Ungleichbehandlung bei Einbürgerungen.

Diese Antwort des Ministers hat mich sehr verwirrt. Die Leichtathletin Domina Homneac aus Rumänien wurde nämlich gar nicht eingebürgert. Schon damals gab es die Thematik der Mehrstaatlichkeit (Doppelpaß). Einbürgerungswillige sollten ihre ursprüngliche Staatsangehörigkeit ablegen, aber bei manchem Sportler wurde von seiten der Betroffenen darauf gedrungen, diese Regelung zu mißachten oder die Entlassung aus der ursprünglichen Staatsbürgerschaft auf einen späteren Zeitpunkt zu verschieben. Ich habe dem Innenministerium mitgeteilt, ein solches Vorgehen würde hier in meinem Bezirk nicht praktiziert.

Das rief den damaligen Trainer des Fußballclubs Bayer Leverkusen, Erich Ribbeck, auf den Plan, der mich in der Presse heftig angriff. »Der Kölner Regierungspräsident sei verantwortlich für die schleppende Einbürgerung von Ramon Hubner« – das war ein Spieler bei Bayer 04 Leverkusen – »und solle sich lieber um Verkehrswarnanlagen auf der A 4 kümmern und um Haschkontrollen an der Frechener Raststätte.«

Aber weder bei der Stadt Leverkusen noch in der Bezirksregierung lag ein Antrag auf Einbürgerung des genannten Fußballers vor. Einen Tag später stand im »Kölner Stadt-Anzeiger«: »Geordneter Rückzug von Erich Ribbeck. Für seine ebenso haltlos wie lautstark geäußerten Vorwürfe gegen den Kölner Regierungspräsidenten Franz-Josef Antwerpes mußte sich der Trainer gestern telefonisch entschuldigen.«

Ein Vierteljahr später wies das Innenministerium in einem Runderlaß darauf hin, daß die vorzeitige Einbürgerung ausländischer Sportler künftig nur noch dann in Betracht käme, wenn sich der Bewerber zum Zeitpunkt der Entscheidung mindestens seit drei Jahren regelmäßig im Inland aufgehalten hat. Das war endlich eine restriktivere Praxis, aber immer noch unbefriedigend – und das habe ich auch geäußert.

Dann war die Stadt Leverkusen an der Reihe. Sie legte den Einbürgerungsantrag von Ramon Hubner vorsorglich meinen Leuten mit der kollegialen Bitte um rechtliche Beurteilung vor. Der Fall war insofern äußerst interessant, als einer von Hubners Vorfahren im 18. Jahrhundert als deutscher Söldner nach Brasilien kam. Einer preußischen Erbrechtsfolge gemäß sollte angeblich die deutsche Staatsbürgerschaft auf die Nachkommen übergegangen sein. Davon wußten wir aber nichts – es war auch rechtswidrig.

Vorübergehend hatte ich selbst darüber nachgedacht, ob ich mir nicht eine zweite Staatsbürgerschaft besorgen sollte. Unter Hinweis auf meine flämischen Vorfahren, die um 1576 von den spanischen Habsburgern aus Antwerpen vertrieben wurden. Doch meine Vorfahren waren keine Söldner. Sie hätten für die Habsburger keine Flinte in die Hand genommen.

Hier also noch mal die populären Fälle bei der Bezirksregierung zusammen: Da war Domina Homneac, die Leichtathletin im Jahr 1990; Andrzej Rudy, Lizenzspieler beim 1. FC Köln im Jahr 1994, Bjaerne Goldbaek, ebenfalls Lizenzspieler beim FC; dann der genannte Ramon Hubner; schließlich kam eine Xenia Szmentanenko als Eispaarläuferin im Jahr 1997 dazu und Yian Yiuna, Tischtennistrainer im Jahr 1997. Wir haben dafür gesorgt, daß alle Genannten ihre alte Nationalität behalten durften, und auf die deutsche müssen sie warten.

Am stärksten diskutiert wurde dann in der deutschen Öffentlichkeit der Fall des Südafrikaners Sean Dundee. Der ist von meinen Kollegen in Karlsruhe bzw. Freiburg eingebürgert worden und landete sogar in der deutschen Fußballnationalmannschaft, ohne dort allerdings Akzente setzen zu können. Die ganze Praxis ist eine furchtbare Unsitte, die ich strikt ablehne. Ein Fußballamateur aus Mainz, der seit 17 Jahren in Deutschland lebte und mit einer Deutschen verheiratet ist, wartete damals länger auf seine Einbürgerung als der Fußballdeutsche Dundee.

Am Ende würde eine deutsche Nationalmannschaft nur noch aus Ausländern bestehen, die für uns den Ball treten. Ein schönes Söldner-Heer.

Überkreuz mit dem Roten Kreuz

Als Ende 1992 bekannt wurde, daß die Firma UB Plasma in Koblenz verseuchte Blutzubereitungen in den Handel gebracht hatte, habe ich nach sorgfältiger Prüfung angeordnet, daß im November und Dezember 1993 in einer kurzfristig angesetzten Aktion insgesamt 13 kommunale, staatliche und private Blutspendeeinrichtungen im Regierungsbezirk Köln eingehend überprüft und auch zum größten Teil nachbesichtigt wurden.

Das geschah völlig unangemeldet. Und den Einrichtungen rückte eine Kommission auf den Pelz, die aus einem juristischen, einem medizinischen und einem pharmazeutischen Dezernenten bestand. So was kann nur eine Bündelungsbehörde wie der RP! Meine Leute hatten einen Fragebogen entwickelt, der im November dem zuständigen Ministerium für Arbeit, Gesundheit und Soziales vorgestellt und dort auch akzeptiert worden war.

Bei unseren Überprüfungen wurden zahlreiche Mängel festgestellt:

- Die körperliche Eignungsuntersuchung der Spender wurde unzureichend dokumentiert.
- Beim Blutspenderfragebogen, beim Anamnesebogen und AIDS-Aufklärungsbogen zum Ausschluß von Risikogruppen gab es Defizite.
- Die Verantwortungsbereiche der Herstellungs- und Kontrolleiter waren nicht schriftlich festgelegt.
- Vorsichtsmaßnahmen bei der Blutabnahme, z. B. das Tragen von Einmalhandschuhen, wurden nicht beachtet.

- Freigabe, Abgabe und Vernichtung von Blutzubereitungen waren nicht dokumentiert.

Dies sind nur die gröbsten Mängel, und es gab noch interessante Einzelheiten. In einem Krankenhaus geschah die Herstellung von Thrombozytenkonzentraten ohne Erlaubnis, was wir sofort untersagt haben. Auch die HIV-Testung der Präparate erfolgte nicht mit dem vorgeschriebenen Test.

Unsere Kontrollen beunruhigten jedenfalls die Blutspendeeinrichtungen, was auch beabsichtigt war. Wir konnten durch zahlreiche Nachinspektionen dafür sorgen, daß die Mängel bis auf winzige Kleinigkeiten völlig abgestellt wurden. Auf diese Weise hatten wir im Lauf des Jahres 1994 lauter Musterknaben unter den Blutspendeeinrichtungen, so daß der eine oder andere schon einmal dezent aber unüberhörbar darauf aufmerksam machte, was denn nun mit dem Roten Kreuz sei.

Was machten wir also mit dem Roten Kreuz? Genau ein Jahr nach der Erstinspektion bei den genannten 13 Einrichtungen und der üppigen und umfangreichen Nachkontrolle habe ich meine Leute angewiesen, nun auch das Deutsche Rote Kreuz einmal unter die Lupe zu nehmen. Mir kam ein anonymer Hinweis zu Hilfe, der behauptete, die Blutspenden würden dort nicht unter Einhaltung der entsprechenden Richtlinien für das Blutspendewesen erfolgen.

Ich weiß noch sehr genau, daß einige meiner Mitarbeiterinnen und Mitarbeiter starke Bedenken hatten, eine solche Aktion gegen das Rote Kreuz zu fahren. Das Rote Kreuz würde sich kräftig wehren, wurde mir gesagt. Mit denen sei nicht gut Kirschen essen.

Ich sagte meinen Leuten, die mir mit gerunzelter Stirn gegenüber standen bzw. saßen, ich hätte es noch nie gescheut, mich mit größeren Institutionen und Organisationen auseinanderzusetzen. Dabei erinnerte ich sie an den ADAC und meine ersten Kontroversen mit diesem Riesen-Automobilclub. Wie hätte ich ahnen können, daß meine Weisung, das Rote Kreuz unter die Lupe zu nehmen, beinahe meinen Kopf kosten würde? Ich kann überhaupt nie ahnen, wann etwas meinen Kopf kosten kann. Dies sei ein großer Fehler von mir, hat mal ein guter Bekannter nach mehreren Gläsern Wein mutig festgestellt. Ich dagegen brauche mir keinen anzutrinken, um mutig zu sein. Vielleicht ist das der Fehler.

Die erstmalige Überprüfung von fünf DRK-Außenblutspendeterminen im November/Dezember 1994 hatte jedenfalls das folgende Ergebnis: Eine eindeutige Spenderidentifizierung war nicht gewährleistet. Beispielsweise wurde ein vom DRK ausgegebener Spenderausweis ohne Paßbild als Identifizierung akzeptiert! Die ärztliche Untersuchung auf Spendetauglichkeit erschöpfte sich im Messen des Blutdrucks, des Pulses und der Körpertemperatur; Gewicht und Größe der Spender wurden nicht überprüft, die hierzu vermerkten Werte beruhten auf Angaben der Spender. Auch wurde bei den ersten vier Terminen überwiegend nur der systolische Blutdruckwert gemessen, erst beim fünften Mal hatte das DRK auch den diastolischen Wert bestimmt. Meine Leute stellten fest, daß eine sorgfältige ärztliche Untersuchung, wie sie zum Ausschluß von ungeeigneten Spendern erforderlich ist, nicht erfolgte.

Darüber hinaus stand auch nicht in jedem Fall ein separater Untersuchungsraum zur Verfügung. In einem Fall erfolgte die medizinische Untersuchung nur in einem durch eine spanische Wand notdürftig abgetrennten Bereich. Die Untersuchung erfolgte überhaupt überwiegend im Spenderraum, in Anwesenheit mehrerer anderer Spender. Wie unter solchen Umständen vertraulich untersucht werden oder eine diskrete Anamneseerhebung erfolgen sollte, war für meine Leute nicht erkennbar.

Die ärztliche Untersuchung dauerte im Regelfall etwa 50 Sekunden, die Anamneseerhebung erstreckte sich auf eine Kurzkontrolle der von den Spendern ausgefüllten Fragebögen. Außerdem waren die Blutentnahmeräume hygienisch zu beanstanden. Teilweise mit Teppichböden ausgestattet, war eine Reinigung und Desinfektion in diesen Fällen gar nicht möglich. Meist fehlten sogar Handwaschbecken, die wurden oft durch gefüllte Wasserschüsseln ersetzt. Einmalhandschuhe gab es nicht in jedem Fall, zum Teil wurden sie erst bei Erscheinen meiner Mitarbeiter angezogen.

Das Rote Kreuz verfolgte unsere Überwachung mit wenig Wohlgefallen. Mir wurde signalisiert, ich müsse damit rechnen, an den Pranger gestellt zu werden, weil durch meine Kommissionen die Leute verunsichert worden seien, Blut zu spenden, und dadurch ein Mangel aufträte. Die Presse hatte in der Zwischenzeit Wind davon bekommen und begann meine Pressestelle mit ersten Anfragen zu attackieren.

In einem Anfall von unübersehbarer Tollkühnheit trat ich deshalb den Marsch nach vorne an und gab die Ergebnisse sowohl der früheren Untersuchungen der Blutspendeeinrichtungen im Bezirk als auch der jetzigen Überprüfungen der DRK-Spendentermine bekannt.

Merkwürdigerweise interessierte sich niemand für die dreizehn Bezirks-Spendeeinrichtungen, alles stürzte sich nur auf das Deutsche Rote Kreuz. Knall auf Fall kam das Ergebnis sogar in die »Tagesthemen«, wo mich sofort ein DRK-Geschäftsführer auf das heftigste angriff.

Doch dabei blieb es nicht. Das zuständige Ministerium war unzufrieden, daß wir sie nicht zeitig informiert hätten – wir hatten sie übrigens über die erste Inspektion rechtzeitig ins Bild gesetzt. Aber nun ging es ums DRK. Vorübergehend war ich des irrigen Glaubens, das Ministerium würde mich bei meinen Aktionen unterstützen, weil es ja immerhin darum ging, das Risiko zu mindern, daß infiziertes Blut und infizierte Blutprodukte auf den Markt kamen. Doch ich bekam vom Ministerium keinerlei Flankenschutz. Darüber habe ich mich wahnsinnig geärgert, aber immerhin hatte ich auch einen Gewinn daraus: ich konnte nun die handelnden oder nichthandelnden Personen besser einschätzen – denn sie handeln teils ja immer noch, allerdings auf ihre Weise.

In der SPD-Landtagsfraktion gab es stürmische Anfragen von Abgeordneten, die mit dem DRK verbunden waren oder Funktionen innerhalb dieses Vereins trugen. Ich habe mir sagen lassen, daß einige heftig meine Abberufung als Regierungspräsident forderten und mich in den Wartestand versetzen wollten. Und einige Leute, mit denen ich schon jahrzehntelang zusammen Politik gemacht habe, hätten sich, wurde mir berichtet, dabei auffallend in Schweigen gehüllt. Lediglich der damalige Innenminister Herbert Schnoor warnte die Fraktion vor übereilten Forderungen und sagte: Wenn Antwerpes schießt, hat er sein Pulver im allgemeinen trocken. Dennoch erhielt ich am Abend dieser turbulenten Fraktionssitzung die Mitteilung, es sei nicht auszuschließen, daß ich bald von meinem Posten abberufen würde. Das hat mich vorübergehend stark gekränkt. Denn ich war nicht nur von der Richtigkeit meiner Aktion, sondern auch von der Wichtigkeit meiner Person überzeugt. Ich ließ mich nicht ins Bockshorn jagen und verfuhr weiter, wie ich es für richtig hielt.

Im nächsten Jahr waren wir wieder aktiv. Ab August 1995 durften Blutprodukte von außerhalb der EU nur dann eingeführt werden, wenn sich die hiesigen Behörden von der ordnungsgemäßen Produktion im Herstellungsland überzeugt haben. Im Vorgriff darauf waren wir schon 1994 unterwegs. Meine Leute fuhren in die USA, um dortige Produktionsstätten zu inspizieren, damit eine Firma, die im Kölner Regierungsbezirk liegt, Einfuhrzertifikate für die Blutprodukte bekommen konnte. Mehrere Plasmapheresezentren wurden besichtigt und auch dort erste Mängel entdeckt. (In Amerika wurde daraus allerdings keine Pressekampagne.) Es gab in einigen Fällen keine präzisen Herstellungsvorschriften, und nur bis zu 20 Prozent der möglicherweise reaktiven Plasmaspenden wurden aussortiert, Plasmaproben wurden nicht gekühlt angeliefert. Die Folge war, daß die deutsche Firma, die das Plasma importierte, den Vertrieb bestimmter Präparate einstellen mußte. Bis heute sind über 50 Plasmapheresezentren in den USA durch Inspektionen des Regierungspräsidiums Köln überprüft worden.

Auch solche weitreichenden Aktionen sind wichtig. Wer nur einmal gesehen hat, wie junge Leute, etwa Bluter, an Aids oder anderen Infektionskrankheiten, die durch Blut übertragen worden sind, elend sterben, der wird nicht ruhen, das Risiko für den Blutempfänger so gering wie möglich zu halten. Jedes Risiko ganz auszuschalten ist sowieso nicht realistisch.

Im nächsten Jahr wurden weiter kommunale, staatliche und private Blutspendeeinrichtungen überprüft. Dabei hatte man uns aber zum Inspektionstermin jemanden von der Arzneimitteluntersuchungsstelle in Münster beigegeben. Allein durften wir nicht mehr marschieren. Das ist übrigens üblich: Wenn jemand eine Initiative ergreift, die möglicherweise Aufsehen erregt, stellt man ihm von oben einen Aufpasser zur Seite, der natürlich über hervorragende Kenntnisse verfügt und deswegen unbedingt notwendig ist. Das Ergebnis unserer Überprüfung war insgesamt sehr positiv, es gab nur noch wenige Mängel. Also hatte die 93er Erstkontrolle erheblich gefruchtet, und auch die Nachkontrollen waren wirkungsvoll eingeschlagen. Zusätzlich wurde auch die Eigenblutherstellung unter die Lupe genommen. Und es mag für viele, die bei Operationen anstelle von Fremdblut ihr Eigenblut rückübertragen bekommen, beruhigend sein, daß es auch hier nur geringe Beanstandungen gab.

Während des ganzen Jahres 1995 ließ kaum ein Rot-Kreuzler bei Kommentaren zu Blutspendeterminen die Bemerkung aus, selbige gingen zurück, und das sei nur auf Antwerpes zurückzuführen, der die Spender verunsichert habe. Bis hinauf zum Präsidenten des DRK reichte die Schar meiner Kritiker. Der Präsident, wurde mir bedeutet, sei Boxer gewesen und verstünde viel vom Völkerrecht, ein harter Brocken. Ich habe ihn später getroffen, den Professor Ipsen, er versteht seine Worte trefflich zu setzen. Doch mich focht die Kritik nicht an. Es ging um die Durchsetzung sinnvoller und lebenswichtiger Vorschriften, und die müssen auch und gerade für einen institutionellen Dinosaurier wie das DRK gelten.

Bei weiteren Blutspendeterminen konnten wir schließlich in Jahresfrist eine ganze Reihe von Verbesserungen feststellen. Plötzlich gab es separate Untersuchungsräume, Einmalhandschuhe und leicht zu reinigende Räume, auch mit der Dokumentation – also der Erfassung der Spender und des Spendevorgangs – waren meine Leute ziemlich zufrieden. (*Ganz* zufrieden sind Pharmazeuten nie, weil es stets *noch* besser sein könnte.)

Mittlerweile ließen die Attacken des DRK nach. Nur einzelne örtliche Vertreter moserten noch herum, wenn sie zu wenig Spender hatten. Sie haben heute noch immer zu wenig Spender, nehmen mich aber längst nicht mehr als Argument, weil das keiner mehr glaubt. Bei weiteren DRK-Kontrollen fiel dem Inspektionsteam auf, daß sich die Mitarbeiter nicht mehr so reserviert gegenüber den Kontrolleuren verhielten. Im Gegenteil, sie zeigten Verständnis für die Überwachung und erkundigten sich sogar nach Verbesserungsmöglichkeiten. Meine Leute hatten außerdem den Eindruck, daß die DRK-Mitarbeiter besser geschult waren. Es gab nur noch kleine Mängel. Insgesamt war das Ergebnis, im Vergleich zu 1994, sehr erfreulich. Der Einsatz hatte sich gelohnt.

Im Juli 1998 trat das Transfusionsgesetz in Kraft. Ob es ein Resultat unserer ständigen Prüfungen war, weiß ich nicht. Aber festzuhalten ist, daß damit erstmalig die Entnahme und Übertragung von Blut und Blutbestandteilen überhaupt auf eine gesetzliche Grundlage gestellt wurde. Bis dahin hatte es nur umstrittene »Richtlinien« gegeben.

Meine Experten meinen: Was wir seinerzeit gefordert haben, ist durch dieses Gesetz und die veränderten Richtlinien weitgehend erfüllt. Die Unklarheiten, die noch Anfang der neunziger Jahre bestanden, sind damit beseitigt. Blutspenden sind für die Empfänger viel sicherer geworden, und das erfüllt mich mit Genugtuung. Ich will an dieser Stelle einem Mann danken, der nicht nur sehr große Sachkenntnis besitzt, sondern auch, mit mir als Chef im Rücken, in Deutschland und den USA für die Sicherheit der Spenden mehr getan hat als alle, die ich kenne: Dr. Horst Mathews, der leider vor mir in Pension gegangen ist, obwohl ich ihn mit List und Tücke davon abhalten wollte ...

Ich sehe immer noch das Bild eines 19jährigen Jungen vor mir: in Haus 16 der Kölner Uniklinik, ein Bluter, der durch eine verseuchte Blutspende aidsinfiziert wurde ... Er wälzte sich in seinem Bett, seine Eltern verzweifelt neben ihm. Wenige Tage nach meinem Besuch ist er gestorben. Dieses Bild hat sich tief in mich eingegraben, und es hat mich mutig gemacht, die ganze Blutspendenaktion durchzustehen. Vielleicht ist einigen Bürokraten ein solcher Gedanke fremd. Aber ich würde sie dann gerne mal zu einem Menschen führen, der eine falsche Blutkonserve erhalten hat. Dann wird auch ihnen wohl bewußt, daß wir verpflichtet sind, alles zu tun, um das Risiko einer Blutspende so gering wie möglich zu halten.

Mit Huhn, Kindern und Frau im Garten

Die Kelly-Family

Noch bekannter als durch meine Autobahnaktionen bin ich durch eine Sache geworden, die eher grotesk ist. Aber die meisten Sachen, die grotesk sind, sorgen dafür, daß man darüber spricht.

Im Januar 1996 ging beim Schulamt der Stadt Köln der Antrag des Anwalts der berühmten Sangesgruppe Kelly-Familie ein, die Stadt solle den Privatunterricht durch den Vater Daniel Jerome Kelly, der angeblich von Hause aus Lehrer ist, für seine Kinder dulden. Der Anwalt begründete das damit, daß die Kellys rund 200 Tage im Jahr auf Tournee seien; regelmäßiger Schulbesuch sei nicht möglich.

Zuständigkeitshalber reichte das Schulamt den Vorgang an den Regierungspräsidenten weiter, und unsere Ermittlungen ergaben, daß trotz fünfjährigen Aufenthaltes der Kelly-Familie auf einem Hausboot im Köln-Mülheimer Hafen die Kinder weder in Köln polizeilich gemeldet waren noch eine Schule besuchten.

Mein zuständiges Dezernat plädierte einen Monat später für eine vorzeitige Beendigung der Schulpflicht für Angelo Kelly (14 Jahre) und vermutete, daß eine schulische Betreuung, analog zu Kindern aus Schaustellerfamilien, aufgrund der Reisen und Auftritte kaum möglich sei. Ich habe jedoch meinen Leuten entgegengehalten: Wir können nicht bei Angelo Kelly großzügig sein und die übrigen Eltern von schulpflichtigen Kindern verfolgen, wenn sie nur einen Tag vor Ferienbeginn in den Urlaub führen. Das ginge nicht. Aber, habe ich auch gesagt, man müsse die Sache behutsam angehen. Als aber »Bild am Sonntag« das Thema aufgriff, war der Teufel los.

Selten habe ich so viele Presseleute und Fernsehteams erlebt wie damals. Es wurde nicht nur die Schulpflicht von Angelo Kelly angesprochen, die Journalisten fragten auch nach der Meldepflicht, und ob die Kellys eigentlich den Hafen durch ihr undichtes Boot verunreinigten und wie es mit ihrem Umgang mit Spenden stünde ... Meine Mitarbeiter schlagen heute noch bei der Erwähnung des Falles Kelly die Hände über dem Kopf zusammen: Waschkörbeweise gingen Briefe von jugendlichen Fans bei der Behörde ein. Anrufe völlig verstörter Kelly-Anhänger legten unsere Telefonanlage brach. »Bravo« hatte zu einer Fan-Aktion aufgerufen: »Der Kölner RP verjagt die Kellys aus Deutschland, ruft an«. Da waren plötzlich psychologische Fähigkeiten meiner Mitarbeiter gefragt, um schluchzende Teenager am Telefon zu beruhigen. Es gab sogar eine Demonstration vor dem Regierungspräsidium.

Doch nach zwei Wochen entspannte sich die Lage, im Mai 1996 ging ein Schreiben des Schulministeriums an die Anwälte der Kelly-Familie, daß Angelo befristet von der Schule beurlaubt werden könne. Während der Tourneen sollte dann nach Maßgabe des »Runderlasses zur schulischen Betreuung von Kindern aus Schaustellerfamilien« verfahren werden. Bei denen ist es üblich, daß Hauslehrer sie betreuen. Sie brauchen aber eine Schule, an der sie gemeldet sind; die sie zwar nicht besuchen, wo sie aber später ihre Prüfung ablegen. Eine solche Schule hatten wir auch schon für Angelo Kelly ausgesucht, wagten sie aber nicht laut zu nennen, weil wir Gefahr laufen mußten, daß dann die Schule von den Fans gestürmt würde. Die ganze Sache verlief bald im Sande, weil Angelo in der Zwischenzeit 16 Jahre alt wurde und damit der Schulpflicht entrann.

So kurios diese Story ist, so weit wurde sie verbreitet. Selbst die Bäuerin in Kärnten, bei der wir Urlaub machten, fand die Kelly-Familie in ihren Illustrierten wieder und wußte zum ersten Mal, welchem Beruf ich nachging. Sogar aus Holland und Belgien meldeten sich Kelly-Fans, die mich stark beschimpften, denn nach ihrer Theorie waren die Kellys frei wie die Vögel. Wenn man den Arbeitsaufwand zählt, den uns die Kelly-Fans verursacht haben, muß man vernünftigerweise sagen, wir hätten diese Vögel tatsächlich fliegen lassen sollen. Aber: Schulpflicht ist Schulpflicht.

Heute haben sich die Kellys ganz in der Nachbarschaft von Köln niedergelassen, auf Schloß Gymnich, das früher Staatsgästen diente. Jetzt hängen die Fans vor den Gittern des Schlosses und nicht mehr vor dem Regierungspräsidium – und wir haben die ersten Anfragen, welche ordnungsrechtlichen Maßnahmen gegen die Fans angewendet werden sollten.

Das 20jährige Jubiläum und der Staatsanwalt

Noch nie hat ein Kölner Regierungspräsident seit dem 1. Amtsinhaber von 1816 so lange amtiert wie ich. Das sei ein Grund zu einer schönen Feier, meinten viele, und einige gruben in den Annalen, um die Richtigkeit dieser Aussage zu kontrollieren.

Da war einer 19 Jahre RP gewesen, ein »von Moeller«, bis 1866, und anschließend wurde er Oberpräsident von Hessen, das die Preußen gerade vereinnahmt hatten. Vier Jahre später verwaltete er das Reichsland Elsaß-Lothringen bis zu seiner Pensionierung. Was für eine märchenhafte Karriere, die vielleicht im vereinten Europa wieder möglich wird. Wie Bismarck, der als junger Regierungsassessor der Bezirksregierung Aachen freitags die Nachricht erhielt, am folgenden Montagmorgen um 8.00 Uhr seinen Dienst in Ostpreußen anzutreten. Wer kennt noch den Regierungsbezirk Gumbinnen? Ich stelle mir vor, einer meiner Nachfolger erhielte freitags nach Dienstschluß die Order, am Montag – allerdings gegen 9.00 Uhr – in Bordeaux als Präfekt anzutreten. Der Glückliche: mit all den Châteaux und ohne Kölsch, also kurz vor dem Elend.

Aber zurück zum 20jährigen. An sich war das am 17. April 1998. Doch Johannes Rau, der amtierende Ministerpräsident, konnte nicht. Er hatte in Leipzig Parteitag und wollte die Festrede halten. Nicht auf dem Parteitag, sondern bei mir. Wir einigten uns auf den 20. April, einen Montag, weil am Montag Museen geschlossen sind und ich auf Schloß Augustusburg ausweichen mußte, das bekanntlich eine Art Museum ist.

Als Kurfürst (Kölner Express vom 26. November 1994)

Nun sagen mir boshafte, hartherzige und neidische Zeitgenossen nach: Diese Miniaturausgabe eines Kurfürsten braucht den festlichen Rahmen eines barocken Schlosses, pfui Teufel! Doch ich hatte Augustusburg zunächst nicht im Sinn. Vielmehr schien mir der Plenarsaal im Regierungspräsidium bestens geeignet. Einen Strich durch meine Rechnung machte aber der Brand des Düsseldorfer Flughafens, in dessen Folge verschärften sich die Auflagen der Brandschützer, und plötzlich durften nur weniger als 200 Leute in den Saal. Dabei hatten wir bei Personalversammlungen schon 500 untergebracht.

Der Plenarsaal war also out. Weitere Säle in Köln sind zu teuer, also verfielen meine Mitarbeiter und ich auf Schloß Augustusburg, das immerhin ca. 450 Plätze im Vestibül hat. Miete brauchte ich nicht zu zahlen, sonst müßte jeder Jubilar und jedes Geburtstagskind in den Räumen des Regierungspräsidiums auch mit Mietzins belegt werden. Das gilt auch für die Justizverwaltung. Wie komme ich auf die Justiz? Das erkläre ich später.

Die Feier war prächtig. Ein kleines Orchester spielte gratis, gegen einige gute Tropfen, barocke Musik. Johannes Rau hielt eine blendende Rede, ich bedankte mich verhältnismäßig kurz, dann war die Feier – mit Ministern, Staatssekretären, Oberbürgermeistern, Landräten, Stadtdirektoren, Vertretern der Wirtschaft und der Presse – zu Ende, und es gab O-Saft, Sprudel und Sekt und nichts zu Essen. Etwas spartanisch sei der Rahmen gewesen, meinten manche. Sie machten aber gute Miene zum billigen Spiel.

Die Berichte in den Medien waren positiv, fast euphorisch, alles schien in bester Ordnung, nur ein paar tausend Mark aus dem Repräsentationsfonds und aus meiner eigenen Tasche hatten dran glauben müssen. Doch das Unheil nahte schon.

Ein jubilierender Landesbediensteter in der Höhe von Wuppertal – ausgerechnet Wuppertal: in einem anderen Regierungsbezirk, und die Heimatstadt von Johannes Rau – nahm gegenüber der »Westdeutschen Zeitung« schriftlich Anstoß an der Feier. Der Mann war selber das Opfer einer Sparmaßnahme geworden, nämlich des Streichens der Jubiläumszuwendung im Landesdienst ab 1. Januar 1998 für das 25jährige Jubiläum. Daraufhin wurde ich als Fêtenpräsident tituliert. Auch wieder in der »Westdeutschen Zeitung«. Ich hatte den neugierigen Journalisten nämlich nicht gesagt, was die Feier gekostet hat. Ein böser Fehler! Nun stürzten sich die Zeitungen, überwiegend außerhalb des Regierungsbezirks, auf das Thema, und schließlich wurde Strafanzeige wegen Verschwendung öffentlicher Mittel gestellt. Die Staatsanwaltschaft ermittelte, und zwar gründlich. Selbst in Landtagsausschüssen wurde das Jubiläum abgehandelt. Dabei spielten auch die Kosten für die Ausleihe der Gläser eine wichtige Rolle, nämlich 400 DM. War das nicht zu teuer? Waren die 88 DM für den Sprudel nicht zu niedrig angesetzt? Ist eigentlich das Ganze nicht eher eine private Feier? Was sind schon 20 Jahre RP gegen 25jährige Dienstjubiläen, das ich im übrigen schon lange vorher unbeachtet begangen hatte? War die Veranstaltung im Verhältnis zum 100-Jahre-Jubiläum des RWE, das 2 Millionen DM gekostet haben soll, nicht zu aufwendig?

Nach diesen Reaktionen zu schließen wäre es besser gewesen, das Ganze in einem unterirdischen Verlies stattfinden zu lassen, ohne Festreden und bei Wasser und Brot. Dennoch: Wenn ich die Gelegenheit hätte – die aus Gründen des Beamtenrechtes leider unwahrscheinlich ist –, mein 25jähriges zu feiern, natürlich als Regierungspräsident, ich würde wieder nach Augustusburg gehen und wüßte dazu Sponsoren zu meiner finanziellen Entlastung zu gewinnen, wie etwa Rheinbraun oder Trienekens, denen ich nur gelegentlich begegnet bin, und zwar ganz und gar neutral. Was mir wiederum keiner glaubt. Keine müde Mark wäre da mehr aus meinem Repräsentationsfonds geflossen.

Geschenke übrigens gab es nur wenige, und die wichtigsten waren Geldspenden an die Aids-Hilfe Köln, die sich dafür sehr bedankte. Aber auch das könnten Böswillige wieder an die große Glocke hängen, denn meine Frau ist im Vorstand der Aids-Hilfe. Ehrenamtlich versteht sich, doch darüber kann man schon wieder einiges schreiben.

Der Staatsanwalt, der gründlich, sehr gründlich recherchierte, hat das Verfahren schließlich eingestellt. Die Kosten trägt die Staatskasse. Auch die Kosten der Landtagsausschüsse. Es gibt Leute, die sagen, die nachfolgenden Untersuchungen seien teurer gewesen als die Veranstaltung auf Schloß Augustusburg. Das müßte man einmal nachrechnen.

Hätte Kurfürst Clemens August so gespart wie ich, wäre auch noch Geld übrig gewesen zum Behauen der Schlußsteine in der Orangerie des Schlosses. Das Geld dafür habe ich aufgetrieben, aber fragen Sie mich nicht wie. Am Ende beschäftigt sich damit wieder ein Landtagsausschuß, und der Staatsanwalt und beide werden nicht fündig.

Exkurs über das Teewasser

Sie erinnern sich an den Exkurs über den Tee, daß ich die in England gekaufte Ceylon-Mischung dem Viersener Wasser aussetzte und feststellte, daß der Tee noch besser schmeckte als in London. Das konnte ich mir zunächst nicht erklären und habe begonnen, zu forschen. Nach Anfrage bei den Viersener Stadtwerken wurde mir bekundet, das Wasser dort käme aus dem ersten Grundwasserstockwerk und hätte sieben Grad Gesamthärte.

Bei unserem Umzug nach Duisburg stellte ich zu meinem Entsetzen fest, daß das Uferfiltrat der Duisburger Stadtwerke nicht gut war für guten Tee: zu hart. Ölige Schlieren breiteten sich auf der Tasse aus. Also importierte ich fast zehn Jahre lang regelmäßig Viersener Wasser nach Duisburg. Darjeeling, selbst die feinsten und empfindlichsten Sorten, schmeckten dann superb. Als ich von Duisburg nach Köln zog, traf ich dort wieder auf Uferfiltrat mit Grundwasser: wieder hart, 20 bis 24 Grad. Und ich las: Dat Wasser vun Kölle is joot. Ich dachte: vielleicht für die Kölner.

Allerdings war Viersen recht weit, 70 Kilometer, der gelegentliche Import ziemlich umständlich. Da kam mir mein Fahrer, der in Bonn wohnte, zu Hilfe. Das damalige Bonner Wasser, eine Mischung aus Talsperrenwasser und Sieguferfiltrat, hatte ungefähr 7 Grad, wie das aus Viersen. Er brachte es mir von Zeit zu Zeit mit. Inzwischen habe ich mir eine Karte zugelegt, die die Härtegrade aller Wässer im Bezirk enthält. Diese Karte ist geheim. Geheimer noch als manche Beschlüsse der Bundesregierung. Aber zurück zu den

Härtegraden: Im Bergischen sind es 4 Grad, in der Eifel sogar noch weniger. Die Perlenbachtalsperre bei Monschau hat z. B. nur zwei Grad Härte, wohl das weicheste Wasser Deutschlands. Doch Vorsicht, zu weiches Wasser läßt zum Beispiel einen Darjeeling First flush sich nicht hundertprozentig entfalten. Man muß auch den sauren Regen einkalkulieren. Denn wenn der PH-Wert zu niedrig ist, schmeckt der Tee nicht optimal. PH 7, also neutral oder leicht basisch, das ist und bleibt der Gipfel.

Harte Wässer kommen meistens aus den großen Flüssen, da ist viel Kalzium drin. Weiches Wasser stammt aus den Talsperren, und wenn noch ein Moor das Wasser auffängt, wie das Hohe Venn in der Eifel, dann ist es geradezu unendlich weich. Weiches Wasser spart Waschmittel, es macht Salzzugaben in der Spülmaschine überflüssig. Und wie wir wissen, können Salze kaum in einer Kläranlage herausgefiltert werden. Allerdings fällt ein Tropfen Wermut in mein Plädoyer für weiches Wasser: Es kann die Rohre anfressen, holt Asbestfasern raus, setzt Blei und Kadmium frei. Also muß auch die Transportleitung stimmen, wenn es keine Schäden verursachen soll. Dennoch muß in unserer Natur weicheres Wasser gefördert werden. Und wenn einer sagt, der Mensch braucht härteres Wasser, so frage ich mich: Ist das Leben in der Eifel, wo die Leute besonders weiches Wasser trinken, etwa gesundheitsschädlich? Brechen denen die Nägel? Fehlen ihnen Mineralien? Darüber gibt es keine negative Statistik, zumal die Mineralwässer mit dem höchsten Anteil an festen Bestandteilen aus der Eifel stammen.

Die meisten Leute sind der irrigen, aber interessanten Auffassung, ich würde mein weiches Wasser vom Fahrer in der Eifel holen lassen. Das ist eine wahrhaft böse Unterstellung, und viele meiner Feinde wären damit zufrieden, wenn ich nun antwortete: »Ja, ich lasse jeden Morgen um fünf Uhr das Wasser in der Eifel holen. Der Fahrer braucht eine Stunde bis zum Zielort, eine wunderschöne Talsperre an der belgischen Grenze. Um sechs Uhr fährt er nach einigem Schöpfen wieder zurück und ist Punkt sieben in Köln. Dann wird absolut frisch aufgebrüht, auch an Sonn- und Feiertagen.«

Spottet das nicht jeder Beschreibung? Fragen Sie sich nicht: Holt der Fahrer das Wasser auch bei Wind und Wetter, im tiefen, frostigen Winter? Antwort: »Ja.« Wird da nicht aus Spott Mitleid, aus Mitleid Empörung? Und wollen Sie gar nicht wissen, ob das Auto überhaupt eine Standheizung hat? (Dazu später mehr.) Sollte nicht der Finanzminister zuschlagen und diesem schändlichen Treiben ein Ende bereiten? Vielleicht könnte man auch den Fahrer nur jeden zweiten Tag auf die Reise schicken. Ließe sich dann nicht das Private mit dem Dienstlichen in Einklang bringen? Man ließe vielleicht den Chauffeur im zweitägigen Abstand die Standfestigkeit der Talsperren überprüfen, am besten mit einem kundigen Mitarbeiter, der genau weiß, wie eine Sperrmauer zu behandeln ist? Könnte er dazu nicht ein bißchen Zement mitnehmen, um eventuell vorhandene Undichtigkeiten zu stopfen? Das könnte wiederum negative Folgen haben, beispielsweise Überstunden des Talsperrensachverständigen oder die verspätete Ankunft des Fahrers infolge von Flickarbeiten an der Mauer ...

Alle diese Fragen könnten im Zusammenhang mit dem Transport des Teewassers gestellt werden. Dennoch sind sie überflüssig. Wir bringen nämlich unser Wasser von den Schwiegereltern mit, und die wohnen in Rösrath. Das gehört bekanntlich nicht zur Eifel, aber das Wasser, das ist klasse.

V

Wir in Nordrhein-Westfalen

– Land, Verwaltung und Reformen

Die Landesverwaltung – und ihre Reform

Außenstehende wissen wenig über die sogenannte Landesverwaltung, die zunächst aus Ministerien besteht, nachgeordneten Mittelinstanzen – zur Hauptsache Regierungspräsidien – und weiteren Ämtern. Etwa die Hälfte der Landesbediensteten, die verwaltet werden, sind Lehrerinnen und Lehrer; es folgen die Polizei und die Finanz- und die Justizvollzugsbeamten.

Wer nun meint, die Landesverwaltung bestünde überwiegend aus faulen Beamten, an der Spitze Lehrer, der täuscht sich sehr. Die allermeisten von ihnen tun ihre Pflicht, viele sogar mehr als das. Wenn die Mitarbeiter aber glauben, sich zurücklehnen zu können und sich auf vorhandenen oder nicht vorhandenen Lorbeeren auszuruhen, weit gefehlt! Ihnen steht nämlich eine Reform ins Haus. Denn immer, wenn die Finanzen nicht stimmen, wenn die Ausgaben die Einnahmen überwuchern, ist hektische Aktivität angesagt. Wer sich bislang mit Geld und Investitionen beschäftigte, widmet sich nun der Struktur der Verwaltung.

Dabei gibt es zwei Zielrichtungen: die innere und die äußere Reform. Die innere besteht in der Hauptsache darin, die Behörde für das nächste Jahrhundert fit zu machen: Da werden Leitbilder entworfen, Zielvereinbarungen getroffen, Kundenbefragungen durchgeführt und Motivationsseminare abgehalten. Das kostet Zeit, macht Arbeit, aber auch Spaß, vor allem während der Seminare.

Der neue Düsseldorfer Regierungspräsident Jürgen Büssow hatte bei seinem Dienstantritt ein Leitbild vorgefunden und mußte sich damit konstruktiv auseinandersetzen. Er erntete nämlich bei einer Personalversammlung ziemliche Heiterkeit, als er erklärte, ich hätte gesagt, ich wäre für meine Behörde das Leitbild. So kann ein unbedeutender Scherz Bezirksgrenzen überschreiten. Diese innere Reform macht den Beschäftigten ziemlich zu schaffen. Es ist schwierig, in früheren Petenten plötzlich Kunden zu sehen, die man nicht einfach warten läßt.

Früher hatten wir nur donnerstags Besuchstag und alles andere nach vorheriger Anmeldung. Als ich einen verlängerten Dienstag einführte, um die Besucher zu bedienen, bekam ich sogar Streit mit dem Personalrat: Die Leute würden zu stark in Anspruch genommen, außerdem käme dienstags kaum jemand. Schließlich wurde der verlängerte Dienstag doch durchgeführt.

Ein wichtiger, ganz einfacher Punkt, den die Motivationsseminare und Zielvereinbarungen selten berücksichtigten: die Leute dürfen nicht ständig telefonieren, wenn ein Kunde eingetreten ist. Zumindest sollte man das Telefonat unterbrechen und sich aus Höflichkeit dem Bürger zuwenden. Allerdings gebe ich zu, daß auch mir das schwerfällt.

Entscheidend ist auch das Verhalten der Vorzimmerdamen. Da gibt es Zerberusse, die liegen vor der Tür ihres Herrn und bewachen ihn wie der Drache Fafnir den Nibelungenhort, und es gibt kein Durchkommen. Die Leute, die mich anrufen, loben meine Vorzimmerdamen mehr als mich. Sie sind freundlich und ein Renommee fürs Haus. Schließlich die Telefonzentrale: Meine meldet sich bis auf Drangperioden innerhalb von 15 Sekunden. Meine Tests bei anderen Behörden waren dagegen ernüchternd. Machen Sie selbst mal den Versuch, wählen Sie 147-0, die vier linken Ziffern der Telefontastatur. Das kann sich jeder merken.

Das habe ich selbst ausgesucht, man soll schließlich nichts dem Zufall überlassen.

Ich habe die üble Angewohnheit, den größten Teil meiner Telefonate selbst zu wählen. Ich kenne da keine Hierarchie. Mir ist völlig egal, welchen Rang jemand hat. Hauptsache, er ist kompetent. Vertrackt wird das Telefonieren aber mit Exponierten. Ein besonders positives Beispiel ist der frühere Ministerpräsident Johannes Rau. Wenn man den anrief, meldete er sich meistens am gleichen Tag zurück, wenn er nicht ohnehin sofort zu erreichen war. Bei Ministern ist das dagegen schwieriger, auch bei Staatssekretären. Selbst Abteilungsleiter sind häufig wie vom Erdboden verschwunden. Ich habe mal einen Staatssekretär fast zwei Wochen erreichen wollen. Erwischt habe ich ihn schließlich im Auto. Da war keine Vorzimmerdame zur Hand. Da sich der Mann sowieso nicht ändert, hat es hier auch keinen Zweck, seinen Namen zu nennen. Im Gegensatz etwa zum Staatssekretär im Innenministerium, Wolfgang Riotte, der immer sofort zurückruft. Selbst dann, wenn es mal wieder Zoff gegeben hat.

Ich denke immer: Leute, die nicht zu erreichen sind, haben entweder keine Zeiteinteilung oder kapieren den Sachverhalt nicht und haben Angst, ihre Unkenntnis zu verraten. Es gibt aber auch die Spezies von Leuten, die *nie* da sind. Reisende sozusagen, Dienstreisende, die Wichtigeres zu tun haben, als irgendwelche mehr oder weniger konstruktiven Vorstellungen von mir anzuhören oder gar durchzusetzen.

Nun zur äußeren Struktur der Landesverwaltung. Früher hießen die Bezirksregierungen »Der Regierungspräsident«. Das war meiner Kollegin Raghilt Berve in Arnsberg zu männlich – mit der Folge, daß aus den Regierungspräsidenten eine Bezirksregierung wurde, immerhin weiblich. »Regierungspräsidien«, wie in Baden-Württemberg, war einigen zu neutral. Meines Erachtens war die Umbenennung nicht nur teuer, sondern auch überflüssig. Einige Landtagsabgeordnete sollen sogar für den Begriff »Bezirksverwaltungsstellenleiter« plädiert haben, aber die gab es schon in den Großstädten.

In Rheinland-Pfalz schafft man gerade die Regierungspräsidenten ab, die haben drei, mit zusammen weniger Einwohnern als der Regierungsbezirk Köln. Jetzt sollen dort »Service-Center« errichtet werden. An der Spitze vielleicht mit einem »Service-Direktor« oder einem »Servierer«. Mehr dienen kann man nicht! Vielleicht wählen die noch den Titel »Kundschaftsbetreuer«.

Ein Teil der öffentlichen Verwaltung funktioniert ganz einfach: da sitzen in den Ministerien des Bundes oder der Länder Fachleute, die vorhandene Gesetze novellieren, neue Gesetzentwürfe stricken, Verordnungen sortieren und Erlasse für einzelne Fragen basteln. Je mehr Geld da ist, desto mehr Gesetz gibt es. Um nämlich das Geld zu verteilen, möglichst fein zu verteilen. Die Parlamente nehmen die Anregungen der Ministerialen gern auf, sie beraten deren Papiere mit großer Intensität, aber auch kontrovers. Damit aber auch die Meinung der richtigen Lobby einfließt, bemühen sich allerhand Assistenten darum, hier Interessen einzubringen, dort wieder hinauszuwerfen. Parlamentsausschüsse beraten und beraten, das Plenum tagt, und es wird mit Mehrheit beschlossen, was bis zu diesem Zeitpunkt herausgekommen ist. Nicht immer Vermittelbares, selbst wenn es schlüssig ist. Fragen Sie die jeweilige Bundesregierung.

Und jetzt kommt die Bruchstelle: Das Geld wird knapper, die Gesetze werden weniger, auch die anderen Vorschriften. Es droht eine partielle Beschäftigungslosigkeit – der Verwaltung –, und um die zu überwinden, nahen die Reformer. Man beschäftigt sich jetzt mit sich! Das heißt, die Ministerien beschäftigen sich zunächst lieber mit ihren nachgeordneten Behörden: die wollen sie schlagkräftiger machen, zu Dienstleistern ernennen (als ob sie das nicht schon vorher gewesen sind). Mit sich selbst gehen die Ministerien, menschlich verständlich, eher behutsam um.

Die fünf NRW-Regierungspräsidien, die vom Innenministerium in völligem Gleichklang gehalten werden (oder wenigstens gleich klingen sollen), sind immer mal wieder in den letzten 20 Jahren kleinen Veränderungen unterworfen worden. Es war ja Geld da. Nachdem durch die deutsche Vereinigung von 1989 mit dreijähriger Verspätung die Transferleistungen für die fünf neuen Länder kräftig stiegen, wurde auch der Landeshaushalt klamm. Es kam die Zeit der Personaleinsparungen, nicht so sehr der Veränderung der Organisationsstruktur.

Also erhielt ein Mensch namens Zündel aus Nettetal damals vom Innenministerium den Auftrag, ein Gutachten über die Regierungspräsidien zu erstellen – gegen gutes Geld versteht sich. Wie und auf welche Art und Weise die Firma Zündel über die Geheimnisse der Verwaltung Bescheid wußte, bleibt auch für mich ein Geheimnis. Der Gutachter kam jedenfalls zu dem überraschenden Ergebnis, daß 15 Prozent des Personals eingespart werden könnten, beginnend mit 1996. Die Einführung der EDV, aber auch wegfallende Aufgaben, waren die Begründung. Trotz einiger Widerstände wurde ein Personalabbau begonnen, der im Jahr 2000 mit nun 15 Prozent endet. Wer glaubt, der Innenminister hätte zu diesem Zeitpunkt auch sein eigenes Personal um 15 Prozent reduziert, der irrt. Es heißt, die

Ministerien sollten bis 1998 10 Prozent einsparen. Aber das gehe beileibe nicht so früh und so schnell wie bei den Regierungspräsidenten. Warum ärgert mich das nur so?

Noch ist das »Zündel-Soll« in den Regierungspräsidien nicht erfüllt, da kommt schon die große Verwaltungsstrukturreform. Johannes Rau hatte als Ministerpräsident den Bezirksregierungen seinerzeit eine Art Bestandsgarantie gegeben. Kaum war er abgetreten, war auch die Garantie weg. Das Land solle in fünf oder sechs regionale Dienstleistungszentren sortiert werden, die weitgehend deckungsgleich mit den Grenzen der Regierungsbezirke sein sollten, hieß es. Darin müßten die Bezirksregierungen und sogar die Landschaftsverbände aufgehen. Ziel: Personal einsparen und Aufgaben konzentrieren. Beim Personal spricht man von bis zu 20 Prozent. Rechnet man die 15 Prozent von Zündel dazu, hätten die Bezirksregierungen bis zu 35 Prozent an Personal eingespart. Und die Ministerien? fragen Sie. Die werden nicht annähernd diesen Personaladerlaß haben, wetten?

Jemand hat sich ausgedacht, die Regierungspräsidien in »Regionale Dienstleistungszentren« umzubenennen. Wer war das? Neuerdings ist davon die Rede, sie als »Staatliche Regionaldirektionen« zu etikettieren. Das ist genauso schlimm und hört sich nach Versicherung an. Offensichtlich gibt es Leute, die haben mit Geschichte wenig am Hut. Immerhin sind die Regierungspräsidien über 180 Jahre alt. Niemals würde ein Franzose auf die Idee kommen, ein Département in »Direction régionale« umzubenennen. Er würde sich vorher in die Seine stürzen. Bei uns stürzt sich aber keiner in den Rhein.

Der Arzt, dem ich die Approbation entziehe, weil er sich strafbar gemacht hat; die Bewerber um eine Stelle im Schuldienst, die abschlägig beschieden werden – kurz: die meisten – empfinden uns überhaupt nicht als Dienstleister, sondern als Hoheitsverwaltung, eben als Staat. Und der Staat muß tatsächlich regulieren und sanktionieren, wo es gilt, Gesetze zu beachten. Hier besteht eine doppelte Gefahr: der Staat verschleiert bzw. verwässert vor sich und anderen seine wirklichen Aufgaben, und die Betroffenen könnten die Bezeichnungen Dienstleistungszentrum bzw. Regionaldirektion als Scherz verstehen.

Zum Abschluß ein Wort des Trostes aus berufenem Munde. Der Innenminister schickte im Ministerialblatt Nr. 52 vom 8. Januar 1999 ein Grußwort an alle Mitarbeiter, indem es u. a. hieß: »Ich möchte Sie ausdrücklich ermuntern, empfundene Unsicherheit konstruktiv zu nutzen ...« Wie das nun gehen soll, weiß ich nicht. Nehmen Sie einmal an, ich bin so unsicher, daß ich um meinen Arbeitsplatz fürchte. Um das konstruktiv zu nutzen, wäre es z. B. vorstellbar, daß ich mir einen neuen ausdächte oder gar andere Arbeitsplätze in Frage stellte, um meinen zu retten ... Nicht jedes Grußwort ist ein Volltreffer.

Alles schien Anfang des Jahres 1999 auf eine dolle Veränderung hinzusteuern. Der Tod der Landschaftsverbände schien nur noch eine Frage von Tagen. Doch dann traten unerwartete Schwierigkeiten auf. Ministerpräsident Wolfgang Clement hatte den Gegenwind von kommunalen Spitzenverbänden und Landschaftsverbänden unterschätzt. Alles war etwas schnell gegangen. Teillandschaftsverbände werden bestehenbleiben, die Kommunen werden nicht glücklich sein über ihre paar neuen Zuständigkeiten, und den Regierungspräsidenten drohen seltsame Zeiten. »Staatliche Regionaldirektionen«, das klingt eben nach Versicherungen. Die Regionaldirektoren – Gott behüte meinen

Nachfolger vor diesem Titel – sollten ursprünglich auf Zeit ernannt werden, etwa auf fünf Jahre, und wenn sie brav sind und keine Unartigkeiten an den Tag legen, würden sie auch für weitere fünf Jahre auf ihrem Stuhl bleiben dürfen. Gehorsame Menschen hätten wir da bekommen, die sich schon zwei Jahre vor ihrer Wiederernennung Gedanken darüber machen müssen, ob sie jemandem Leid zugefügt haben. Hätte es diese zeitliche Begrenzung 1978 gegeben, wäre ich bereits viermal nicht wiedergewählt worden. Meine Gegner hätten gute Gründe gefunden, und sie hätten sie auch gehabt.

Nun soll es Abteilungsleiter und Schulleiter treffen, und die trifft es auch weniger hart, denn die bleiben ja nach einer eventuellen Abwahl Berufsbeamte. Das mit den Schulleitern finde ich, wenn auch nicht ideal, so doch zweckmäßig. Wenn nach zwei Jahren Probezeit nicht der jeweilige Stadtrat über die weitere Verwendung entscheidet, dürfte das Klüngelpotential einiger Räte verkleinert werden.

Innenminister Fritz Behrens hat einmal gemeint, es gäbe einen Wildwuchs in der öffentlichen Verwaltung des Landes Nordrhein-Westfalen. Da darf man doch wohl untertänigst fragen, woher der Wildwuchs stammt? Doch offensichtlich von der Landesregierung! Denn die hat zahlreiche Sonderbehörden ins Leben gerufen. Jeder Minister wollte einen eigenen Strang, mit dem er durchregieren konnte. Ich erinnere nur an den Unfug, die Gewerbeaufsichtsverwaltung zu teilen in Arbeits- und Immissionsschutz, weil zwei Minister zuständig waren! Oder die verzweifelten Bemühungen des Arbeits- und Sozialministeriums, eine eigene Sozialverwaltung aufzubauen.

Ich müßte aber lügen, wenn ich im Augenblick allzu stark an die Verwaltungsstrukturreform dächte. Was mich gegenwärtig bewegt: Wie setze ich einen Baustellenkoordinator für die Autobahnen ein, damit Staus vermieden werden? Ist der Koordinator nun dem Landschaftsverband oder dem Regierungspräsidenten zugeordnet? Es kann durchaus sein, daß jemand, der im Stau steht, wo gerade eine Kolonne des Landschaftsverbandes den Rasen des Mittelstreifens mit der Nagelschere schneidet – ein böses, von mir immer wieder verwendetes und natürlich unzutreffendes Bild –, sagt: Lieber ein Baustellenkoordinator als die ganze Verwaltungsstrukturreform. Letztere bringt mich aus keinem Stau raus. Aber das ist vielleicht genauso böse wie das mit der Nagelschere.

Reform des Landtags?

Wenn ich schon die geringe Neigung der Ministerien, sich zu verschlanken, andeutete, so gilt das in noch höherem Maße für den Landtag. Nicht nur für den nordrhein-westfälischen. Der Bundestag hat sich in einem Anfall größerer Kraftanstrengung immerhin dazu durchgerungen, sich ab dem Jahr 2002 um 10 Prozent zu verkleinern. Das sind weniger Abgeordnete, als Deutschland nach Straßburg und Brüssel schickt, nämlich 99.

Die politischen Gewichte zwischen der Europäischen Union und den Nationalstaaten werden ständig zugunsten der EU verschoben. Da fragt man sich doch: Was machen die – erst in Bonn, jetzt in Berlin – eigentlich? Noch mehr Gesetze, noch mehr Verordnungen, noch mehr Erlasse? Wer das Bundesgesetzblatt liest, dem klingeln die Ohren, was offenbar alles noch regelungsbedürftig ist.

Dem Landtag geht es noch schlechter. Er muß zum Bund und zur EU Federn lassen. Der Aktionsradius ist deutlich eingeengt. Da könnte man doch auf den Gedanken kommen, das Plenum zu verkleinern. Ich meine nicht das Gebäude ... Eigentlich haben wir in NRW 201 Abgeordnete. Durch Überhangmandate sind es aber bei der letzten Wahl 231 Landtagsabgeordnete gewesen.

Man sollte den Landtag auf 101 Mandate kürzen, davon 50 Prozent direkt und 50 Prozent über die Liste wählen lassen. Die Wahlkreise müßten dann statt 90.000 Einwohner 360.000 Einwohner groß sein. Wem das zu radikal ist, der sollte wenigstens eine

150er-Lösung ins Auge fassen, dann wären die Landtagswahlkreise etwa so groß wie die neuen Bundestagswahlkreise. Doch ich fürchte, da passiert nichts.

Dabei sind die schriftlichen kleinen Anfragen (aber auch manche mündliche) thematisch dermaßen eng, daß es schon grotesk ist. Beispielsweise: Warum sind die 100 Meter Landstraße zwischen Kleinkleckersdorf und Großkleckersdorf noch immer nicht planfestgestellt? Warum hat das Gymnasium Riesenkleckersdorf einen Lehrer für katholische Religion zu wenig? Die schriftlichen Anfragen sind aber nur die Spitze des Eisbergs. Hinzu kommen allerlei Briefe. Etwa: Der Regierungspräsident Köln hat öffentlich gesagt, der Landrat X rede Unfug. Wie steht die Landesregierung dazu?

Mir kommen die Ministerien vor wie riesige Briefkästen, in denen all dieser Papierkram verschwindet und mit Fristsetzung fleißig beantwortet wird. Nichts geht verloren. Und postwendend schickt der Abgeordnete eine Kopie des Antwortschreibens an die Presse, und die druckt das hin und wieder.

Liebe Parlamentarier, versucht doch auch mal ein bißchen Strukturreform zu betreiben. Weniger Mandate bringen, trotz Brüssel und Berlin, mehr Arbeit! Es würde sicher auch wieder mehr Leute reizen, sich um ein solches öffentliches Amt zu bewerben. Schon heute schimpfen viele über die überproportional vielen Lehrer im Landtag. Da ist was dran. Doch nichts gegen Lehrer. Im übrigen bin ich – obwohl der Bund der Steuerzahler schon wieder schimpft – für eine bessere Bezahlung des verkleinerten Parlaments. Das könnte einige kompetente Leute mehr motivieren, sich für ein solches Amt zur Verfügung zu stellen.

Vom Landesrechnungshof

Die Ängstlichkeit mancher Landesbediensteten, keinen Fehler zu machen und vor allem die Akten sauber zu halten, ist nicht das Resultat wißbegieriger und penetranter Bürger. Es ist vielmehr der Respekt gegenüber dem Landesrechnungshof und den Verwaltungsgerichten. Ich widme mich hier dem Landesrechnungshof, dessen Beitrag zur Aufblähung der Bürokratie man nicht unterschätzen sollte. Ich begnüge mich mit drei Beispielen für diese These.

Beispiel Nr. 1
Mitte der siebziger Jahre kam der Landesrechnungshof, kurz LRH genannt, auf die grandiose Idee, dem Innenminister nahezulegen, unseren Schreibdienst in Zentralkanzleien zusammenzufassen. Bis dahin hatten die Damen in den einzelnen Dezernaten gesessen und tippten, kochten Kaffee für den Chef und kümmerten sich um dies und jenes.

Nachdem nun etwa bei mir 120 Damen in vier Zentralkanzleien nach Empfehlung des LRH zusammengefaßt waren, begann die Arbeitswut der Stenotypistinnen jäh zu sinken. Immer nur Bänder tippen, Sterndiktat abhören und fast keinen Kontakt mehr mit deren Autoren zu haben, zudem ständig die Materie zu wechseln, muß tatsächlich frustrierend sein. Es gibt keine Einrichtung in meinem Haus, die auf Dauer einen höheren Krankenstand hatte als die Zentralkanzleien: Er lag zuletzt bei rund 10 Prozent. Der Durchschnitt ist 4 bis 6 Prozent. Hier hat sich über zwanzig Jahre eine negative Entwicklung vollzogen, die die Frage aufwirft: Wer ist eigentlich dafür verantwortlich? Warum hat man nicht schon nach kurzer Zeit die Zentralkanzleien wieder aufgelöst? Ich weiß es nicht.

Gegen diese Entwicklung bin ich jedenfalls jahrelang Sturm gelaufen. Gott sei Dank hat die Einführung der EDV eine Tendenz zu Mischarbeitsplätzen beschleunigt. Der RP Köln führte übrigens als erste deutsche Behörde 1987 ein Bürokommunikationssystem mit Bildschirmen ein.

Am 1. März 1999 sind die Zentralkanzleien bei mir aufgelöst worden. Die Mitarbeiterinnen sitzen wieder alle auf Mischarbeitsplätzen oder in den wenigen Vorzimmern. Der Krankenstand ist fast halbiert. Die geistigen Initiatoren der Zentralkanzleien sind sicherlich mittlerweile tot oder pensioniert. Niemand kann mehr verantwortlich gemacht werden. Aber es wäre schön, wenn sich nachfolgende LRH-Generationen an dieses Ereignis erinnerten.

Beispiel Nr. 2
In Rheinland-Pfalz erhält ein Regierungspräsident eine bestimmte Summe für einen Dienstwagen im Haushalt ausgewiesen. Dann kauft er den, egal welche Marke. Eine so einfache Lösung ist der nordrhein-westfälischen Verwaltung zu einfach. Bis 1997 wurde genau vorgeschrieben, wie teuer der Wagen sein durfte, welche Extras er haben konnte und wieviel PS unter seiner Haube brummen sollten. Mit dieser Sache beschäftigten sich deshalb folgende Institutionen: mein Dezernat 12, der Innenminister, die Oberfinanzdirektionen mit Kraftfahrzeugexperten und natürlich das Finanzministerium.

1993 entschloß ich mich, aus ökologischen Gründen einen Audi 100 TDI anschaffen zu lassen. Es dauerte geraume Zeit, bis ich das Finanzministerium soweit hatte, daß überhaupt ein solches Auto gekauft werden konnte. Ich fuhr dann stolz damit herum. Verbrauch: keine 7 Liter Diesel! Da nahte das Unheil.

Der Landesrechnungshof stellte drei Jahre nach Anschaffung des Fahrzeugs in einem elfseitigen Prüfbericht fest: Die Beschaffung des Dienstfahrzeuges Audi 100 TDI mit Sonderzubehör sei »nach Aktenlage nicht ohne Mängel und ungewöhnlich verwaltungsaufwendig gelaufen«. An dieser Stelle könnte man ausrufen: Wie wahr, wie wahr!

In dem Bericht wurden die Kraftfahrzeugrichtlinien des Landes NRW ausführlich zitiert. Die Richtlinien sind ein Muster superbürokratischer Perfektion, was wohl den Rechnungsprüfern entgegenkommt – bzw. ihnen verborgen bleibt, weil so was unter Administratoren Normalität ist. Die Prüfer bemängelten zunächst, daß mein alter Dienstwagen, ein Mercedes 200, zu früh ausgesondert worden sei. Er habe mit den Mängeln zu einem Festpreis von 4.800 Mark repariert werden können.

Man muß wissen, daß ich extrem wenig mit dem Dienstwagen fahre, jährlich nicht mal 20.000 Kilometer. Der Mercedes war alt, brauchte viel Benzin, und ich hielt den Audi 100 TDI für wirtschaftlicher. Der Mercedes wurde 1993 ausgesondert – aber daß ich den Audi schon 1992, im Jahr zuvor, bestellt hatte, war mein Pech. Das lag aber an einer drohenden Preiserhöhung für den Audi, die auch tatsächlich erfolgte.

Jetzt kommt der eigentliche Hammer: Der Audi hatte eine Standheizung, was ich nicht wußte. Der Kampf um diese Heizung begann! Denn ein Regierungspräsident darf – laut Vorschrift – keine Standheizung im Dienstwagen haben, im Gegensatz zu Ministern, Staatssekretären und Polizeipräsidenten. Warum? Weiß der Kuckuck. Vermutlich sind die Hintern von regierungspräsidentiellen Fahrern bei Kälte und Frost von Natur aus besser geschützt. Die Sache mit der Standheizung ist jedenfalls bis in die Staatssekretärskonferenz gelangt. Und damit mir kein unnötiger Vorteil durch die Standheizung erwuchs, wurde sogar die »Bild-Zeitung« mobilisiert, interessanterweise die Düsseldorfer Ausgabe.

Auf entsprechende Anfragen habe ich erklärt, ich baute die Standheizung nicht aus, sie bliebe drinnen, und ich sähe nicht ein, warum mein Fahrer einen kalten Hintern kriegen sollte. Die Prüfer stellten nun fest, daß die Standheizung gar nicht im Kraftfahrzeugbrief eingetragen war. Somit sei die Betriebserlaubnis des Autos erloschen und ich seit mehr als 12 Monaten ohne Betriebserlaubnis im Straßenverkehr herumgefahren. Ich ahnungsloser Gesetzesbrecher. Jetzt wunderte mich auch nicht mehr, warum der Wagen anfänglich mehrmals stehenblieb. Das war ein gesetzestreues Fahrzeug.

In unserer ebenfalls 11seitigen Antwort machten meine Leute den LRH nun dezent darauf aufmerksam, daß mit dem Audi 100 das damals verbrauchsgünstigste und umweltverträglichste Auto gekauft worden war. Auf die Forderungen der Prüfer, ich solle auch noch die Standheizung bezahlen, wurde dem LRH entgegengehalten: den Vorteil hätte ja nicht ich, sondern der Fahrer. Hätte also der Fahrer zahlen müssen? Alles in allem kostete der Wagen deutlich weniger als der amtlich zugelassene Beschaffungspreis: Insgesamt 30.120,66 DM. Außerdem hatte das Auto nur 115 PS statt der möglichen 136 PS. Na ja. Schließlich hatte der LRH ein Einsehen und ließ von einer weiteren Verfolgung der Angelegenheit ab. Das war zwei Jahre später, ich glaube an meinem Geburtstag. Ob der abschließende Bericht als Geburtstagsgeschenk zu werten ist, weiß ich aber nicht.

Mein Trierer Kollege in Rheinland-Pfalz, den ich schon eingangs erwähnte, bekam damals eine Mittelzuweisung über 40.000 DM, fuhr ein dickeres Auto als ich und hatte mit niemandem Ärger. 30.000 Mark hätten es aber auch getan.

Beispiel Nr. 3

Im Sommer 1996 schrieb ein gewisser Herr Salewsky, wohnhaft in Köln, Mühlengasse 12, an den Bauminister Vesper – persönlich – einen Brief, in dem großer Schaden für das Land NRW durch den Regierungspräsidenten Antwerpes angekündigt wurde. Darin hieß es: »Zur Befriedigung seines Egos soll auf der 11. Etage seines Dienstgebäudes ein Sitzungssaal gebaut werden, den er nur zu seinen in Funk und Fernsehen bekannten Auftritten als Talk im Turm benutzen will.« Der Schreiber führte genaue Angaben über die Baumaßnahmen im Landeshaushalt an: nicht 570.000 DM solle der Umbau kosten, sondern seines Erachtens 1,5 Millionen. Dieses Geld sollte man lieber für den sozialen Wohnungsbau verwenden. Von dem Inhalt dieses Briefes erfuhr ich nur über das Ministerium, denn das schickte uns eine Kopie.

Aller Wahrscheinlichkeit war der Informant aus der Staatlichen Bauverwaltung: Einen »Salewsky« gab es auf der Mühlengasse 12 gar nicht, der Brief war also anonym. Das recherchierten aber weder der Bauminister noch der Landesrechnungshof, der ebenfalls eine Kopie erhalten hatte. Eine Adresse ist eine Adresse.

Worum ging es? Im Turm des Gartentraktes des RP-Gebäudes, in den ursprünglich eine Klimaanlage eingebaut werden sollte, verstaubten in über 100 qm Leerraum Akten der Schulverwaltung. Wenn man an die gewerblichen Mieten der Kölner Innenstadt denkt, die mit 20 bis 30 DM je qm fixiert sind, so war das ein teurer Leerstand. Ich hatte deshalb meiner Haus- und Bauverwaltung aufgegeben zu prüfen, ob man diesen toten Raum als Sitzungssaal verwenden könnte. Das gäbe auch eine wunderbare Aussicht auf Köln und den Dom.

Als ich diesen Auftrag erteilte, 1996, war schon klar, daß, wenn überhaupt, der Umbau erst so spät finanziert werden würde, daß die Maßnahme frühestens im Jahr 2000 oder 2001 fertiggestellt wäre. Also *nach* meiner Pensionierung, aber das wußte Anonymus Salewsky nicht.

Unsere Antwort an das Bauministerium enthielt zunächst den zarten Hinweis, daß es sich um ein anonymes Schreiben handelte. Im übrigen betonten meine Leute, daß der Besprechungsraum nötig und nur wegen anderer dringender Baumaßnahmen zunächst zurückgestellt wurde. Das hatte ich selbst veranlaßt. Kaum vierzehn Tage nach Eingang des anonymen Schreibens meldete sich nun der Landesrechnungshof per Erlaß! Wir sollten zur Notwendigkeit der Baumaßnahme Stellung nehmen, eine Fotokopie der Baubedarfsanmeldung schicken, eine Aufstellung der derzeit vorhandenen Schulungs- und Sitzungsräume in Quadratmetern und für jeden Schulungs- und Sitzungsraum eine Aufstellung über die Belegung ab 1991, also praktisch für fünf Jahre. Heftiger hätte der Amtsschimmel nicht wiehern können. Aber die Bürokratie kam nicht zum Zuge, weil die Anmeldungen für die Räume – mangels Aufbewahrungspflicht – nach Ablauf eines Jahres vernichtet wurden.

Daraufhin wollte der Landesrechnungshof für jeden Schulungs- und Sitzungsraum die Aufstellung ab 1996 haben, und zwar mit dem Datum der Belegung sowie Beginn und Ende der Veranstaltung. Auch der Grund der Nutzung und die Angabe der anfallenden Stelle sollten genannt werden. Um Mitteilung wurden wir auch gebeten, ob kurzfristige Anmietungen etwa bei Hotels geprüft worden seien usw. usf. Aber der letzte Satz des Erlasses schlug dem Faß den Boden aus.

Bezüglich der Anonymität des Briefeschreibers hieß es: »Es kann vorliegend nur darum gehen, ob die Information, nicht aber darum, ob der Informant authentisch ist.« Außerdem gab es den zarten Hinweis, wir sollten uns auf die Frage konzentieren, ob der Umbau eines Aktenraumes für 570.000 DM wirklich notwendig sei. Nun wird die abenteuerliche These, nach der es nicht darum geht, ob der Informant authentisch ist, sondern die Information, jedem Kriminalpolizisten die Haare zu Berge stehen lassen. Das hieße praktisch: Man hat nicht die Glaubwürdigkeit des Informanten zu prüfen, sondern die der Information. Aber woran erkennt man die wohl?

Ich habe dann den LRH darauf hingewiesen, daß ich die von ihm gewählte Form der Auseinandersetzung für bedenklich hielte. Es entspräche einer guten und bewährten Praxis, daß im Umgang von Behörden untereinander beschwerende Eingaben im Wortlaut mitgeteilt würden. Nicht die Behörde, sondern der Eingeber habe zunächst die Gründe für seine Beschuldigungen, die in diesem Fall sogar beleidigend und unsachlich ausgefallen seien, vorzutragen und zu belegen. Zudem solle man der Behörde nicht verwehren, auf die Vorwürfe im einzelnen einzugehen.

Erneut kam ein Erlaß. Uns wurde genau vorgerechnet, der Auslastungsgrad der Sitzungssäle läge zwischen 53 und 63 Prozent, wir hätten also genügend Sitzungssäle. Wir hatten aber ermittelt, daß die Belegung der Säle viel stärker war. Dann habe ich nichts mehr von der Sache gehört, und natürlich verfolge ich den Umbau weiter.

Aber liebe Leserin und lieber Leser, Sie sollten sich den Spruch des Jahres 1996 merken: Es geht darum, ob die Information, nicht ob der Informant authentisch ist.

Die Landes-SPD

Was ist aus der SPD geworden in den letzten 25 Jahren? Wenn ich an meine bewegten Juso-Jahre denke, da war die Partei noch jung, da hatte sie noch großen Schwung. Allerdings gab es schon damals Leute wie Erwin Lange, Bezirksvorsitzender der SPD-Niederrhein, die es eher mit strammem Gleichschritt hielten als mit ergebnisorientierten Diskussionen. Zwei Extreme, die in den sechziger Jahren die Niederrhein-SPD belebten, waren Günter Schwarz, wohlbestallter Oberstudiendirektor zu Düsseldorf, und Hans-Otto Bäumer, ehemaliger Gewerkschaftssekretär. Schwarz war der Intellektuelle, der bei den Bezirks-Jusos lange mein Stellvertreter war und der gründlicher über die Anerkennung der DDR nachdachte als die meisten anderen Genossen; Bäumer war auch für das Querdenken gut, brachte aber keine ziselierten Analysen, setzte eher kräftige Akzente. Immer wenn er umständlich wurde, war er staats- und parteitreu. Doch wer wie er gleichzeitig Regierungspräsident in Düsseldorf ist und Bezirksvorsitzender der SPD, der muß auch ganz schön strampeln, um das Staatsmännische mit dem politischen Polterer noch auf einen Nenner zu bringen. Aber unter dem ehemaligen Ministerpräsidenten Heinz Kühn konnte man sich das leisten, denn der hatte nicht nur zu seinen Genossen Distanz, sondern als Ministerpräsident auch zu seiner Administration. Kühn bekam seine Minister nach Koalitionsnotwendigkeiten oder von den SPD-Bezirken meist vorgegeben: Den Scharfdenker Fritz Halstenberg hatte er als glänzenden Chef der Staatskanzlei, Fritz Holthoff als Kultusminister,

Willy Weyer als Innenminister, Hans Wertz als Finanzminister.

Seit Johannes Rau 1978 gegen Dieter Posser und Friedhelm Farthmann den Ministerpräsidentenposten übernahm, wurde manches anders. Mehr als sein Vorgänger berücksichtigte er den politischen Proporz der Bezirke, er suchte sich seine Leute aus oder band sie ein.

Johannes Rau hat in seiner politischen Laufbahn mehr Glück gehabt als alle, die ich kenne. Seine Siege über Posser und Farthmann waren knapp, manches zufällig, vieles aber auch genau kalkuliert, und wenn es um seine Werbetournee für die Kandidaturen ging, war er immer auf den Punkt da. Seine Niederlage als Bundeskanzlerkandidat 1987 mag ihn immer noch schmerzen, aber das war damals eine völlig unlösbare Aufgabe, die ihm sogar in Nordrhein-Westfalen noch einen Achtungserfolg bescherte. Ich glaube, er war zu dieser Kandidatur nicht aus eigenem Entschluß gekommen, sondern auf Drängen der Partei.

Seit 1978 hat er in Nordrhein-Westfalen einen Wahlerfolg nach dem anderen eingefahren. Das wird auch nicht getrübt durch das 95er Ergebnis. Rau hat die Identität der Bewohner dieses Bundeslandes wie kein anderer gefördert, obwohl NRW viele Problemzonen hatte. Kohle wurde schon erwähnt, Stahl kam hinzu. Rau hat alle Tiefen wieder überwunden, hat es 1999 doch geschafft und ist jetzt Bundespräsident. Trotzdem muß man sich heute die Frage stellen: Was ist eigentlich die SPD in NRW?

Auf der Ebene der Regierung möchte ich nur einige Glanzlichter vermerken, so sind der zurückgetretene Hans-Otto Bäumer und auch Christoph Zöpel sicherlich eine erhebliche intellektuelle Bereicherung der Landes-SPD. Aber er war manchmal einfach zu sehr in seinen Gefühlen versponnen. Ich weiß gar nicht mehr, warum er damals als Städtebau- und Verkehrsminister das Handtuch geworfen hat, denn seine verkehrspolitischen Ansichten waren grundsätzlich in Ordnung. Möglicherweise waren es aber nicht die Auffassungen seines Chefs Johannes Rau.

Manchmal habe ich mich über Christoph Zöpel gewundert, seltener geärgert. Als Städtebauminister ist er für meinen Geschmack zu sehr dem schönen Ambiente der kleinen Gemeinden erlegen. Er mochte es, wenn ein Schützenverein am Ortseingang den Minister erwartet. Nun hat er sich nach Bonn verzogen. Wer sich mit seinem Chef nicht versteht, kann nur bleiben, wenn er ihm nicht täglich über den Weg läuft.

Von 1980 bis 1995 waren die Kabinette unter Rau, also die Regierung Nordrhein-Westfalens, auch gleichzeitig die Spitze der Landes-SPD! Rau verstand es meisterhaft, seinen Bezirks-Proporz zu komponieren, wo die Vorsitzenden der vier nordrhein-westfälischen SPD-Bezirke Mittelrhein (MR), Niederrhein (NR), westliches Westfalen (WW) und Ostwestfalen-Lippe (OWL) zumeist auch Minister waren, man denke an Hermann Heinemann, Heinz Schleußer oder Anke Brunn. Und auch die Ministerien waren ein Spiegelbild dieses sorgsam gefügten SPD-Proporzgebäudes.

In einer SPD-Alleinregierung wird man nur zu Unrecht Parteilose vermissen, auch beamtete Staatssekretäre, die anderen Parteien angehören. Denn Loyalität ist wichtig. Auch die Abteilungsleiter waren fast ausschließlich Genossen. Außenstehende mögen meinen, es hätte eine Art »Salon-Sozialisierung« bei manchen dieser Amtsinhaber stattgefunden, die mit Hilfe des Parteibuches und ihrer treuen Intelligenz den Apparat unterstützen und mit zunehmendem Alter sich von den, wenn überhaupt, revolutionären Zielen ihres Jungsozialistendaseins entfernten. Das ist böse und ungerecht. Schließlich sind die meisten von ihnen nicht als Senkrechtstarter auf ihren Posten gekommen, sondern haben den Weg durch die Verwaltungsinstitutionen machen müssen. Eine ganze Reihe von ihnen auch als frühere Büroleiter von Johannes Rau. Die kannten und kennen den Laden und die Leute und die Reaktionen der Leute, mit denen sie ständig zu tun hatten und haben.

Dennoch muß man sich manchmal fragen, welche Nähe diese Verwaltungsfunktionäre noch zu einer fortschrittlichen sozialdemokratischen Politik haben. Wer ständig damit beschäftigt ist, Alltagsprobleme zu lösen und eine bestimmte Klientel nicht zu verärgern, kann der noch Ideen vertreten, mögen sie zunächst auch noch so merkwürdig sein? Angepaßtsein und vorauseilender Gehorsam sind eine Gefahr für jeden. Die Schere im Kopf: Wann beginnt sie zu schneiden?

Man muß in der SPD aufpassen, nicht in einer Gemeinschaft von Kleingärtnern zu landen, wo jeder seinen Schrebergarten hat. Die Schrebergärtner arbeiten für den eigenen Bedarf, und da zieht jeder sein eigenes Gemüse und erntet es auch, aber er verkauft es nicht.

Doch zurück zum SPD-Landesvorstand. Da sitzt nicht nur ein Gärtner, sondern viele. Die wirtschaften auf Verkauf, nämlich den Verkauf ihrer eigenen Produkte auf eigenen und gepachteten Flächen, da ackern Interessengruppen, wie überall, und da gilt es, ein gemeinsames verkaufsfähiges Produkt anzubieten. Fast dreißig Jahre, seit 1960, war ich bei den Sitzungen dabei, habe kaum eine ausgelassen. Doch meine Distanz zu angeblich gängigen Meinungen habe ich immer behalten. Das hat mich sicher in den Augen mancher Genossen als nicht sehr zuverlässig erscheinen lassen. Gestört hat mich das nie.

Im Landesvorstand beginnt alles mit dem Bericht zur Lage. Das war schon unter Heinz Kühn so, hat sich unter Johannes Rau fortgesetzt, und auch der jetzige Vorsitzende, Franz Müntefering, hält das nicht anders. Doch es gibt graduelle Unterschiede. Während Heinz Kühn mit großen Worten seine Rede oft mit außenpolitischen Aussagen durchsetzte, hatte Johannes Rau immer die Landespolitik im Visier. Den Laden zusammenhalten – das war, wie schon gesagt, seine Devise. Franz Müntefering macht das ebenfalls, aber er kann auch ganz schön grantig werden. Schon in seiner Eigenschaft als Vorsitzender des Bezirks Westliches Westfalen, als es darum ging, den Fraktionsvorsitzenden, Klaus Matthiesen, in seiner Abneigung gegen Rot/Grün zu dämpfen.

Wenn einer bei der allgemeinen Debatte das Wort ergreift, und zwar als einer der ersten, muß er riskieren, nicht in der Mitte der Dinge zu liegen. Mit der Folge, daß er sich am Schluß ziemlich isoliert umschaut. Das verträgt nicht jeder. So gab und gibt es Leute, die warten erstmal zehn Diskussionsmeldungen ab, um dann zusammenzufassen. Es gibt den Begriff des »terrible Simplificateur«, des »schrecklichen Vereinfachers«. Weitgehend unbekannt ist der »terrible Entrepreneur«, der »schreckliche Zusammenfasser«, der dann immer in der Mitte der Dinge liegt. Aber was er eigentlich denkt, erfährt man wohl nie.

Nun sollte man meinen, ich hätte die Nase von diesen Sitzungen schon recht schnell voll gehabt. Dem ist nicht so. Wie sich politische Strömungen innerhalb einer Partei bemerkbar machen, erfährt man am ehesten in Gremien, die zwischen den Parteitagen den Kurs bestimmen. Und wer dabei ist, der mindert nach einiger Zeit seine strengen Anforderungen. Ist man doch froh, wenn man ohne Auftrag Wasser schöpfen kann oder das Ruder so eintaucht, daß es schneller oder langsamer geht. Man hat aber gegenüber anderen den Vorteil, das Schiff zu kennen, wenn auch immer noch nicht in allen Ecken, aber die Eigenarten der Mannschaft und die Talente der Kapitäne.

Johannes Rau

Ich traf Johannes Rau erstmals 1960 bei den Jungsozialisten. Er war Vorsitzender in Wuppertal und ich stellvertretender Bezirksvorsitzender am Niederrhein. Irgendeine dänische Juso-Delegation war zu Gast bei uns. Es gibt davon sogar ein Foto, auf dem ich mit Bürstenhaarschnitt zu sehen bin. Das entsprach meiner Gesinnung. Rau war 1958 in den Landtag gekommen, mit 27 Jahren, direkt gewählt. Er strahlte Selbstsicherheit aus, die keineswegs Überheblichkeit war. Er wirkte auf mich freundlich, doch auch ein bißchen neutral. Vielleicht erwartete ich fälschlicherweise von ihm etwas mehr revolutionäre Akzente, etwa einen kräftigen Beitrag zur Verstaatlichung der Banken. Aber mir ist nicht erinnerlich, daß er je irgendeine radikale These vertreten hätte. Schon damals war er eher der freundliche Moderator. Persönliche Kontakte zwischen uns gab es in den sechziger Jahren kaum. Erst als auch ich 1970 in den Landtag kam und er bereits Wissenschaftsminister war, hatten wir wieder miteinander zu tun, u. a. ging es dabei um die Gebietsreform. Als Sprecher der SPD-Fraktion hatte ich 1971 einigen Einfluß gewonnen, den aber wohl nicht parteipolitisch genutzt. Denn ich galt als Fachmann und nicht als politisches Talent. Kühn lobte meine erste Rede. Allerdings hätte ich abgetretene Absätze, wie Innenminister Willy Weyer ihm gegenüber einmal bemerkte.

Johannes Rau beklagte sich anläßlich der Gebietsreform hin und wieder bei mir, ich täte nicht genügend für Wuppertal. Es gebe keine kräftigen Gebietseroberungen für seine Heimatstadt. Aber wieso auch? Wuppertal

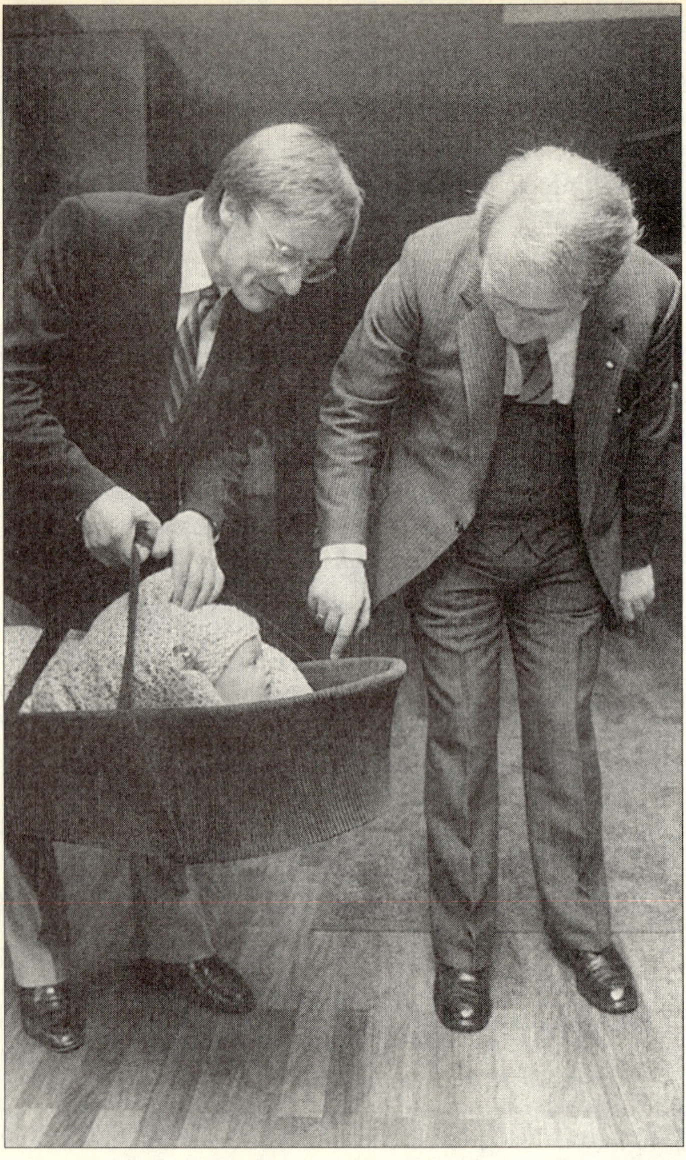

Johannes Rau begutachtet Sarah

liegt eingeklemmt zwischen dem Kreis Mettmann und den bergischen Großstädten Solingen und Remscheid. Schon 1929 war der Zusammenschluß von Elberfeld und Barmen recht kräftig ausgefallen. Jetzt gab es nichts mehr zu verteilen.

Wenngleich sich Rau auch beklagte – für eine offene Auseinandersetzung mit den Nachbargemeinden und dem offiziellen Ruf nach größeren Gebietsgewinnen war er dann doch nicht zu haben. Das lag an seinem angeborenen Bestreben nach Ausgleich.

Johannes Rau hat nie die große Auseinandersetzung gemocht, sich nie mit Flamme und Schwert für eine Sache eingesetzt. Vermutlich weil ihm die Flamme zu heiß und das Schwert zu scharf war. Er vermochte dagegen mit Beharrlichkeit das Bestehende zu pflegen, auch Veränderungen war er nicht abgeneigt. Aber sie mußten immer überschaubar und kalkulierbar sein. Wer Unruhe in den Laden brachte, war für ihn ein Greuel. Zu diesen Greueln gehörte, wie schon erwähnt, Hans-Otto Bäumer, Anfang der siebziger Jahre Bezirksvorsitzender der SPD Niederrhein, auch Regierungspräsident und dann Landwirtschaftsminister. Man redete von Bäumer als einem Menschen, der aussprach, was Gott verboten hat. Ein politisches Urgestein.

Trotz dieser skeptischen Anmerkungen muß ich darauf hinweisen, daß ich Rau sowohl bei der Wahl zum Landesvorsitzenden 1973 als auch bei seiner Kandidatenkür zum Ministerpräsidenten jeweils unterstützt habe. Obwohl seine Gegenkandidaten Friedhelm Farthmann und Dieter Posser ebenfalls politisches Gewicht hatten.

Die Integrationskraft Raus war für den heterogenen Landesvorstand der SPD extrem wichtig. Noch wichtiger aber für das Bundesland Nordrhein-Westfalen. Aber als Johannes Rau dann das Land NRW im 90er

Landtagswahlkampf zur »Heimat« deklarieren wollte, habe ich Zeter und Mordio geschrien. Das war eine meiner wenigen Interventionen im SPD-Vorstand, die, wenn auch weitgehend unbemerkt, Erfolg hatten.

Rau liebte es, möglichst viele Leute im Landesvorstand sitzen zu sehen. Er teilte sie vorsichtshalber in drei Gruppen ein: Die Gewählten, zunächst 15, später 19; die mit beratender Stimme, etwa aus den Arbeitsgemeinschaften oder die Minister; und die eigenen Mitarbeiter aus der Staatskanzlei, die nichts sagen durften, aber mitschreiben konnten und sozusagen die Stimmung festhielten. Redete ein gewähltes Mitglied Ungewöhnliches, Neues oder gar Abseitiges, sorgten mehr oder weniger geschliffene Beiträge der Beratenden für einen rhetorischen Ausgleich. Am schwierigsten zu behandeln waren Juso-Vertreter. Sie kannten die Gepflogenheiten nicht und sagten, was sie dachten. Bei manchen ihrer Attacken hatte ich richtig Spaß.

Bewundert habe ich immer die Beiträge von Klaus Matthiesen, wegen seiner klaren Sprache, nicht immer wegen des Inhalts. Ich möchte manchmal auch so reden können, aber das liegt einem Rheinländer nicht. Der zieht häufiger als nötig den Zweifel der Wahrheit vor. Es muß aber nicht unbedingt der Zweifel sein, auch das Bedürfnis nach einer humorigen Bemerkung oder einem ironischen Ausflug – natürlich mit den nötigen Zuhörern.

Kommen wir auf Johannes Rau zurück und seine Verdienste für Nordrhein-Westfalen, wo wir schon bei den Rheinländern sind. Die Westfalen fallen eher durch Beharrlichkeit auf, manchmal auch durch Sturheit. Die Flexibilität eines Rheinländers erreichen sie nie. Sehr treffend hat mein Vater die Charaktereigenschaften dieser beiden Stämme definiert. Er hatte das zweifelhafte Vergnügen, sowohl im Ersten wie auch im Zweiten Weltkrieg in Regimentern zu dienen, die aus Rheinländern und Westfalen bestanden, und er sagte mir: »Die Rheinländer sind schnell vor, aber auch schnell zurück. Die Westfalen halten die Stellung.«

Das hat Johannes sehr genau gewußt, zumal die Westfalen im Landesvorstand immer die Mehrheit hatten, obwohl sie im Lande rechnerisch in der Minderheit sind.

Kurz bevor ich mein 20jähriges Jubiläum als Regierungspräsident feierte, eine ziemlich seltene Veranstaltung, auf die ich schon zu sprechen kam, ging ich irrigerweise davon aus, daß Johannes Rau ebenfalls sein 20jähriges Jubiläum als Ministerpräsident am 20. September 1998 feiern würde und dann in Ehren abträte. Da lag ich aber falsch! An einem kühlen Abend wurde Johannes zur Abdankung genötigt, und das – wegen eines zu kurzen Kabels der ARD – auch noch vor dem Zaun der Landesvertretung in Bonn, zu dunkler Abendstunde. Das war in meinen Augen nicht in Ordnung. So habe ich das auch im Vorstand gesagt, und es ist merkwürdigerweise sogar im Protokoll völlig korrekt zitiert. Nach meiner Feststellung herrschte betretenes Schweigen, und einige der Akteure hatten rote Ohren. Die sind allerdings nicht im Protokoll verzeichnet. Diese Niederschriften waren ohnehin von schöner Kürze und ziemlich aussageklein. Ich vermute, man hatte zu viel Respekt, Bedeutendes festzuhalten, um nicht Gefahr zu laufen, dem politischen Gegner Material in die Hände zu spielen.

Der Abtritt von Johannes als Ministerpräsident gefiel mir also nicht. Trotz der von manchen geäußerten Skepsis über sein langes Ausharren im Amt hatte er so etwas nicht verdient. Aber er wird nun ein ausgezeichneter Bundespräsident; den moralisierenden Zeigefinger einiger seiner Vorgänger wird er nicht erheben und dennoch immer das Angemessene sagen. Das Motto von Rau ist »Versöhnen statt spalten«. Mein Motto heißt »Streiten statt gleiten«. Es muß beides geben: eine Sache streitig verhandeln und den Kompromiß finden. Insoweit hätten und haben wir uns, wenn auch teilweise unbemerkt, ganz gut ergänzt.

Exkurs über Hausabfälle

Wissen Sie, was Fraktionen sind? Sie denken wahrscheinlich an den Bundestag, ich denke dabei vorwiegend an meine fast 40 verschiedenen Häufchen, die ich beim Abfall sortiere. Was für eine Arbeit, welche Mühsal und Logistik sind erforderlich, Müll zu verhindern! Das fängt mit den Flaschen an. Man sortiert nach Braun-, Weiß- und Grünglas, aber nicht überall gibt es die entsprechenden Container. Und was machen Sie mit den Weinflaschen, die einen Sternenkranz haben, und zwar am Hals? Die schleppen Sie wieder zurück zu Ihrem Weingut, wie ich es mache. Aber nur, um eine neue Ladung gefüllter Flaschen mitzunehmen.

Und was macht man mit den Kronkorken? Die einzige Lösung, die mir bisher einfiel: in den Mülleimer, und zwar in den mit dem Restmüll. Beim Schraubverschluß, den es ja neuerdings auch beim Wein gibt, kann man sich schlimm verletzen, wenn man diese Dinger erneut verwendet. Also auch zum Restmüll. Und die Korken aus den Weinflaschen? Die müssen getrennt gesammelt werden und können dann beispielsweise zu Dämmplatten verarbeitet werden. Ich bin übrigens der erste gewesen, der offiziell Korken gesammelt hat. Im »Öko-Ratgeber von A – Z« werde ich deshalb namentlich und rühmlich erwähnt. Ich begann schon Korken zu sammeln, als noch keiner wußte, was man damit anfangen sollte. Zur Not hätte ich sie in die Kindergärten gebracht, zum Bemalen.

Wir haben zu Hause ein ausgefeiltes System von Abfallverwertung. Das führt überall im Keller zu kleinen Häufchen, aber auch in der Garage, in der Küche und im Garten. Da stehen leere Joghurtbecher unordentlich herum, Alufolie quillt vom Regal, Pappe liegt bunt herum, Zeitungen harren in Kisten und Kästen.

Das ist alles aber noch nichts gegen den Gram, den man als Kompostierer erleidet. Was werden einem für Sprüche serviert, wie schnell das alles geht. Kompost rein, Würmer drauf, und nach drei Monaten fällt einem ein brauner, gut riechender, mittelkörniger Griesel entgegen, der nur darauf wartet, den Garten oder Blumentöpfe zu düngen. Aber weit gefehlt! Ein offener Komposthaufen, der Küchenabfälle aufnimmt, ist ein Hort von Mäusen, die zudem Katzen anziehen. Und einmal hatten wir eine Schermaus, die große Löcher, sogar durch den Haufen, fraß.

Beachtlich sind auch die unangenehme Geruchsentwicklung bei etwas wärmerer Witterung und die Bildung von Schimmelpilzen, die Allergiker zur Flucht treiben. Ein Komposthaufen, aus Brettern gezimmert, ist was für Gartenabfälle, die dann lange Zeit dösig herumrotten, oft zwei bis drei Jahre. Man läßt sich dann also einen Thermokomposter aufschwatzen, mit eben der Handvoll Kompostwürmer. Auch hier, nach drei Monaten, kein brauner, krümeliger Idealkompost. Statt dessen eine seifige Substanz, die schwer abzustechen ist. Was hat man falsch gemacht?

Von Zeit zu Zeit müssen lockere Äste hinein und etwas Pappe, damit die Feuchtigkeit gebremst ist. Mein Gott, und wo bleiben die Würmer? Sie sind weg oder nur vereinzelt anzutreffen. Sie müssen Lieblingsplätze haben, und die sind nicht im Kompost. Dennoch, aus Umweltschutzgründen sollte man all diese Mühsal auf sich nehmen, und auch noch die Energie haben, es den Nachbarn zu zeigen, damit auch diese die Energie haben, Kompost zu machen und uns nicht im Müllberg ersticken zu lassen.

Doch die Wirklichkeit sieht anders aus. Die meisten Menschen entsorgen zwar Glas und Papier in Containern, schmeißen den Rest aber in die graue Tonne. Und wenn der Inhalt derselben künftig nur noch in Müllverbrennungsanlagen landet und nicht mehr auf durchlässigen Deponien, dann wird vorher ein wenig aussortiert: ein bißchen Metall und vielleicht auch Sprengmaterial wie halbvolle Benzinkanister, wegen der Verpuffung. Alles andere, ob Kompost oder Plastik, wandert in den Müllofen und erzeugt dort Wärme, die zum Heizen oder zur Stromerzeugung genutzt wird. Da frage ich mich, warum »Der grüne Punkt« für die gelben Säcke alle Abfälle sorgfältig sortieren läßt, wenn man am Ende gar nicht weiß, was davon recycelt wird. Ich habe den Eindruck, daß eine Menge Säcke des grünen Punktes auch in der Müllverbrennungsanlage landen, wenn auch mit deutscher Gründlichkeit geordnet. Einem anständigen deutschen Menschen könnte es ja zuwider sein, Müll ungeordnet verbrennen zu lassen.

Es sei nur am Rande erwähnt, daß wir doppelt zahlen. Einmal für den grünen Punkt und zum anderen für die graue Tonne. So hohe Gebühren wie die Deutschen zahlt nirgendwo in Europa irgend jemand. Es müßte einen Bund der Gebührenzahler geben, damit die Steuerzahler nicht so alleine sind.

VI

Über den Tellerrand – Europa, Kuba und wir

Euregio Maas-Rhein

Überall in Europa gibt es grenzüberschreitende Zusammenschlüsse, die sich normalerweise »Euregiones« nennen. Sie sind meistens in den siebziger Jahren entstanden und beschränkten sich zunächst auf Kulturelles und Sportliches, zudem gab es Schüleraustausch. Seit 1991 unterstützt die Europäische Union mit erheblichen Finanzen diese grenzüberschreitende Zusammenarbeit.

In aller Regel haben die Kommunen die Zusammenschlüsse getragen und auch die gemeinsamen Gremien gewählt. Das ist in der Euregio Maas-Rhein völlig anders, die fünf verschiedene Teilregionen zusammenfaßt: Die Regio Aachen, das ist im wesentlichen der frühere Regierungsbezirk Aachen mit der kreisfreien Stadt Aachen und den Kreisen Aachen, Heinsberg, Düren und Euskirchen; dann der südliche Teil der holländischen Provinz Limburg bis Roermond, die belgische Provinz Limburg mit Hasselt, die belgische Provinz Lüttich sowie die deutschsprachige Gemeinschaft in Belgien, zusammen 3,8 Millionen Einwohner. Die Euregio Maas-Rhein wurde 1976 gegründet, 1978 trat die Provinz Lüttich bei und 1992 die deutschsprachige Gemeinschaft, die in der Provinz Lüttich eine Reihe eigener Zuständigkeiten hat.

Im Gegensatz zu den anderen Euregiones spielen die Gemeinden in der Euregio Maas-Rhein nur eine mittelbare Rolle. Die Beschlüsse werden von der Gouverneurskonferenz ausgeführt, die sich aus den Gouverneuren von Belgisch-Limburg und Lüttich, dem Kommissar der Königin von Maastricht, von

Niederländisch-Limburg, dem Ministerpräsidenten der deutschsprachigen Gemeinschaft und dem Vorsitzenden der Regio Aachen, dem Kölner Regierungspräsidenten, zusammensetzt.

Anfang der achtziger Jahre faßte die Gouverneurskonferenz den Entschluß, ein grenzüberschreitendes Aktionsprogramm in Auftrag zu geben, das 1986 fertiggestellt wurde und die Grundlage für die heutige sozio-ökonomische Zusammenarbeit bildet. Damit verbunden war auch die Anerkennung der Euregio Maas-Rhein als wirtschaftlicher Gesprächspartner, sowohl seitens der Körperschaften als auch von der Europäischen Gemeinschaft. Das erklärte Ziel des Zusammenschlusses war die wirtschaftliche Konvergenz der verschiedenen Regionen, die Beseitigung der Hindernisse an den Grenzen, die Verbesserung der Wettbewerbssituation, die Beseitigung der Engpässe in der Infrastruktur und der Maßnahmen im Umweltschutz. Im gleichen Jahr konstituierte sich auch der Beschwerdeausschuß der Euregio, der aus den jeweiligen EU-Parlamentariern der Region besteht.

Parallel dazu wurde eine Grenzgängerberatungsstelle geschaffen, die bei der Regio Aachen angesiedelt ist. 1991 begann dann das erste Interreg-Programm der EU, das bis 1993 lief. Die Europäische Union stellte als Zuschuß 50 Prozent der Mittel bereit, 30 Prozent wurden von den jeweiligen Regionen beigeschossen, der Rest mußte von den Empfängern finanziert werden. Eine Fülle von Maßnahmen wurde seitdem verwirklicht: Die Abwasserentsorgung wurde grenzüberschreitend organisiert, eine Kläranlage in Holland mit Anschluß an deutsche Gemeinden; der Tourismus wurde durch Zuschüsse angekurbelt, denn das Gebiet Eifel-Ardennen ist für den Fremdenverkehr attraktiv, aber noch nicht so gut erschlossen.

1994 folgte das zweite Interreg-Programm, das bis 1999 läuft, das dritte ab 2000 ist in Vorbereitung.

Im Jahr 1991 habe ich angeregt, eine Euregio-Rosette, eine Art Orden, für besondere Verdienste um die europäische, grenzüberschreitende Zusammenarbeit zu entwickeln. Das hat zunächst einige Aufregung gegeben, denn Orden dürfen in Deutschland nur vom Bundespräsidenten bzw. den Ministerpräsidenten der Länder begründet werden. Aber die Euregio-Rosette ist gar kein Orden, sondern nur so eine Art. Und nachdem sie in der Welt war, wollte man auch nicht die holländischen und belgischen Freunde verprellen, indem man engherzig auf das deutsche Ordensstatut geschielt hätte. Um ein Haar wäre nämlich die Rosette in die Maas gefallen, jenen Fluß, der die Euregio Maas-Rhein von Süden nach Norden durchquert. Diese Auszeichnung ist international: das Original kommt aus Belgien, die Miniaturversion aus Deutschland. Die Farben der Euregio Maas-Rhein spiegeln sich darin wider: Schwarz, Grün, Blau. Das ist dezent und trägt sich besonders auf blauen und grauen Anzügen gut.

Während meines Vorsitzes in den Jahren 1990 und 1991 – der Vorsitz wechselt alle zwei Jahre – wurde die Euregio Maas-Rhein in eine Stichting nach niederländischem Recht umgewandelt, also in eine Art Stiftung: mit dem Büro in Maastricht für die gesamte EMR, einem Büro in Aachen (im ehemaligen Regierungspräsidium für die Regio Aachen) und ähnlichen administrativen Regelungen in den belgischen Provinzen. Die Euregio hat Arbeitsgruppen, die sich mit den Themen Umwelt, Öffentliche Sicherheit und Ordnung, Sport, Kunst und Kultur, Jugend, Bildungswesen, Gesundheitswesen, Ausbildung, Wirtschaft, Tourismus, Verkehr und Strukturpolitik beschäftigen. In diesen Arbeitsgruppen sind Spezialisten aus den Teilregionen zusammengefaßt, die sich zwar jeweils in ihrer Muttersprache äußern, sich aber doch ganz gut verständigen können, weil die meisten Grenzbewohner sowohl Deutsch, Französisch wie auch Niederländisch – wenn schon nicht sprechen, doch zumindest verstehen können.

Aus dem ersten Interreg-Programm 1991 bis 1993 flossen insgesamt 44 Mio. ECU, das waren damals 88 Millionen DM, in die Euregio Maas-Rhein, wovon die Hälfte aus dem europäischen Fonds für regionale Entwicklung (EFRE) stammte und der Rest aus nationalen und regionalen Ko-Finanzierungen sowie Eigenmitteln der Projektträger. Die Entscheidung über die Genehmigung der Projekte liegt für die anderen Euregiones, die ebenfalls von der EU mitfinanziert werden, bei einem Lenkungsausschuß, der sich aus Vertretern der jeweiligen nationalen Ministerien und der Regionen zusammensetzt. Das ist bei der Euregio Maas-Rhein anders. Hier entscheidet die Gouverneurskonferenz über die Prioritäten. Die EU hatte das aber ursprünglich nicht vorgesehen. Doch ich habe damals gesagt: »Wenn wir nicht selbst darüber zu entscheiden haben, welche Investitionen im Rahmen des Interreg bei der Euregio Maas-Rhein laufen oder nicht, dann brauche ich erst gar nicht nach Maastricht zu fahren. Nur darauf zu warten, daß der Lenkungsausschuß mir wohlgesonnen ist, kann ich mir ersparen. Ich mag es nicht, herumzusitzen und darauf zu warten, daß andere mir erzählen, was bereits geschehen ist.« Auf diese Weise sind mit großem Engagement aller Beteiligten im ersten Interreg-Programm 126 Projekte realisiert worden.

Im Jahr 1995 wurde zusätzlich zur Gouverneurskonferenz ein Euregio-Rat geschaffen, ein beratendes Gremium aus 118 Mitgliedern, bestehend aus Vertreterinnen und Vertretern aus Politik und Gesellschaft. Ich hatte seinerzeit diese Idee, ein Parlament sozusagen unterhalb der Gouverneurskonferenz anzusiedeln. Ob die Idee besonders gut war, läßt sich noch nicht absehen. Jedenfalls geht der Euregio-Rat durch Höhen und Tiefen, meistens kommt nur die Hälfte oder ein Drittel der Mitglieder überhaupt zusammen. Und echte Zuständigkeiten haben sich nicht entwickelt.

Im Oktober 1995 hatte die Euregio Maas-Rhein einen Festtag. Der deutsche Bundespräsident Roman Herzog machte einen Staatsbesuch in Holland und war auf die Idee gekommen, dabei Maastricht zu besuchen und gleichzeitig Aachen, um sich über die euregionale Zusammenarbeit zu informieren. Es war ein erhabener Moment – würden Außenstehende sagen –, als ich mit dem Kommissar der Königin von niederländisch Limburg, dem Baron van Voorst tot Voorst, die niederländische Königin Beatrix und den deutschen Bundespräsidenten Roman Herzog auf dem Maastrichter Flughafen begrüßte. Nach dem Besuch des Governement – so nennt sich das Regierungspräsidium in Maastricht – und der Vorstellung der Aktivitäten in der Euregio ging es mit dem Bus nach Aachen, wo ich mich lange mit der Königin und dem Bundespräsidenten unterhielt. Wann hat man schon mal die Gelegenheit, mit einem gekrönten und einem gewählten Staatsoberhaupt zwei Stunden lang zu plaudern – und zwar sogar über Kuba. Als ich später bei Roman Herzog den Antrag auf Genehmigung meines Castro-Ordens stellte, muß er halbwegs geahnt haben, was auf ihn zukam.

Das zweite Interreg-Programm brachte viel Ärger ins Haus. Die Belgier sorgten für eine zweijährige Verzögerung, weil die wallonische und die flämische Regierung über die Köpfe der Provinzen Lüttich und Limburg hinweg eine Aufteilung sämtlicher EU-Zuwendungen Belgiens verfügt hatten. Die groteske Folge war, daß Limburg nur mit 20 Prozent der Interreg-Gelder bedacht werden sollte, während die Wallonie, also Lüttich, 80 Prozent erhielt. Daraufhin habe ich vorsichtshalber die Europäische Union angeschrieben und noch einmal deutlich gemacht, daß es eine Priorität der Projekte gebe, nicht der Regionen. Damit war der »Deal«, den die Wallonen mit den Flamen gemacht hatten, geplatzt.

Was sind nun die spezifischen Probleme einer solchen grenzüberschreitenden Region? In Deutschland mögen die Bayern sehr verschieden sein von den Rheinländern, die Rheinländer von den Westfalen und die Sachsen von den Hamburgern, aber insgesamt herrschen doch gleiche Regeln und ähnliche Mentalitäten. Der Deutsche ist es gewöhnt, auf sein Ziel gerade zuzusteuern. Ich sage manchmal: Wir sind wie ein »T 34« (ein russischer Panzer des Zweiten Weltkrieges), noch bei 50 Grad unter Null geradeaus und schußbereit. Das mögen unsere Nachbarn nicht besonders. Die Holländer, vor allem die Limburger, sind geschickte Kaufleute, die können gut verhandeln; man muß jedenfalls höllisch aufpassen, daß man bei ihnen nicht Zweiter wird. Sie reden keine überlangen Sätze, und nicht immer ist klar, was sie eigentlich wollen. Sie steuern Kompromisse an und betreiben ihr Geschäft so, daß sie, wie die Holländer zu sagen pflegen, »Wjisselfeld inbouwe«. Mit anderen Worten: Sie stellen nur Forderungen, von denen sie im vorhinein wissen, daß sie später Abstriche davon machen können, ohne sich das Geschäft insgesamt zu versauen. Ich habe längere Zeit gebraucht, diese Eigenart zu durchschauen und mich darauf einzustellen, wenn es darum ging, bestimmte Projekte gemeinsam zu realisieren – und zu vermeiden, daß einer der Beteiligten, nämlich ich, Schaden dabei litte.

Die Flamen in der Provinz Belgisch Limburg liegen etwas am Rande der Euregio Maas-Rhein. Sie beklagen ihr Schicksal gegenüber Lüttich als Benachteiligte, und zwar laut und deutlich, und dabei hoffen sie natürlich auf unsere Unterstützung. Die Wallonen hingegen, die ich kennengelernt habe, leiden unter der Verwaltungsvielfalt des belgischen Staates, der neben dem Zentralstaat eine »Communauté Française« hat, die die Wallonie und Brüssel umfaßt, eine »Flamse Gemeenschap« für Flandern sowie eine deutschsprachige Gemeinschaft in Eupen für jene Ostkantone, die früher zu Deutschland gehörten und im Versailler Vertrag – ohne Volksabstimmung – zu Belgien kamen. Dann gibt es noch eine wallonische Region, zu der gehört wiederum die deutschsprachige Gemeinschaft und eine flämische Region sowie Brüssel. Schließlich existieren auch die Provinzen und Arrondissements. Das ist für 11 Millionen Einwohner eine reichlich üppige administrative Speisekarte, aber vielleicht auch das Geheimnis, das den belgischen Staat, trotz der divergierenden Landesteile, immer noch zusammenhält.

Also: Die Wallonen in Lüttich werden offensichtlich stark von der wallonischen Region in Namur gezwiebelt, jedenfalls habe ich diesen Eindruck. Das führt stets zu ellenlangen Diskussionen – eben auch mit der Wirkung, daß von 1994 bis 1996 das Interreg-II-Programm der Euregio Maas-Rhein praktisch lahmgelegt wurde. Wenn die Wallonen reden, dann tun sie das natürlich in Französisch, etwas dialektgefärbt, aber mit großer Sprachgewalt. Ich bewundere diese Reden, obwohl der Sinn des Gesagten mir gelegentlich dunkel bleibt. Das mag aber auch an meinen mangelnden französischen Detailkenntnissen liegen.

Die Vertreter der deutschsprachigen Gemeinschaft, die alle polyglott sind, haben es natürlich schwer, im

Kreise der vier Großen mit ihren knapp 70.000 Einwohnern mitzuhalten. Aber sie sind Kummer gewöhnt und haben sich gut behauptet, immerhin konnten sie in zähem Ringen ihre Selbständigkeit innerhalb des belgischen Staates mit drei Ministerien behaupten. Die deutsche Minderheit dort hat sogar einen eigenen Europaparlamentarier zugesprochen bekommen: die Wähler müssen nur entscheiden, ob es ein Christdemokrat, ein Liberaler oder ein Sozialist werden soll. Einen solchen Minderheitenschutz wie in Belgien gibt es wohl nirgendwo in Europa.

Kuba und wir

Die Versuche von meiner Frau und mir, im ausklingenden Winter in warme Gefilde auszuweichen, wurden weder 1982 noch 1986, einmal auf Gran Canaria, dann auf Teneriffa, mit Sonne belohnt. Im Gegenteil: Es war ein Scheißwetter. Man konnte kaum rausgehen. 1983 wurde Tochter Sarah geboren. Meine Frau meint, ein Ergebnis des Aufenthaltes auf Gran Canaria. Schließlich entschieden wir uns 1987 dazu, nach eingehender Beratung durch eine Dame im Reisebüro, im Januar nach Kuba zu fliegen, mit Töchterchen Sarah. Wir wollten endlich auf der sicheren Seite sein.

Warum Kuba? Uns erschien dieses Land einfach interessanter als die US-amerikanisch dominierten Inseln, die üblicherweise von deutschen Reisenden bevorzugt wurden. Und selbst einen gestandenen Sozialdemokraten – wie ich immerhin einer bin – überläuft immer noch ein kleiner revolutionärer Schauer, wenn er an Kuba denkt und an Castro und natürlich Che Guevara.

An allen Fronten kämpften die Revolutionäre dieses kleinen Karibik-Staates in den sechziger Jahren: In Angola und Mosambique, in Südamerika, bei unterschiedlichen Guerilla-Einheiten. Doch dann fielen verschiedene Schatten auf diese aufständische Idylle. Die Sowjets unterstützten plötzlich die Kämpfer gegen Ungerechtigkeit und Unterdrückung, und mit denen hatten wir schlechte Erfahrungen in Europa gemacht, in Deutschland zumal, wo uns die Bilder von sowjetischen Panzern auf dem Alexanderplatz noch in schrecklicher Erinnerung waren. Der Arbeiteraufstand in der

DDR, am 17. Juni 1953, war nicht zuletzt von Chruschtschows Soldaten niedergeschlagen worden.

Patria y muerte venceremos – Vaterland oder Tod, wir werden siegen. Das war die revolutionäre Losung in Kuba.

Uns lief dabei also ein gewisser Schauer den Rücken runter, aber nur ein kleiner. Wir waren neugierig, also buchten wir. Die Dame im Reisebüro, uns mittlerweile von allerhand regnerischen Urlauben gut bekannt, riet uns, bei der Beantragung unseres Visums Vorsicht walten zu lassen: Bitte keinen Stempel von einer Einreise in die USA. Also bestellten wir uns neue, jungfräuliche Reisepässe, und diese Hürde war überwunden. Denn ich war, wenn auch schon vor längerer Zeit, parlamentarisch in den Staaten gewesen.

Ich weiß nicht mehr, ob wir in Köln oder Frankfurt gestartet sind, aber wir hatten normales Reisegepäck; kein Übergewicht, nichts politisch Anstößiges, nur ein paar Bücher, keine Zeitungen oder Zeitschriften. Die sah man damals nicht gern, auch anderswo im sogenannten Ostblock nicht: Imperialistisch-westliche Propaganda nannte man die Erzeugnisse der freien Presse.

Ich weiß auch nicht mehr, ob es eine »Tupolev« oder eine »Iljuschin« war, die uns auf die Insel brachte. Jedenfalls war es eine russische Maschine: Im Inneren herrschte ein Lärm wie in einem Stahlwerk, und das Essen – es kam aus Kuba – war karg. Dafür lächelten die Stewardessen ausgesprochen freundlich.

Die Maschine schaffte es nicht bis Havanna. In Gander, auf Neufundland, mußte zwischengelandet werden, weil das Kerosin nicht reichte. Gander, ein bedeutungslos gewordener Stopp für die Transatlantikflüge, lag im Schnee. Es war lausig kalt. Wir hatten in die Karibik gewollt und schienen unvermutet auf dem

Nordpol gelandet zu sein. Unsere Mitreisenden, fast alle wohl das erste Mal unterwegs auf die Insel, wußten mit dem langen Stopp nichts anzufangen und hatten wenig fröhliche Gesichter, kauften alle irgendwelche Stoffeskimos und billigen kanadischen Whisky. Als es dann nach zwei Stunden weiterging, flogen wir immer im gehörigen Abstand zur nordamerikanischen Küste, denn damals durfte kein Flugzeug in Richtung Kuba den US-Luftraum auch nur berühren.

Nach fast vierzehn Stunden landeten wir endlich in Havanna, »Aeroporto José Marti«. Eine Schar von Uniformierten versammelte sich um die Gangway. Schreck laß nach, dachte ich, ähnlich spannend sind die DDR-Übergänge. Wir wurden alle durch nur wenige Abfertigungsschalter geschleust, oben Spiegel, unten Spiegel. Alles sah genau aus wie am Übergang Bernauer Straße in Berlin, in die Deutsche Demokratische Republik. Und es ging genauso langsam. Fast zwei weitere Stunden brauchten wir, bis die mißtrauischen, mittelgrün gewandeten, dem Ministerio L'interior angehörenden Bürokraten uns abgefertigt hatten. Dann ging es mit leidlich gut erhaltenen Reisebussen östlicher Provenienz durch Vororte von Havanna, wo die Leute in ihren Schaukelstühlen saßen und die Europäer bestaunten. Es war ein revolutionäres Land, aber die Armut schaute aus jedem Gebäude. Was sage ich – Gebäude? Die Häuser waren größtenteils dringend reparaturbedürftig.

Nach drei Stunden und einer Gesamtreisezeit von 19 Stunden erreichten wir endlich Varadero: letzte Abendsonne, unendlich weißer Strand, angenehme Temperatur. Im Hotel International, damals das beste am Ort, von den wenigen vorhandenen, mußten wir wieder lange vor dem Empfang ausharren. Die Desorganisation, die einem die Haare zu Berge trieb, verzögerte unseren Zimmerbezug aufs äußerste. Doch das Essen am Abend war ordentlich. Nur störte uns die stoische Ruhe der Bedienung ziemlich. Wenn sie mal kam.

Am anderen Morgen inspizierten wir die Nachbarschaft. Keine zwei Kilometer entfernt lag Militär, das uns aber freundlicherweise nicht davon abhielt, über das gesicherte Gelände weiterzulaufen. Wir waren schließlich nicht der Feind, der saß in Florida und hatte sich schon durch seine Invasion in der Schweinebucht Anno 1962 unbeliebt gemacht. Ganz zu schweigen von dem Wirtschaftsembargo, mit dem die Amis seit 30 Jahren Kuba in die Knie zu zwingen versuchten.

Aber schon die ersten Tage auf Kuba waren herrlich. Warmes Wetter, ein Meer mit 25 Grad, ideal zum Schwimmen, das Essen erträglich, die Preise äußerst moderat und die Menschen ungemein herzlich. Wir sind auch zurück wieder in so einer alten Maschine geflogen, aber diesmal ging es schnurstracks mit dem Passatwind, in zehn Stunden ohne Zwischenlandung.

Da fahren wir wieder hin! haben meine Frau und ich beschlossen. Und Sarah war auch ganz begeistert. Ich vergaß noch zu sagen, daß meine Frau im siebten Monat schwanger war, denn im September 1987 kam Nicolas zur Welt. 1988 flogen wir also das zweite Mal, Sarah war gerade vier Jahre und Nicolas 5 Monate alt. Diesmal mit der LTU von Düsseldorf nach Havanna. Alles verlief wie im Vorjahr. Doch dann bekam der Kleine eine schwere Mittelohrentzündung, an der sozusagen die Amis die Schuld hatten. Der scharfe Wind eines Norte, der manchmal in den Monaten Dezember bis Februar von Nordamerika in Kuba einfällt, führte zu gefährlichem Fieber. In einer nur für Touristen geschaffenen Klinik wurden wir aber aufs beste betreut und erfuhren dabei von der diensthabenden Ärztin, daß ein großer Mangel an Medikamenten herrschte. Da werden wir was tun, beschlossen wir spontan. Und das nächste Mal kamen wir über den Atlantik mit einer Menge Medikamente – die bei der Einreise tatsächlich niemand beanstandete.

Dabei lernten wir auch Aldo Monteagudo kennen, der mittlerweile x-mal bei uns zu Hause war und seine Kunst als Torcedero oder Tabaccalero mit sieben Sternen, der höchsten Klasse, im Zigarrendrehen unter Beweis stellte. Aldo ist ein pechschwarzer Neger, der keinesfalls als Farbiger bezeichnet werden will. Nein, er sei ein Neger, ein Schwarzer, sagte er, nicht ohne Stolz.

In den folgenden Jahren haben wir große Mengen von Hilfsgütern nach Kuba eingeschleppt. Den Medikamenten folgten Kindernahrung, später Schulhefte und Bleistifte. Mittlerweile hatten wir stets so viel Übergepäck, daß unsere Mitreisenden schon vermuteten, wir wollten nach Kuba auswandern. Sogar Fahrräder haben wir mitgenommen! Die sind dort gut verwahrt und harren unseres jeweiligen Besuches. Es sind wahrscheinlich die einzigen Fahrräder mit kompletter Beleuchtung auf der ganzen Insel.

Als 1990 die *perioda especial* begann, die Zeit, in der Kuba auch keine Hilfslieferungen von der Sowjetunion mehr bekam, haben wir eines Tages Busse für Kuba gekauft: ausrangierte Fahrzeuge von den Stadtwerken in Bonn und Aachen und von der KVB in Köln, die aber noch gut funktionieren. Diese Aktion hat unsere Hilfslieferungen allmählich bekannt gemacht, denn immer mehr Deutsche kamen auf die Insel, und einige wunderten sich über die Mercedes-Busse aus Bonn und Aachen und über die Busse der KVB in Santiago de Cuba. Finanziert haben wir die Fahrzeuge durch meine Honorare sowie Spenden. Einige der

Busse sind mittlerweile zu mobilen Krankenstationen umgebaut worden, irgendwann folgten auch Rettungs- und Müllwagen, und ganz nebenbei hat diese Aktion auch noch für die Verstärkung der Geschäftsbeziehungen zwischen der Firma Mercedes und Kuba gesorgt. Vamos amigos!

Doch der größte Coup gelang uns ein paar Jahre später. Es war, glaube ich, 1995, als der Zufall uns zu Hilfe kam. Im Rahmen der humanitären Unterstützung der ungarischen Region Miskolc, die Mitarbeiter der Bezirksregierung organisierten, meinte einer unserer Pharmazeuten, es seien ein paar Paletten mit Medikamenten übrig aus der Auflösung jener Hilfskrankenhäuser, die in ganz Deutschland seit den fünfziger Jahren für einen möglichen Kriegsfall, meist unter den Kellern von Schulen, gebaut worden waren. Da könnte doch eine Palette nach Kuba gehen, sagte ich. Das sei kein Problem, wurde mir bedeutet, und die deutsch-kubanische Freundschaftsgesellschaft transportierte die Medikamente dann tatsächlich nach Havanna.

Ich brachte in Erfahrung, daß das Bundesamt für Zivilschutz für die Hilfskrankenhäuser zuständig war und auch für deren Auflösung. Das Amt saß in Bonn und untersteht dem Bundesinnenminister, der hieß damals Kanther und war als rechter Wadenbeißer bekannt. (Bei dem Attribut »Wadenbeißer« bin ich ins Schwanken gekommen, ob das nicht zu stark sei. Aber auf Befragen von Friedhelm Julius Beucher, MdB, habe ich es so stehen lassen.) Um Gottes willen, dachte ich, das wird ein Problem.

Doch es wurde keines. Denn Bonn brauchte dringend eine seriöse Adresse für Hilfslieferungen. Ich sei eine seriöse Adresse, sagte ich den Leuten in Bonn. Also wurde über meinen Namen eine Menge dieser Güter transportiert, zum Schluß waren es mehr als 250

Long-Container, die nach Kuba verschifft wurden. Darunter 2000 Krankenhausbetten, 3600 OP-Bestecke und tonnenweise Decken, Wäsche, Pillen, sogar Nachttöpfe, alles, was zu einem Krankenhaus gehört und was stabil und für die Subtropen geeignet ist. Auch hier half die deutsch-kubanische Freundschaftsgesellschaft. Dabei hat sich speziell Giv von Koerber, der mit einer Kubanerin verheiratet ist, unendliche Verdienste erworben.

In Kuba hatte sich diese Aktion bald rundgesprochen. Zudem hatten wir mittlerweile auch eine Schule in Matanzas, das Krankenhaus dieser 140.000-Einwohner-Stadt und einen Kindergarten in Santa Martha jährlich besucht und unterstützt. Ich sehe sie noch vor mir, die 500 Schüler der Grundschule in Matanzas in ihren weißen Blusen und Hemden und den roten Röckchen und Hosen, wie sie auf dem Balkon der Schule stehen und meiner Frau und mir zujubeln. Bei Jubel bin ich ja immer ziemlich skeptisch und frage mich, ob ich etwas falsch gemacht habe. Hier hatten wir es wohl nicht. Hefte und Bleistifte kann eine Schule immer gebrauchen.

Allmählich lernten wir den Gouverneur der Provinz Matanzas kennen, auch Leute in den entscheidenden Ministerien in Havanna, Abgeordnete des Parlaments und des Provinzialrates. Die Leute waren durch die Bank reizend zu uns, und wir mußten manchen Empfang über uns ergehen lassen. Dabei kam dann heraus, daß der eine eine elektrische Schreibmaschine brauchte und ein anderer Faxpapier, aber das Entscheidende waren die Medikamente, Verkehrsmittel, Müllwagen und sogar eine Jugendzahnarztklinik auf Rädern, die uns der Erftkreis für Kuba schenkte.

Eines Tages, es war der Februar 1998, lagen wir gerade am Strand, um uns von den Strapazen der zahlreichen Besuche zu erholen, 30 Grad Hitze, Wasser wie immer 25 Grad, da kam ein Anruf aus Havanna. Wir möchten doch bitte am anderen Tag zum Gesundheitsministerium kommen, da würden ein uns bekannter Abteilungsleiter, Señor Commandero, und sein Kollege aus dem Verkehrsministerium, Lucio Martinez, auf uns warten. So kam es dann auch, und beide taten sehr geheimnisvoll. Das hatte, fiel uns jetzt auf, vor unserer Abreise schon Oscarito getan, der kubanische Botschafter in Deutschland, Oscar Martinez-Cordovez, den wir noch kannten aus der Zeit, als er im Zentralkomitee der Kommunistischen Partei Kubas für Europaangelegenheiten zuständig war. Ein Mann mit perfekten Deutschkenntnissen, die er als Botschaftsrat in der DDR gesammelt hatte ...

Mini-Exkurs. Ich halte jetzt inne, um mir einen sieben Jahre alten Havanna-Club einzuschenken, den besten Rum, den ich bis dato getrunken habe und den es jetzt auch überall in Deutschland zu kaufen gibt. Er ist weich wie ein Bett, enthält aber Zuckercouleur, wie Cognac, stammt jedoch nicht aus der Blase, sondern wird gecrackt über Destillierkolonnen, wie Korn, Gin und Wodka, und ist daher ohne Fuselöl, was einen dicken Kopf machen kann. Auf den Rum sind meine Frau und ich gestoßen, als wir im Hotel International jeden Morgen an der Zimmertür gegenüber eine leere Flasche Rum fanden. Ein Gelage, dachte ich! Es handelte sich aber nur um ein Ehepaar, das sich abends einen auf die Lampe goß und dennoch am anderen Morgen quietschfidel zum Frühstück eilte. Rum kann man also verdammt gut vertragen! Das wußte übrigens auch Hemingway, der sich trotzdem auf Kuba seine Gesundheit ruiniert haben soll. Ich glaube, durch Cocktails ... Es gibt dort viele Rumfabriken, die berühmteste ist die in Santiago de Cuba, die ehemalige Baccardifabrik. Dort machen sie den besten – aber in der kleinen Roneria Methusalem den ältesten, 15 Jahre alt. Und die haben wir natürlich beide besichtigt, wobei ich mich vorsichtshalber als Chemiker ausgegeben habe. Mittlerweile hatte ich mir übrigens das kubanische Spanisch leidlich gemerkt, vielfach ohne »s« und oft ein »l« statt »r«, vor allem im Osten der Insel. Also *bebel* statt *beber* (= Trinken). Aber was erzähle ich Ihnen über die kubanischen Rumfabriken – jeder auf Kuba hat seine eigene Roneria, auf die er schwört, wie die Kölner auf Kölsch und die Niederrheiner auf Alt.

Besuch im Revolutionspalast

Zurück nach Havanna. Da saßen wir also im Gesundheitsministerium, und unsere kubanischen Freunde tuschelten weiter geheimnisvoll. Schließlich fuhr ein Wagen vor: »Protocolo« stand auf dem Nummernschild, zu deutsch »Kraftfahrzeugkennzeichen«. Man brachte uns ins Regierungsviertel. Ein paar Kontrollen, dann das Sekretariat des Staatsrates. Nur meine Frau und ich, viele lange Gänge, viele Bedienstete. Eine Tür öffnete sich, wir traten in eine Art Wartezimmer. Es war bereits acht Uhr abends. Zehn Minuten später trat ein Mann herein, Carlos Lage, zweiter Mann hinter Castro, der Sekretär des Staatsrates. Mit Hilfe einer ausgezeichneten Dolmetscherin, aber auch Kubanisch radebrechend, haben wir uns zwei Stunden unterhalten. Er wollte alles über uns wissen. Erst später erfuhr ich, daß Lage Arzt ist, in der Regierung aber der Wirtschaftsfachmann, der die Zeichen auf vorsichtige Liberalisierung gestellt hatte.

Anschließend übernachteten wir im Gästehaus des Verkehrsministeriums, und am anderen Morgen ging es zurück nach Varadero. Als wir uns zwei weitere Tage am Strand herumgelümmelt hatten, kam ein weiterer Anruf aus Havanna. Wir sollten am nächsten Tag bitte erneut die Reise in die Hauptstadt antreten, es sei noch einiges zu besprechen. Wieder kam ein »Protocolo«, mit dem wir die 160 Kilometer in die Hauptstadt zurücklegten, wieder landeten wir im Gesundheitsministerium. Dort herrschte aber diesmal geschäftiges Treiben, und wir wunderten uns darüber, wie angestrengt unsere Gesprächsteilnehmer die Zeit zu nutzen wußten. Plötzlich ein Telefonat, hektische Betriebsamkeit brach aus, wir wurden zum Ausgang komplimentiert, abermals ein Protocolo-Auto. Die Fahrt: unendlich. Ich hatte trotzdem den Eindruck, wir würden bloß um verschiedene Blocks gefahren. Immer wieder schauten unsere Begleiter auf die Uhr, dann verlangsamte der Wagen absonderlicherweise seine Geschwindigkeit auf 20 Stundenkilometer, und wir näherten uns einem riesigen Gebäudekomplex. Ein Kontrollposten. Unsere Begleiter wiesen sich aus, wir hielten vor einer riesigen Treppe. Später wußten wir: es war der Palast der Revolution. Ganz ganz oben stand eine kleine Schar festlich gewandeter Menschen, die uns empfingen. Wir wurden in einen größeren Raum geleitet und trafen verschiedene Minister, auch den für Gesundheit. Der Verkehrsminister hatte seine Uniform über ein beträchtliches Körpervolumen gespreizt. Der Protokollchef der Regierung stellte sich uns formvollendet vor. Da saßen wir wieder. Nach einer guten halben Stunde öffnete sich die Tür, und ein feierlich gewandeter Herr bat uns, ihm zu folgen. Unterwegs versuchten dauernd einige Bedienstete, meiner Frau die Handtasche wegzunehmen, die sie aber nicht abgeben wollte. Schließlich gab sie doch nach. Sicherheitsgründe, hörten wir später.

Havanna, 1998

Wir wurden in einen großen Saal geleitet, überall wucherten subtropische Gewächse, und die Dolmetscherin bat uns, Aufstellung zu nehmen. Meine Frau und ich, die Kubaner fünf Meter entfernt, scharf gegenüber.

Nach wenigen Minuten öffnete sich eine große Tür, und Fidel Castro trat ein, in Uniform, begleitet von weiteren Offiziellen. Mein Gott, wo sind wir hier, dachte ich! Castro begrüßte uns und trat in die Reihen der Kubaner zurück, fünf Meter vor uns – oder waren es vier? Der Saal, bemerkte ich plötzlich, war geschmückt mit der kubanischen und der deutschen Fahne, die deutsche Nationalhymne ertönte, dann die kubanische. Die ist schön, dachte ich. Ich hatte sie nie zuvor bewußt gehört. Es trat der Gesundheitsminister hinter ein Pult mit Mikrophon, Fotograf und Fernsehkamera waren – wie zufällig – zugegen. Das kenne ich gut.

Der Minister lobte unser humanitäres Engagement und trat ab, auch ich wurde gebeten, ein paar Worte zu sagen. Das fiel mir in diesem doch auch für mich einigermaßen überraschenden Moment nicht leicht, obwohl ich Mikrophone sonst nicht verachte (es sei denn, sie sind nicht angeschlossen). Ich bedankte mich auch im Namen meiner Frau, die allerliebst anzusehen war, in ihrem kurzen und hocheleganten Kostüm. Ich trug dagegen einen Anzug, den ich seit 20 Jahren trage. Castro war mein Anzug aber offenbar egal, er kam und heftete mir einen Orden an. Das gibt Verwicklungen, dachte ich noch. Und damit hatte ich mal wieder recht. Nach der Zeremonie bat uns Castro in einen weiten Saal mit weißgewandeten Dienern, die eine festliche Tafel vorbereitet hatten.

Man nahm nach strengem Protokoll Platz: Castro meiner Frau und mir gegenüber, zu meiner Rechten Carlos Lage, der Sekretär des Staates, und neben

Castro die Dolmetscherin, genau nach Rangordnung, dann die Minister und Abteilungsleiter. Vermutlich hätte man bei uns ähnlich formell gegessen, aber möglicherweise weniger gut.

Castro wollte von mir wissen, wie viele Mitglieder die deutsche Bundesregierung hätte. Die Frage war keineswegs als unverbindliche Konversation gemeint; er war gerade dabei, sein Kabinett zu verkleinern, und suchte dafür Beispiele. Tatsächlich gab es einige Monate später ein Revirement in seinem Kabinett.

Überhaupt stellte er viele spitze Fragen, und man mußte verdammt auf der Hut sein, sie richtig zu beantworten. Oder hätten Sie auf Anhieb gewußt, wieviel Hektar der durchschnittliche Bauernhof im Westen und im Osten der Bundesrepublik hat?

Unsere Unterhaltung dauerte mehrere Stunden. Der politische Teil würde wohl weder manchen Kubaner befriedigen noch die US-Amerikaner. Der Papstbesuch, der gerade zwei Monate vorbei war, veranlaßte den *Maximo Lider* zu der Bemerkung: der Papa habe viele Dinge gesagt, die, wenn er, Castro, sie propagiert hätte, als kommunistische Parolen abgetan worden wären, etwa die Forderung nach einer Solidarität der Völker. Solche Begriffe werde er künftig – dabei lachte Castro verschmitzt – unter Hinweis auf den Papst verwenden ...

Castro spricht sehr leise und hat dabei eine bemerkenswert unkomplizierte Diktion. Ich kann mir deshalb gut vorstellen, daß seine legendären stundenlangen Fernsehansprachen trotz allem von vielen Kubanern mit Interesse verfolgt werden. Der einfache Mann auf der Straße versteht ihn. Castro hebt und senkt seine Stimme, vermeidet aber laute Parolen, sonst hielte er das auch nicht aus. Vor anderthalb Jahren redete er 7 1/4 Stunden hintereinander im Parlament, bis sein Bruder Raoul ihn schließlich bat, Schluß zu machen. Castro erzählte mir, eigentlich habe er damals noch viel zu sagen gehabt.

Er redet weitgehend frei, nur beim Papstbesuch las er auffälligerweise aus einem Manuskript. Entweder hatte er Angst, zu lange zu reden, oder vielleicht für die Weltpresse zu Problematisches. Ich hatte sonst nicht den Eindruck, seine Reden seien lammfromm. Zumindest die Amerikaner bekamen regelmäßig ihr Fett weg.

Castro ist ein sehr gesundheitsbewußter Mensch, er schläft wenig und hat eine Vorliebe für Fische und Gemüse, was beides nicht typisch kubanisch ist. Ein Kubaner erzählte mir mal, Fisch wäre das Essen für arme Leute. Wer was auf sich hielte, der esse Fleisch, und zwar in der Reihenfolge Rind, Schwein und Huhn. Tatsächlich essen die Kubaner viel Fleisch, und dann diese »Christianos y Moros«: Christen sind weißer Reis, Moros schwarze Bohnen. Wenn man den Schilderungen westlicher Korrespondenten glauben würde, dann gäbe es auf Kuba nur halbverhungerte Leute. Ich hatte jedoch durchaus den Eindruck, daß dort mehr wohlbeleibte Menschen anzutreffen sind als bei uns, wobei die Kanadier nicht mitberücksichtigt sind, deren Touristen teilweise wahre Zwei-Zentner-Typen sind.

Fidel Castro interessiert sich, wie er uns erzählte, sehr fürs Kochen. Irgendwo habe ich mal gelesen, daß der Angriff seiner Revolutionäre auf die »Moncada-Kaserne« in Santiago de Cuba nicht mit leerem Magen erfolgen sollte und daß er deshalb sogar vorgeschrieben haben soll, was die Revolutionäre vorher zu essen hätten. Und der Dominikaner Freibetto erinnert sich in seinem Buch »Nachtgespräche mit Fidel« daran, mit welcher Präzision dieser ihm die Zubereitung von Garnelen und Langusten beschreiben konnte. Das kann ich nur bestätigen. Nicht kochen sollte man sie, sagte er mir, weil sie dadurch an Geschmack verlieren und zäh werden. Castro läßt sie im Ofen oder am Spieß grillen, etwa fünf bis sechs Minuten am Grill oder elf bis zwölf Minuten im Ofen, dazu gibt es Butter, Knoblauch und Zitrone.

Am besten diskutiert man natürlich über diese Essensdinge, wenn sie auch aufgetischt werden. Während wir also allerhand Kulinarisches besprachen und Rezepte austauschten – ich empfahl mein hierzulande ja schon legendäres Perlhuhn mit Mirabellen –, aßen wir die Langusten. Das war ein anderer Genuß als deren Zubereitung in den Hotels, wo die Tiere so lange auf dem Grill mißhandelt werden, bis sie fest wie Zement werden.

Freimütig erzählte ich dabei dem *Maximo Lider*, daß ich Wein auf Kuba vermißte. Als Hobbywinzer empfände ich das als beklagenswerte Lücke, und die spanischen Tropfen, die es auf der Insel gäbe, seien teilweise so oxidativ wie Sherry. Carlos Lage, der neben mir saß, war empört. Sie hätten bereits Weinanbau auf Kuba, wenn auch erst im Aufbau. Italiener versuchten sich im westlichen Teil der Insel (Vuelta Abajo, wo der Tabak wächst) damit. Kaum hatte ich das gesagt, standen schwuppdiwupp vier Flaschen Rotwein auf dem Tisch, direkt neben mir, und wurden geöffnet. Ich erinnere mich an einen »Cabernet Sauvignon« und einen »Syrah«, der vorzüglich roch und schmeckte. (Die anderen beiden bedürfen noch der Entwicklungshilfe.)

Mitternacht war längst vorbei, und die Minister begannen schon, kleine Augen zu bekommen. Doch Castro plauderte immer noch mit meiner Frau und mir. Ich mußte zu später Stunde noch die einzelnen

Bundesminister und ihre Funktion aufzählen, um Castro das erwähnte Revirement der kubanischen Regierung zu erleichtern.

Eine hohe Meinung hatte er von deutschen Soldaten, und er vermutete, ich sei auch einer gewesen. Ich mußte ihn jedoch enttäuschen. Als weißer Jahrgang hätte ich nie eine Kaserne von innen gesehen.

Er verriet uns, daß er seit Jahren PPG einnimmt, ein Produkt der kubanischen Pharmaindustrie, das aus Zuckerrohr gewonnen wird und den Cholesteringehalt senken soll. Er hat mir gleich mehrere Pakete geschenkt. Ich habe die Pille dann mal zur Probe eingenommen, und tatsächlich sinkt der Cholesterinspiegel. Jetzt verstehe ich, warum so viele Touristen hinter diesem Zeug so scharf her sind: die bieten einen Dollar pro winziger Tablette. In Deutschland ist das Präparat interessanterweise nicht zugelassen. Vielleicht, weil es den pharmazeutischen Markt durcheinanderbringen würde.

Als wir uns gegen zwei Uhr nachts verabschiedeten, brachte uns Castro persönlich bis zum Wagen – obwohl es sich bei meiner Frau und mir doch nur um kleine Lichter, noch dazu Zivilisten, aus dem fernen Deutschland handelte. Wie hätten wir ahnen können, daß zwei Tage später sogar eine riesige Holzkiste in unser Hotel getragen wurde, mit der Visitenkarte »Fidel Castro Ruz« drauf und mehr als einem Dutzend Flaschen Rum darin, zwei Kisten Trinidad (die Staatszigarren) und allerhand anderen Geschenken. Beim Rum war unter anderem der berühmte »Isla de Tesoro« dabei, in Steingutflaschen, der beste Rum, den ich je getrunken habe.

Den größten Teil des Rums haben wir allerdings bei der Hoteldirektion zurückgelassen. Die veranstaltete damit noch am gleichen Abend ein schönes Fest, das aber, wie mir der Geschäftsführer verriet, ohnehin geplant gewesen sei und durch den Rum die rechte Abrundung fände. Hätten wir nämlich die Kisten nach Deutschland geschleppt, wären wir unserem Zoll in die Hände gefallen. Und hätte ich dann noch gesagt, das sei ein Geschenk von Fidel Castro persönlich, hätte der Beamte seine Augenbrauen hochgezogen und gemeint: Gestern sei erst einer durch den Zoll gekommen, der habe gesagt, sein Geschenk sei vom Kaiser von China.

Wir und Kuba

Bleibt noch nachzutragen, daß mich die Berichterstattung über Kuba in unseren Medien schon seit Jahren ärgert. Sicherlich haben die Planwirtschaft und ab 1990 auch die fehlenden Subventionen durch die ehemalige Sowjetunion zu einem starken Rückgang des kubanischen Bruttosozialproduktes geführt. Der Tiefpunkt war meines Erachtens das Jahr 1992, als zu Beginn der sogenannten »Perioda Especial« eine übermäßige Bürokratisierung diesen Prozeß zunächst beschleunigte. Erst 1993/94 wurden erste liberale Tendenzen in der Wirtschaft deutlich, es gab Märkte und kleine Restaurants, der Tourismus boomte. Viele »Joint Ventures« ließen Hotels aus dem Boden schießen. Aber es fehlt bis heute an einer vernünftigen Nutzung der vorhandenen Energiequellen. Nur 20 Prozent des kubanischen Energiebedarfs werden durch eigene Erdölförderung gedeckt, der Rest muß teuer importiert werden. Das Benzin ist nach wie vor rationiert. Das ist auch der Grund für unser neuestes Entwicklungshilfeprojekt: Bei der GEW und dem RWE sammele ich alte Stromzähler für die Kubaner. Dort gibt es nämlich zu wenig Stromzähler und ein pauschales Abrechnungssystem, wodurch unheimlich viel Strom verpulvert wird, ohne daß die es dort überhaupt bemerken. Das will ich ändern.

Neue Autos sind erst in den letzten Jahren zahlreich importiert worden. Ich schätze, daß das Verhältnis neuer Autos zu den alten US-Straßenkreuzern, die noch vor 1960 eingeführt wurden, 10 zu 1 ist. In den Medien wird immer der Eindruck erweckt, als ob die Kubaner nur alte Straßenkreuzer führen und sich in einem Museum bewegen. Ich glaube aber, daß hierzulande mancher für diese Karossen viel Geld bezahlen würde, zumal sie teilweise blendend in Schuß sind.

Trotz der genannten und anderer Probleme funktioniert das Gesundheitswesen Kubas immer noch gut, wenngleich es an Medikamenten mangelt. Im Vergleich zu anderen mittel- oder südamerikanischen Staaten hat der Durchschnittskubaner eine bessere medizinische Versorgung als seine Nachbarn. Auch das Bildungssystem scheint mir flächendeckend zu funktionieren. Es gibt fast keine Analphabeten auf Kuba, während deren Rate in der benachbarten Dominikanischen Republik beispielsweise um die fünfzig Prozent ausmacht. Auch die Kindergartenbetreuung ist in Kuba ungewöhnlich intensiv. Ich frage mich immer, wie der Staat bei seinen geringen Einnahmen diese Infrastruktur überhaupt unterhalten kann. Die Versorgung mit Nahrungsmitteln ist zwar knapp, aber hungern brauchen die Leute nicht – auch das ist in manch anderem südamerikanischen Land ganz anders, man denke etwa an die Straßenkinder in Rio oder die Elendsquartiere in São Paulo.

Knapp sind auch die Verkehrsmittel. Ich organisiere im Moment ein Geschäft mit Lokomotiven und Eisenbahnwaggons, um mehr Kubaner auf die Schiene zu bringen, denn Kuba ist eine langgestreckte Insel und durch die Eisenbahn gut erschlossen. Aber auch hier fehlt es am rollenden Material. Ein großer Teil der Probleme des Landes sind allerdings ein Ergebnis des amerikanischen Embargos. Warum die USA das kommunistische Kuba boykottieren und mit den ebenfalls kommunistischen Ländern China und Vietnam einen äußerst schwunghaften Handel treiben, das kann man nur verstehen – nicht akzeptieren –, wenn man die »Monroe-Doktrin« aus dem Jahr 1917 (kein Einfluß Dritter vor der amerikanischen Haustür) bedenkt, sowie den unheilvollen Einfluß der Florida-Exilkubaner auf die amerikanische Außenpolitik. Der ehrenwerte Eiertanz, den Präsident Clinton gegenüber dem Kongreß in Sachen Embargo veranstaltet, macht in meinen Augen das ganze Dilemma dieser USA-Politik deutlich.

Das »Helms-Burton-Gesetz« beispielsweise halte ich für eine ziemliche Unverschämtheit. Es sieht selbst Sanktionen für ausländische Firmen vor, die mit Kuba Handel treiben! Noch dreister erscheint mir der zweite Teil des »Helms-Burton-Gesetzes«: er schreibt den Kubanern sogar vor, wie sie zur Demokratie zu finden haben. Den Chinesen haben die Amerikaner vorsichtshalber solche Ratschläge nicht gegeben, um ihrer heimischen Industrie diesen Milliardenmarkt nicht zu verbauen ...

Die schon erwähnte Berichterstattung über Kuba in den deutschen Medien beinhaltet meist vier Ingredienzen:

1. Kaputter Malecón (Strandstraße) in Havanna
2. Jeneteras (Jeans-Trägerinnen) oder Putas (Gunstgewerblerinnen in engen Schlauchkleidern am Straßenrand)
3. Schlecht gekleidete Dunkelhäutige vor älteren US-Automobilen

4. Strand von Varadero mit ausländischen Touristen

Hinzu kommen je nach Bedarf eine Prise Castro, schon etwas klapprig, »Patria y Muerte« – verblichene Aufschriften an verschlissenen Wänden –, eine Schilderung der Bürokratie, neuer Restriktionen des Staates, des Schwarzmarktes, die Verfolgung von Oppositionellen.

Diese Mischung aus Dichtung und Wahrheit scheint sich im Westen ordentlich zu vermarkten. Wer interessiert sich schon für die Dominikanische Republik oder gar Jamaica? Kuba mit dem Fossil Castro, der letzte Ort des Kommunismus – das ist offenbar eine Ware, die man verkaufen kann. Die Korrespondenten sitzen dabei nur leider größtenteils in Mexiko-City oder in Miami, haben Kuba selten oder gar nicht gesehen und beziehen ihre Nachrichten zu einem erheblichen Teil aus amerikanischen Quellen. Da stimmt das Feindbild.

Trotzdem fahren viele Deutsche, und es werden immer mehr, nach Kuba in Urlaub. Offensichtlich haben sie den Glauben an die Botschaft unserer Medien verloren. Oder zieht es sie ins »Gruselland«?

Es wäre zu hoffen, daß einige Medien mal ihre Korrespondenten auswechselten, um zu einer objektiveren Berichterstattung zu kommen. Warum schreibt sich beispielsweise seit Jahren Rita Neubauer aus Mexiko-City die Finger über Kuba wund? Oft ist ihr Bericht übertitelt mit »Bericht aus Havanna«, das sie vermutlich beim Papstbesuch zum letzten Mal gesehen hat.

Um allen Mißverständnissen vorzubeugen: Ich bin gegen die Verhaftung von Oppositionellen, und ich wünsche mir für Kuba eine flexiblere Wirtschaftspolitik und eine allmähliche Liberalisierung des politischen Alltags. Doch ich mag es nicht, wenn ein Land und damit auch seine Bevölkerung ständig wie eine leere Legebatterie beschrieben wird. Kuba ist unter der Situation des jahrzehntelangen Wirtschaftsembargos ein wenig wie das Gallierdorf in »Asterix und Obelix« geworden. Sie sind vom Feind umgeben, haben aber nie aufgegeben. Castro läßt sich einfach nicht aushungern, statt dessen lädt er sogar den Papst ein und zieht den Amis eine lange Nase. Wenn sich Castro als Einzelkämpfer für eine gerechtere Welt sieht, so wird das Bild dadurch getrübt, daß er Oppositionelle einsperren läßt. Allerdings muß jeder wissen, der zum Sturz einer Regierung mit Gewalt aufruft, daß er auch in anderen Ländern seine Freiheit riskiert

Zum Schluß noch eine Hoffnung: Je länger das Embargo dauert, desto enger wird Kuba Handel mit Europa treiben. Am Ende könnte man dort den Beitritt zur EU erwägen, denn die Kubaner kommen ja sowieso entweder aus Spanien, das Mitglied der EU ist, oder aus den assoziierten Staaten Afrikas. Die Amerikaner könnten dann auch mit den Kubanern Handel treiben, aber nicht in der Position der Kolonialherren, sondern als normaler Partner.

Exkurs über das Rauchen

Meine Gefühle werden gleichermaßen strapaziert, wenn ich Antiraucherkampagnen à la USA erlebe oder wenn ich einen Kettenraucher sehe, der 60 Zigaretten am Tag qualmt.

Ich rauche seit meinem 17. Lebensjahr Zigarren, auf eine dringende Bitte meines Vaters, der nie Zigaretten mochte und selbst in den Nachkriegsjahren parfümierte Ami-Zigaretten verschmähte. Dafür baute er in seinem Garten Tabakpflanzen an, die ein Zigarrendreher aus dem Westfälischen in ansehliche Torpedos verwandelte: ein Format, das mir später als Monte Christo Nr. 2 wiederbegegnete. Diese Zigarren waren trotz ihrer ästhetischen Rundungen ein Werk des Teufels. So stark – ich habe heimlich eine geraucht –, daß einem der Atem schier ausblieb.

Wenn ich behaupte, seit meinem 17. Lebensjahr zu rauchen, so ist das selbstverständlich nur die halbe Wahrheit. Tatsächlich habe ich schon als kleiner Junge mit acht Jahren eine Zigarre probiert, die ging mir immer aus, und ich habe sie in Vaters Hühnerstall versteckt. Das war im Krieg, der sich natürlich auch qualitätsmindernd auf die Zigarren auswirkte.

Mit einem Klassenkameraden probierte ich in einer Lehmmühle, in einer stillgelegten Ziegelei, Tonpfeifen mit Anis. Der Rauch, der daraus aufstieg und uns beinahe umbrachte, wurde von unserer Lehrerin, Fräulein Wenmacher, gesichtet, die rein zufällig aus dem Fenster ihrer Wohnung schaute. Das führte zu schlimmsten Verhören. Selbst Pastor Lambertz, der der Pfarrei St. Notburga in Viersen-Rahser vorstand, erkundigte sich bei der Beichte danach. Als ich standhaft meine Unschuld beteuerte, aber dann aus statistischer Neigung, nicht aus Notwendigkeit, bei den läßlichen Sünden beichtete, ich hätte 72mal gelogen, sagte der Pastor, das sei das 73. Mal. Was sollte man darauf noch antworten? Die Buße war jedenfalls äußerst umfangreich. Die Reue wohl weniger.

Zigaretten habe ich nie gemocht. Mit dazu beigetragen hat ein Besichtigungsausflug der Unterprima nach Trier bei der Firma Overstolz. Da erklärte uns ein Fachmann, der Tabak sei zu 50 Prozent aus Virginia-Tabak, zu 40 Prozent aus dem Orient und zu 10 Prozent aus Burley, einem Soßenträger. Mit diesen restlichen 10 Prozent würde das Parfüm in den Tabak gebracht. Die Abteilung, in der dies geschah, produzierte also den Geschmack! Neben diesem – grausamen – Erlebnis hatte ich auch eine starke Abneigung gegen das Zigarettenpapier, das mit seinem penetranten Geruch jeden Glimmstengel scharf macht. Also blieb ich bei Zigarren. Zunächst waren es Fehlfarben einer 80er zu 40 Pfennige. In meiner besten Zeit rauchte ich deren drei bis vier am Tag, kleine, aber nicht allzu leichte.

Wenig später in den Sechzigern kam die Pfeife dazu. Ich hantierte mit dänischen Tabaken, machte neue Mischungen, säuberte zuletzt 50 Pfeifen mit Alkohol, darunter Savinellis, und habe dann von heute auf morgen das ganze Pfeifenkollektiv verschenkt. Nicht weil es den Gaumen und damit den Geschmack generell beeinträchtigte, auch nicht wegen der Sauerei, diese Pfeifen dauernd mit Alkohol säubern zu müssen, sie hin und her zu schleppen und den Geruch nie loszuwerden, nein, deswegen nicht. Es war wohl 1972, als in der Industrie- und Handelskammer zu Mönchengladbach ein Festessen stattfand, bei dem sich meine Tischnachbarn über das Rauchen und vor allem über

Raucherbeine unterhielten, inklusive kürzlich daran Verblichener. Diese Konversation war es, die in mir den Entschluß reifen ließ, das Rauchen sofort aufzugeben. Konsequent, wie ich manchmal bin, stellte ich es auch ein, und zwar vier Jahre lang. Dann war es zu Ende mit meiner Konsequenz, und zwar im Beef-Club zu Genf, der Mövenpick gehört. Dort sah ich zwei UNO-Diplomaten, lang aufgeschossen und kahlköpfig saßen sie dort, äußerst vergnügt, ein Glas Burgunder in der Hand und dazu eine schöne Havanna.

Da dachte ich: So was Schönes gönnst du dir also nicht und fing wieder an zu rauchen.

Von Havannas hatte ich viel gehört, aber aus Kostengründen nie die Gelegenheit gehabt, sie zu schmecken. Also kaufte ich mir, da sie in der Schweiz wesentlich billiger sind als in Deutschland, einige Havannas und rauchte sie mit großem Genuß. Alle meine guten Vorsätze gingen dabei baden. Aber ich drosselte meinen Konsum gegenüber früher.

Als extrem statistisch veranlagter Mensch legte ich fest: Ich rauche pro Tag nur eine Zigarre. Daran habe ich mich bis heute mehr oder weniger gehalten, und zur besseren Kontrolle trage ich in meinem Kalender oben rechts getreulich die gerauchte Menge ein, etwa 0,8 für eine Punch, die fest gedreht ist. Selbstkontrolle ist allemal besser, als Dritten schöne Ratschläge zu geben, die man vorsichtshalber selbst nicht beachtet.

Anfänglich habe ich in der Schweiz sämtliche grenznahen Tabakläden von Basel bis Kreuzlingen inklusive Schaffhausen verunsichert und dabei reizende Bekanntschaften gemacht. Etwa mit Herrn Blank aus Schaffhausen, der in einem Laden hauste, der als Filmkulisse geeignet war und der sämtliche erlesenen Kreszenzen aus hohen und mächtigen Schubladen zog, die in tiefdunklem Braun schon selbst zigarrenähnliche

Züge aufwiesen. Herr Blank ist eine Miniaturausgabe von Herrn Davidoff, dem Verstorbenen. Noch heute steht der alte Herr im Laden, der mittlerweile leider völlig modernisiert ist, aber immer noch eine extrem gute Auswahl an Havannas bietet. Unlängst konnte ich zwei Kisten dort sicherstellen, die zehn Jahre alt waren, zu einem sehr mäßigen Preis. Nicht nur die Kisten, auch die Zigarren. Allerdings war der Glanz der Zigarren leider verblichen, obwohl sie im Humidor gestanden hatten, jener Holzkiste mit Wasserbehälter, die den Zigarren ihre Feuchtigkeit erhält.

Seit 1987 habe ich mich mit einem Teil meiner Zigarren auf Kuba selbst eingedeckt. Zunächst kaufte ich arglos in staatlichen Läden von Cubatabaco, so hießen die damals. Manch ungeöffnete Kiste brachte mir gute bis sehr üble Erfahrungen ein. Dann habe ich die Zigarren von den Tabaceros in Varadero bezogen, die wußten: »Frranz«, so nannten sie mich, wollte immer Churchills *suave y aromatico*. Hin und wieder auch ein Kistchen Lanceros, auch mild und aromatisch, aber dünner, dennoch lang. Meister als Tabaceros sind Aldo Monteagudo und Agustin, beides prächtige Schwarze.

Dummer- oder auch glücklicherweise ist die Schar der Havannaraucher klein, droht aber größer zu werden. Denn der Absatz steigt und steigt, und die Kubaner kommen nicht mehr nach. Wahre Kenner unter den Havannarauchern sind selten, das ist nicht zu vergleichen mit den zigtausend schlauen Weinkennern, die schon nach dem ersten Verkosten wissen, mit welchem Boden, welchem Jahrgang und welchen Reben man es zu tun hat. Den meisten Havannarauchern schmeckt das Produkt aus Kuba einfach besser als Erzeugnisse aus der Dominikanischen Republik, aus Nicaragua, Honduras, Mexiko, Brasilien oder gar aus der Schweiz mit ihren Stumpen.

Warum das so ist, wissen nur wenige Päpste unter ihnen, etwa Guillermo Infante, der große Exilkubaner, der heute in London lebt. Die besten Puros kommen aus der Provinz Pinar del Rio aus dem Vuelta Abajo, einer Gegend, die für kubanische Verhältnisse ziemlich kühl ist, bis zu 10 Grad Celsius im Winter, und die eine hohe Luftfeuchtigkeit hat. Ohnehin ist Kuba ein einziger Humidor, da braucht man keine getrennten Behältnisse zu teuren Preisen, wie hier in Deutschland. Der Boden – sehr stark eisenhaltig, mit ordentlich Kalk – bildet zusammen mit dem für karibische Verhältnisse mäßigen Klima die ideale Voraussetzung für einen sehr guten Tabak. Hinzu kommt natürlich die wahre Meisterschaft der Tabakpflanzer, in Jahrzehnten geübt.

Die Vielfalt der Marken kann man kaum zählen. Ich komme auf ungefähr 50. Komischerweise stehen die meisten Tabakfabriken in Havanna. Etwa die von Partagas, Monte Christo und H. Upmann. Die besten Havannas kommen aus der Fabrik El Laguito, unter der Kiste immer mit »E. L.« abgekürzt. Hinweis: Die meisten Fabriken sind nach Revolutionären benannt, und dafür gibt es einen Code, den ich Ihnen gegen Rückporto zusende, damit er nicht allgemein zugänglich wird.

Die Spitzenprodukte werden alle von Hand gefertigt, andere semi-maschinell, viele ganz mit der Maschine. Wichtig ist die Trippa, das Eingeweide der Puros. Es bestimmt die Stärke oder auch die Milde der Zigarre. Dieses Eingeweide besteht aus drei Sorten Blättern: Bolado, Secco und Livero. Secco gibt den Zigarren das Aroma, Bolado läßt sie besser brennen, und Livero – der Name könnte zu Irrtümern veranlassen, denn es ist das stärkste Blatt und gehört zu den oberen an der Tabakpflanze – ist sozusagen die Würze. (Stellen Sie sich ein Glas Himbeer- oder Erdbeermarmelade vor, in das Sie noch eine Spur Zitronensaft geben. Das rundet ab.) Neben dem Umblatt, genannt Capote, kommt vor allen Dingen dem Deckblatt, genannt Cappa, große Bedeutung zu, denn letzteres sorgt für das Aussehen der Zigarren. Die hellen Deckblätter der dominikanischen oder honduranischen Produktion vermitteln einen makellosen Eindruck der Zigarre. Das sollte einen Kenner aber nicht irritieren. Die anderen mittelamerikanischen Provenienzen, mit Ausnahme von Mexiko, sind entschieden leichter und lassen zu einem Teil letztes Aroma vermissen, unter den Weinen etwa vergleichbar mit einem exzellenten Rheingauer und einem kleinen Gutedel aus dem Markgräfler Land.

Mister Davidoff ist auf dominikanische Produkte umgestiegen. Das mag darauf zurückzuführen sein, daß die Kubaner ihn raushaben wollten. Vielleicht hatte auch wirklich die Qualität der Zigarren nachgelassen. Weil aber Zino Davidoff ein konsequenter Mann war, hat er aus Wut 120.000 Zigarren kubanischer Herkunft in der Baseler Müllverbrennungsanlage entsorgt. Das war eine pyromanische Untat, die in der Geschichte der Zigarre ihresgleichen sucht. Wenn Gott tatsächlich ein Havannaraucher ist, wie es Serge Gainsbourg und Catherine Deneuve in einem Chanson behaupten (»Dieu est un fumeur havanne«), dann wird Davidoff als Strafe für seine Verbrennungsaktion des Fegefeuers gewiß sein.

Leider sind die Havannas etwas stärker geworden. Der mitteleuropäische Geschmack bevorzugt aber eher milde Puros. Auf Kuba läßt sich bei der dortigen Temperatur eine leichte Zigarre kaum schmecken. Der Wind raucht sie weg, und die Hitze läßt die feinen Geschmacksnuancen nicht recht zur Entwicklung kommen. Daher lieben die Kubaner die stärkeren Zigarren. Für den Europäer, der Zigarren nicht im Freien oder im Durchzug raucht – die Kubaner lieben

Durchzug und klimatisierte Räume (auch mit Durchzug) –, ist ein mildes Produkt das geeignetere.

Das Weltklima hat dafür gesorgt, daß die Temperatur auf Kuba steigt und daß es mehr regnet. Das ist dem Tabak nicht sehr zuträglich. Für den vermehrten Regen der letzten Jahre gibt es ein untrügliches Indiz: Immer mehr Deckblätter haben weiße Punkte, das Resultat der durch die Sonne eingebrannten Regentropfen. Ich liebe diese Deckblätter, weil sie unvollkommen, aber Natur sind.

Wie alt kann eine Havanna werden? Sehr alt. Unlängst probierten US-Amerikaner, die durch das Embargo vom Bezug kubanischer Zigarren ausgeschlossen sind – Kennedy soll sich kurz vor dem Embargo noch ordentlich eingedeckt haben –, »Pre-Embargo-Zigarren«, sogar welche aus den dreißiger Jahren. Sie waren alle noch gut! Wenn sie die richtige Feuchtigkeit haben, so um die 70 Prozent, bleiben sie so lange köstlich wie ein großer Burgunderwein.

Ich habe die Erfahrung gemacht, daß ältere Puros leichter werden. Sie schwitzen außerdem Kristalle aus, die manche fälschlicherweise für Schimmel halten. Auf diese Weise bin ich einmal in Kreuzlingen an eine Kiste Partagas voller Kristalle gekommen, die als Jahrgangszigarren deklariert waren: Grande recolte exceptionelle 1971. Geraucht habe ich sie Ende der achtziger Jahre, es war ein absoluter Genuß. Und sehr preiswert, denn sie hatten ja »Schimmel«.

Wie raucht man eine Havanna? Dafür muß man einiges Zeremonielle verinnerlichen. Zunächst sollte sie genügend lang und dick sein; kleine oder gar dünne Zigarren rauchen sich schnell heiß und belästigen die Zunge und den Gaumen. Ich bevorzuge das Format Churchill, nach dem englischen Premier benannt, der von einer bestimmten Sorte, H. Upmann, 300.000 geraucht haben soll. Ist aber statistisch eher unwahrscheinlich. Die Churchill wiegt zwischen 12 und 14 Gramm, ist etwa 17,8 Zentimeter lang und hat auf tausend Zigarren ein Gewicht von 14,06 Kilogramm.

Wie man eine Havanna abschneidet, ist strittig. Selbst mit den Tabacaleros habe ich da meine Probleme. Sie schneiden mit einer Art Guillotine, ähnlich wie eine Zigarrenschere, nur einen winzigen Teil des zugedrehten Endes ab. Das macht die Havanna stärker. Ich liebe den großen Schnitt, der macht die Puro milder. Außerdem darf man höchstens mal mit einem scharfen Küchenmesser das Ende abschneiden, keinesfalls aber die Todsünde begehen, sie einzukerben, wie manche deutsche Zigarre, damit deren Grisseltabak nicht rausfällt. Eine handgedrehte Havanna hat keinen Grissel – es sei denn, es handelt sich um »Falsificados«, also Fälschungen.

Das Anzünden muß ebenfalls eine heilige Handlung darstellen. Nicht mit einem Benzinfeuerzeug, sondern nur mit Gas, oder noch besser: mit einem Fidibus aus Zedernholz, der die Zigarre langsam glimmen läßt, ohne daß man schon raucht. Man zieht langsam und nicht zu hastig. Nicht vergleichbar mit einer Zigarette. Es muß die Asche dranbleiben, das kühlt die Zigarre. Sie muß von selbst abfallen, auch auf die Gefahr hin, daß einige Möbelstücke dabei kleine braune Flecken abbekommen oder gar die Haare auf dem Handrücken versengen – eine grobe Ungeschicklichkeit von Laien.

Zünden wir uns also eine Havanna an und denken dabei – an Fidel Castro, der das Rauchen aufgegeben hat. Ein Zeitgenosse, der ihn gut kennt, verriet mir, Castro hätte immer nur das erste Drittel einer Havanna geraucht. Der »Maximo Lider« hat es mir nicht bestätigt. Er hätte sie bis auf einen kleinen Rest aufgeraucht, sagte er mir. Abschließend bleibt bedrückt festzuhalten, daß Rauchen ungesund ist. So sagen es die zuständigen

EU-Minister, die Amerikaner und sogar die Schweizer. Die entsprechenden Drohungen sind ziemlich unterschiedlich: etwa »Rauchen gefährdet Ihre Gesundheit« oder »Rauchen kann Krebs verursachen«.

Der Gerechtigkeit halber wünschte ich mir, es würde auch vor Alkohol entsprechend gewarnt. Denn erstens gibt es mehr Trinker als Raucher, und schon gar mehr Trinker als Havannaraucher. In alten Filmen ist es so, daß dauernd geraucht wird. Ob Humphrey Bogart, der eine Zigarette smokt, oder die Mafia-Bosse, die Zigarren paffen. Dabei wurde auch in aller Regel geschossen. In den heutigen Filmen wird überhaupt nicht mehr geraucht, dafür aber weiter geschossen. Da stellt sich die Frage, ob man nicht auch auf diesen Schießeisen Hinweise anbringen sollte, nach dem Motto: »Schießen gefährdet Ihre Gesundheit, vor allem, wenn Sie getroffen werden«.

Und dann der Genuß einer Havanna – mit Alkohol! Am besten trinken Sie einen Rotwein dazu, der ist wärmer als der Weißwein, und Kälte und eine gute Havanna passen nicht zusammen. Auch Guinness-Stout, das ja bekanntlich ziemlich warm getrunken wird, mit einem Gin, besser noch mit einem fünf oder sieben Jahre alten Havanna-Club-Rum, begleitet die Zigarre aufs angenehmste.

Zu guter Letzt noch ein Rat: Legen Sie den Glimmbalken weg, wenn er zu zwei Dritteln aufgeraucht ist. Dann hat die Zigarre die rechte Filterfunktion. Und bitte eine am Tag und nicht mehr, in aller Ruhe. Warten wir also auf einen Abend wie diesen und genießen wir, während die letzten Sonnenstrahlen die weiße Asche noch weißer und das Deckblatt noch schöner werden läßt. Apropos Deckblätter: Die besten sind aus Santa Clara in Mittelkuba. Die sind dunkel und süß. Da bin ich hinterher.

Ungarn

Wie immer war es ein Zufall, der das Regierungspräsidium mit Ungarn in Kontakt brachte. Normalerweise gibt es keine Beziehungen zwischen madjarischen Komitaten – so heißen die Bezirke dort – und deutschen Regierungsbezirken. Die Baronin Csilla von Boeselager sprach uns 1990 an, Ungarn zu helfen. Csilla war mit einem deutschen Adeligen verheiratet, der im Sauerland ein beachtliches Gut besitzt. Fast besessen davon, anderen zu helfen, fragte sie als damalige Vorsitzende des Caritas-Malteser-Bundes Ungarns bei uns an, ob wir nicht die Region Miskolc im Nordosten unweit der slowakischen und ukrainischen Grenze mit Kleidung, Medikamenten und Krankenhausmaterial unterstützen könnten. Wir konnten.

Unter dem Organisationstalent Herrn Herrmanns vom Katastrophenschutz des Bezirks wurden dann Jahr für Jahr mehrtägige Fahrten nach Ostungarn unternommen, monatelang geplant und gesammelt. Was kam da nicht alles zusammen, Hemden, Hosen, Strümpfe, Pullover, Medikamente und gebrauchte Notarzt- und Rettungswagen, selbst eine ausrangierte große Krankenhausküche wurde nach Miskolc transportiert.

Regelmäßig startete ein vollbeladener Konvoi vom Innenhof des Regierungspräsidiums mit freiwilligen Helfern aus dem eigenen Haus. Die nahmen sich auch noch Urlaub, um eine Woche unterwegs zu sein, und verachteten allerhand Mißhelligkeiten, um schnell und unfallfrei die Strecke von fast 1600 Kilometern zu schaffen. Schnell heißt hier allerdings im Schnitt 80 Stundenkilometer.

Schon 1993 hatten wir einen kompletten Rettungsdienst mit gebrauchten deutschen Fahrzeugen auf die Beine gestellt. An dieser Stelle ist es höchst angebracht, all den Kreisen, Städten und Gemeinden ein Dankeschön zuzurufen, die uns Autos schenkten und anderes Material in dieselben stopften.

1997 konnten wir ein Altenpflegeheim einweihen, das mit einem Zuschuß von 1 Million Mark vom Land Nordrhein-Westfalen gefördert wurde. Siebzig Plätze hat das Haus, es ist das einzige Heim dieser Art außerhalb von Budapest. Statt in ein Krankenhaus geschickt zu werden und wochenlang dort ein Bett zu belegen, werden die alten Leute in dem Heim aufgepäppelt und nach zwei bis vier Wochen wieder entlassen.

Ich hatte die Ehre, das Haus mit Baron von Boeselager, dem ungarischen Gesundheitsminister und dem früheren Chef der nordrhein-westfälischen Staatskanzlei, Rüdiger Frohn, einzuweihen. Fast wäre ich damals zu spät gekommen, weil das Flugzeug nicht pünktlich war (viele halten meine Unpünktlichkeit für normal, was ich hasse). Ich weiß noch, wie mich ein – in meinen Augen – von allen guten Geistern verlassener Fahrer vom Budapester Flughafen nach Miskolc fuhr – größtenteils über Landstraßen – und ich bei seinen Überholmanövern um mein Leben fürchtete. Aber die Einweihung war eine schöne Veranstaltung. Die Sonne lachte. Ich habe diesen Tag noch wie einen Film vor meinen Augen.

1996 wurde eine weiteres Projekt realisiert, von dem ich behaupte, daß es in meiner Lebensbilanz an vorderer Stelle steht: Die Einrichtung einer Leukämiestation in der Kinderabteilung des Miskolcer Krankenhauses. Die Sterblichkeit der an Blutkrebs erkrankten Kinder lag in Nordostungarn bei 60 bis 70 Prozent. Zum Vergleich: In der Bundesrepublik ist sie bei 20

Prozent. Die Station diente der Knochenmarkstransplantation. Auch diese Einrichtung wurde mit dem ungarischen Gesundheitsminister feierlich eingeweiht. Soweit ich mich erinnere, war das aber ein anderer. Doch während meiner Amtszeit habe ich alleine in Nordrhein-Westfalen mehrere Dutzend Minister erlebt. Da gewöhnt man sich schon einmal an einen einzigen Wechsel.

Zurück zum Kinderkrankenhaus. Im vorigen Jahr schrieben mich die Ärzte an, sie bräuchten unbedingt einen Zellseparator für die Knochenmarkstransplantation. 50.000 Mark sollte der kosten. Das Land hatte kein Geld mehr, wenigstens kein Geld für den Separator. Da habe ich die Klinken bei RWE und Rheinbraun geputzt und je 20.000 Mark Spenden erhalten. Das dürfte den beiden Firmen um so leichter gefallen sein, als sie sich mittlerweile strom- und braunkohlemäßig in Nordostungarn eingenistet haben. Im April 1999 haben wir mit großem Zeremoniell die Spenden übergeben. Der Zellseparator stammt übrigens von einer Firma aus Bergisch Gladbach, so bleibt alles fein zusammen.

Wie man mir erzählte, soll an dem Kinderkrankenhaus eine Tafel mit meinem Namen angebracht sein, als edler Helfer und Spender. Das würde in Köln niemandem einfallen, aber die Ungarn sind nun mal so. Ich habe sie übrigens immer als äußerst zuverlässig kennengelernt – nix Balkan.

Übrigens berichtete mir der Chefarzt des Kinderkrankenhauses, Dr. Kallmann, daß die Sterblichkeit der leukämiekranken Kinder jetzt fast das deutsche Niveau erreicht hätte. Das heißt vier von fünf Kindern kommen durch. Wer die meist kahlköpfigen Kleinen einmal gesehen hat, der wird froh und glücklich sein, daß so viele gerettet werden. Es ist schön zu wissen, daß man dazu sein Scherflein beigetragen hat.

Die Transporte, die meine Leute organisieren, gehen weiter. Cheforganisator Herrmanns ist zwar inzwischen im Ruhestand, hat aber einen Werkvertrag, ohne großes Entgelt, um weiter die Karawane zusammenzustellen und auf Gang zu bringen.

Aber was wäre Ungarn ohne Tokajer? Hatten Sie nicht sowieso den Verdacht, wir hätten uns Nordostungarn ausgesucht, weil dort auch zufällig Tokaj liegt? In der Tat, im Komitat Borsod-Abaúj – Zemplén wird der Tokajer erzeugt. Auf den sanften Hügeln wächst Furmint und Harslevelü und beide zusammen, mit etwas Muskateller als Cuvée, Furmint überwiegt, ergeben diesen wunderbaren Wein, der allerdings nicht jedermanns Geschmack ist.

Ich habe manchen Abend in den Kellern von Tolscva verbracht und mußte viele Fässer durchprobieren. Fässer, die wie eine Perlenschnur aufgereiht waren, in von grau-schwarzen Kellerpilzen überzogenen, in den Fels gehauenen Katakomben. Zu fortgeschrittener Stunde stimmten dann die Ungarn traurige Lieder an. Na ja, sie waren zumindest melancholisch. Und der Stechheber beförderte immer neue Jahrgänge ins Glas. Zunächst einen Samorodne, soll aus dem Polnischen kommen und »wie gewachsen« heißen, dann einen Dreibuttigen, schließlich einen Sechsbuttigen oder gar eine Essenzia, das allerbeste.

Das mit den Butten ist ganz einfach. Eine Butte hat ca. 20 Liter und darin sind edelfaule Beeren. Je mehr Butten man in ein Gönczer-Faß von ca. 135 Liter schüttet, was im übrigen normalen Wein enthält, um so buttiger ist er. Die Essenzia besteht nur aus Saft, der von selbst aus den Trauben gelaufen ist. Er soll früher Kaisern und Königen vorbehalten gewesen sein, jeweils auf dem Sterbebett. Ein später, im allgemeinen zu später Genuß, aber immerhin. Jetzt wissen Sie auch etwas über Putonyos, so heißen die Butten.

Ich muß noch von einem Höhepunkt eines abendlichen Weingelages berichten, der gleichzeitig schön, aber auch sehr traurig war. Wir waren gerade bei einem Fünfbuttigen aus 1983, dem letzten sehr guten Tokajerjahr, als ich mein Geschichtshalbwissen mobilisierte und meinen ungarischen Freunden mitteilte, daß ich den Vertrag von Trianon verabscheute. Er habe Ungarn aufs äußerste benachteiligt. Versailles sei für Deutschland schon schlimm gewesen, aber Trianon für Ungarn noch schlimmer. Da hatte ich aber einen Treffer gelandet! Eine Schande sei dieser Pariser Vorortvertrag, genauso wie Versailles. Der Franzose Clemenceau habe dahintergesteckt. Er wollte Jugoslawien stärken und die Ungarn schwächen. Ganz Kroatien hätten sie abtreten müssen und große Teile der Slowakei und sogar das Burgenland an Österreich verloren, Siebenbürgen an Rumänien, zwei Drittel Ungarn hätten die Siegermächte abgetrennt, und wir weinen um die Woijvodina, sagten sie. Und daß ein Deutscher das alles noch wisse und mit den Ungarn sei, das erfülle sie mit großem Stolz, und jetzt müßte eine Essenzia getrunken werden. »Egesegede«, das ist ungarisch und heißt »Prost«. Es war gemeinsames Leid, und da alles 80 Jahre zurücklag, wurde ein entsprechend alter Tropfen geholt und mit Genuß getrunken. Na ja, Tokajer soll 400 Jahre alt werden, da sind 80 noch jung.

Reformen im übrigen

In unserer Gesellschaft, mit teilweise saturierten Wohlhabenden, die kein Risiko mehr eingehen, sondern den Status Quo oft »mit rattenhafter Wut« (Böll) verteidigen, sind Reformen nur mehr sehr schwer durchzusetzen. Die meisten Vorhaben, die mit dem Etikett Reform versehen sind, kann man nur als Reförmchen bezeichnen.

Nun darf man nicht ungerecht sein. Die international ständig steigenden Verflechtungen engen den nationalen Spielraum immer stärker ein. In der Europäischen Union sind die Grenzen noch enger, aber es ist schon ziemlich primitiv, jede Änderung der Rahmenbedingungen mit Hinweis auf die Nachbarn oder das Global Play zu verhindern.

Die Steuerreform der neuen Bundesregierung ist so ein Beispiel. Jahrelang hatte die Kohl-Administration ihre Klientel steuerlich begünstigt. Nun sollte mit einem Schlag mehr Gerechtigkeit in das Steuersystem Einzug halten. Die kleineren Einkommensbezieher, vor allem die mit Kindern, sollten entlastet werden. Die Rentenbeiträge gestoppt, die der Krankenkassen auch. Zur Finanzierung mußte die Ökosteuer herhalten und sechs Pfennig auf das Mineralöl. Allerlei steuerliche Vergünstigungen, wie diverse Rückstellungen der Kernkraftwerksbetreiber, sollten gestutzt werden. Aber auch die Unternehmen wollte man im europäischen Wettbewerb entlasten.

Aber das war alles nicht echt gekonnt. Warum? Weil nicht wirklich europäisch, nämlich vergleichend gedacht wird. Wo liegen wir bei der Mineralölsteuer?

Am unteren Ende der EU-Skala. Warum pflockte Kanzler Gerhard Schröder die Erhöhung trotzdem ohne Not bei sechs Pfennig ein, wo auch 12 oder 20 Pfennig drin wären? Das ist immer noch weniger, als unsere niederländischen, belgischen und französischen Nachbarn zahlen. Oder die Mehrwertsteuer. Die soll nicht erhöht werden, obwohl wir auch hier einen geringeren Prozentsatz haben als unsere Nachbarn. Belgien hat zum Beispiel 20 Prozent. Die arme Ex-Ministerin Claudia Nolte hatte mal vor der Bundestagswahl 1998 zaghaft die Mehrwertsteuererhöhung erwähnt. Alle sind über sie hergefallen, vor allem die SPD. Jetzt nähert sie sich selbst einer Erhöhung.

Man hätte sich vielerlei steuerliche Klimmzüge ersparen können, wenn man gleich an die Mineralölsteuer und die Mehrwertsteuer kräftig herangegangen wäre. Damit kann zum großen Teil auch die fiese Entscheidung des Bundesverfassungsgerichts zum Familienfreibetrag finanziert werden. Acht oder neun Jahre haben die Damen und Herren Richter in Karlsruhe über dieser Sache gebrütet – und kaum war die neue Regierung im Amt, legten die Justizbeamten ihr das schöne, teure Milliarden-Ei ins Nest. Mich persönlich soll es freuen. Ich habe nie verstanden, warum in unserer Gesellschaft die Dinks (Double Income, No Kids) dermaßen hofiert werden; und wer viele Kinder in die Welt setzt – wir brauchen pro Familie 2,2 –, wird dafür auch noch benachteiligt.

Nehmen wir mal an, der Steuerfreibetrag kletterte auf über 10.000 Mark und das Kindergeld auf 260 Mark. Das wäre – mit Steuerersparnis von sagen wir mal 3.000 Mark im Jahr, dazu 3.000 Mark Kindergeld – 6.000 Mark im Jahr, also 500 Mark im Monat. Haben Sie schon mal ein Kind gehabt, das 500 Mark im Monat kostet? Natürlich, das war aber kleiner. Als

Eltern von Studenten sind Sie mit 1.200 Mark mindestens dabei! Mit insgesamt vier Kindern hat man einen gewissen Erfahrungsschatz.

Oder die Ökologie. Beim Benzin, sprich der Mineralölsteuer, könnte man sicher sparen. Wenn das Zeug teurer wird, werden manche Fahrten unterbleiben, zumal über 50 Prozent der PKW-Fahrten den Urlaub- und Freizeitaktivitäten zuzurechnen sind. Einige führen mit dem Auto zum Klo, wenn sie könnten. Ich plädiere also für eine kräftige Erhöhung, aber sie soll nicht die Pendler treffen, die aufs Auto angewiesen sind. Freizeitkutschierer sollen ruhig etwas mehr löhnen. Vielleicht täte ihnen Radfahren und zu Fuß gehen sowieso besser.

Nun werden Sie fragen: Warum die Ausnahme? Geht aber nicht anders. Industrie und Dienstleister siedeln sich mit Vorliebe an großen Verkehrswegen an (zum Beispiel am Rhein). In der Eifel sind größere Unternehmen nun mal rar, wenn sie nicht gerade Bier brauen.

Und die Grünen? Will ich eine Müllverbrennungsanlage, die aufs schärfste kontrolliert wird, wollen sie eine Rotte, die stinkt und die Abfallgebühren in die Höhe schnellen läßt. Will ich Wasserschutzzonen, um die Gülle von den Trinkwassertalsperren fernzuhalten, verteidigen sie die Bauern, weil sie für die gerade zuständig sind. Will ich die Leute vor Hochwasser schützen lassen und Retentionsflächen ausweisen, die natürlich die Landwirte mit überschwemmten Feldern ärgern, wird schon mal ein höherer Deich versprochen. Die Grünen können arg populistisch sein und vergessen dann ihre Grundsätze. Aber Umweltschutz kann man nicht mit Hauruck-Methoden schaffen, nur mit Augenmaß. Sonst machen die Leute nicht mit. Schließlich ist ökologisches Handeln jedes Mal eine Beschränkung des Eigentums und des Status.

Aber wir haben schon viel zu exzessiv unsere Umwelt ausgebeutet. Die SPD täte gut daran, sich stärker dem Umweltschutzgedanken zu nähern. Doch das Problem der Sozis ist: An welchen Personen soll man diese Politik festmachen? Einige führende Sozialdemokraten sitzen lieber in der Nähe von Industriellen und jammern mit denen über die Kosten des Umweltschutzes, statt den Wirtschaftskapitänen mal die Meinung zu sagen. Schließlich haben Sozialdemokraten auch Kinder, und sie sollten daran denken, daß die auch in einer einigermaßen intakten Umwelt leben wollen.

Ich war mal ein leidenschaftlicher Anhänger von Rot-Grün. Meine Vorstellungen haben aber zwischenzeitlich einige Blessuren bekommen. Es wäre besser gewesen, wir hätten 1998 eine große Koalition bekommen: eine Reihe wichtiger Gesetze wäre gemeinsam und unter notwendigen gegenseitigen Macken verabschiedet worden. Doch die Überhangmandate, die 1994 die CDU bevorzugt hatten, machten 1998 die SPD so stark, daß eine große Koalition den Leuten nicht mehr eingeleuchtet hätte.

Die Parteien schlagen in den Parlamenten und außerhalb derselben heute härter aufeinander ein als jemals zuvor in den Nachkriegsjahren. Die Medien haben einen Teil dazu beigetragen, denn normale Auseinandersetzungen über den richtigen Weg in einer Partei werden schon bald als Streit und Zwistigkeit verbreitet. Da bleibt den Parteien kaum was anderes übrig, als in »großer Geschlossenheit« zu demonstrieren, daß man einig – einig – einig ist. Als ob es das in einer Volkspartei gäbe. Da sehne ich mich nach der Zeit zurück, als wir Jungsozialisten in den sechziger Jahren der Partei Feuer unter dem Hintern machten, und die Herrschenden fanden es nur geringfügig anstößig, drohten höchstens hin und wieder mit Parteiausschlußverfahren.

Wäre heute eigentlich noch eine fundamentale Umorientierung – wie etwa in der Ostpolitik der sechziger und siebziger Jahre – möglich, wenn das Fernsehen jede noch so kleine Veränderung schon früh durchgehechelt hätte? Willy Brandt, den ich sehr verehre, hätte heute sicher einige Schwierigkeiten damit.

Reformen sind immer wieder notwendig. Sie bedeuten aber eine Veränderung des Status quo. Wenn wir nicht weiter dazu bereit sind, werden wir eine statische Republik, ohne Mumm und ohne Perspektiven. Lassen Sie sich eines gesagt sein: Die Leute machen mit, wenn sie überzeugt werden können. Nicht durch kleinliches Gezänk, sondern durch Mut zum Neuen. Die Leute müssen spüren: Da sind welche, die aus Überzeugung handeln, die auch bereit sind, sich zu korrigieren, die den Staat nicht als fetten Buddha präsentieren, sondern schlank und kraftvoll, und nur dort ihre Muskeln einsetzen, wo es nötig ist. Und es muß mit Glaubwürdigkeit verbunden sein. Wer zum Beispiel die Stärkung des öffentlichen Nahverkehrs fordert, sollte wenigsten hin und wieder selbst Bus und Bahnen benutzen.

Exkurs über politische Moral

Ich vermisse heute bei manchen lokalen, regionalen wie überregionalen Amtsträgern den Abstand zum eigenen Tun. Die mögen das, sich von einer Festversammlung begrüßen zu lassen, und sie glauben, das hätte etwas mit ihrer Person zu tun. Aber vielleicht hält das ja manche dieser Leute zusammen: der irrige Glaube, die Leute jubelten einem persönlich zu. Dieses Bedürfnis nach Zustimmung, das Gieren nach Anerkennung, geliebt zu werden, das ist bei vielen Menschen, die ich kenne, ungeheuer ausgeprägt. Aber das ist nicht meine Welt. Der Preis solchen Tuns ist, daß hinterher keine Konfliktfähigkeit mehr da ist. Jeder, der diese Anerkennung begehrt, muß früher oder später dafür zahlen.

Man nehme beispielsweise den Fall, jemand ist in einem total sozialdemokratischen Bergleutemilieu geboren und aufgewachsen. Großvater und Vater in der SPD und natürlich auch der Enkel. Dann hat man studiert, ist in verschiedenen Positionen hier wie anderswo zu Ehren gekommen, und nun möchte man auch noch von den Großkopfeten anerkannt werden, die man früher theoretisch bekämpft oder deren Leben und Ansichten man verachtet hat. Wer vom Großbürgertum anerkannt werden will, der muß ihm auch mal etwas geben: eine Baugenehmigung, eine Waldabholzung, eine Jagdgenehmigung. Man geht mit den Leuten essen, und man redet mit ihnen stockkonservatives Zeug. Dabei kann man doch wirklich nicht sagen, daß das Großbürgertum bei der Erfindung des Pulvers immer in der ersten Reihe gestanden hat. Und wenn sie in der ersten

Schreibt jeden Freitag im EXPRESS: Der Bonner Kabarettist Konrad Beikircher (45). Sein Thema heute – ein rheinischer Regierungspräsident...

Konrad Beikircher

Jetzt mal so gesehen

Kaiser Franz Josef Antwerpes II.

Einmal muß es gesagt werden: Der Rheinländer ist Monarchist! Jedenfalls im Grunde seines Herzens. Er hat schon zu Adenauer ein kaiser-ähnliches Verhältnis gehabt, wurde aber immer wieder durch dessen sperrigen Charakter daran gehindert, ihn so zu verehren, wie er gewollt hätte. Dann kam lange nichts.

Aber jetzt ist es endlich gelungen. Die Liebe stieß auf Gegenliebe und so wurde in heimlicher Proklamation Dr. Antwerpes zum Kaiser ausgerufen! Franz Josef II. (dä iezte jow et jo at, wenn och do unge in Wien). Und wat für eene Kaiser dat es! So recht nach dem Herzen der Rheinländer.

Er stellt sich nachts auf Brücken, um seinen Untertanen in der Hals zu gucken (so nohm Motto „schön ahhh sagen" und schon es dä Lappen fott). Er schaut seinen Gemeindevätern auf die Finger, dat die net nur noch Hallenbäder bauen (so nohm Motto: „hätt dä Herrjott jewollt, dat mir schwimmen, hätt er uns Flossen jeschenk"). Er schickt bei Nebel die Autofahrer auf Waldwege (so nohm Motto: „Do sin die zwar och nüß, ewwer die Luff es jot").

Hä es streng, hä es üvverall un hä sprich uns Sproch. Und je mehr er das alles ist, um so mehr wird er geliebt von seinen Untertanen, do kann dä jar nüß dran maache, ob hä will oder nit. Und zu dieser Liebe gehört, daß über ihn geschimpft wird, mehr als über alle anderen Rheinländer.

Aber, leven Franz Josef II., dat es jo nur aus Liebe! Und wenn er so durch die Nickelbrille luurt, geht ein Raunen durchs Rheinland: Dat es unser Kaiser! Vivat hoch! Er dürfte sogar seine Erlasse mit den Worten „An meine Völker" beginnen, et wör in Ordnung.

Zur Perfektion fehlt eigentlich nur noch eines: Daß Franz Josef II. als Sankt Martin (das ist ja der wahre rheinische Nikolaus) om Päd durch et Rheinland jeredde kütt un Martinsjäns verschenk. Franz Josef II., das Rheinland läge Dir ewig zu Füßen. Also dann: lommer dä 11. November zum Kaiserdach usrofe!

In diesem Sinne

Ihr Beikircher

Kölner Express vom 1. 1. 1991

Reihe gestanden hätten, wären sie schwarz geworden, wenn sie es nicht schon waren.

Die Situation der Politiker heute ist allerdings viel schwerer geworden als früher, sowohl auf Regierungsseite wie in der Opposition. Jeder verteidigt seine Posten, und wenn man eine exponierte Position erreicht hat, ist man in der beschissenen Lage, daß es nichts mehr zu verteilen gibt. Es gibt nur noch den Kampf um den Erhalt des Status quo. Gerade auch nach dem Zustandekommen der deutschen Einheit.

Diese deutsche Einheit kostet eben viel Geld. Ich bedauere sehr, daß die Kohl-Regierung nicht in der Lage gewesen ist, seit 1989/90 den Leuten klarzumachen, daß die deutsche Einheit viel Geld kostet. Die Regierung erzählte immer, das ginge auch so, das könne man mit Krediten machen, in der Summe sei das alles nicht so schlimm, wir würden das schon schaffen. Und jedermann spürte, wenn er ins eigene Portemonnaie schaute, daß das nicht stimmt. Das Einkommen sinkt über Mieten, durch stärkere inflationäre Trends, sehr viel höhere Sozialabgaben. Und derweil sagte Kohl: »Wir haben die Steuern nicht erhöht.« In der Zwischenzeit stiegen aber sämtliche Abgaben. Wahrscheinlich wußte Kohl gar nicht, daß diese Abgaben auch eine Belastung für die Bürger sind.

Damals hat mir einmal ein Vorstandsmitglied der WestLB bei einer Diskussion gesagt, wir müßten unbedingt im Verhältnis zu den anderen europäischen Ländern die Steuerlastquote senken. Zugleich war er aber für eine Maut. Ich sagte zu ihm: »Hören Sie mal, was erzählen Sie denn da. Eine Maut, das ist doch nichts anderes als Mineralölsteuer oder Kraftfahrzeugsteuer, nur ist es keine Steuer, sondern ein Wegelagererzoll. Dazu kommen Gebühren, Abgaben, Entgelte für das Trinkwasser. Da heißt es Entgelt, für das Abwasser heißt es Gebühr. Aber es ist völlig egal, wie man das Kind nennt. Es kommt auf die Gesamtbelastung an.« Sowas muß ich mir anhören oder in den Wirtschaftsteilen famoser Zeitungen lesen! Unsere Steuerlastquote sei zu hoch. Da rechnet man einfach nicht rein, was auch anderswo an Abgaben und Gebühren zu zahlen ist, an Maut, an Transferleistungen, an Entgelten, die unvermeidbar sind. Das kann bis zum Strompreis gehen. Und mit solchen Argumenten hantiert man öffentlich herum.

Einer der wenigen, der offen über die Kosten der deutschen Vereinigung gesprochen hat, war Oskar Lafontaine. Die SPD ist ihm in diesem Punkt nur partiell gefolgt. Sie hat diese Frage nie so deutlich ausgesprochen, wie es hätte sein müssen. Man kann sich aber nicht ducken. Das gilt auch für andere Bereiche, zum Beispiel das Asylbewerberproblem. Ich habe schon in der Vergangenheit gesagt, wer den Artikel 16 des Grundgesetzes ändern will, der muß auch den Artikel 116 ändern, d.h. mit anderen Worten: Wer die Zahl der Asylbewerber einschränken will und Asyl an bestimmte Voraussetzungen bindet, der muß auch die Zahl und die bisherige Regelung bei den Aussiedlern überdenken. Man kann nicht jeden Aussiedler reinlassen und die Asylbewerber als Menschen zweiter Klasse ansehen. Wir sind eben ein Einwandererland. Man kann die Menschen, die hierherkommen, nicht einfach aussperren, nicht zuletzt, weil die Deutschen sich nicht genügend fortpflanzen. Wenn ich sehe, wie Deutsche namens Tibulski oder Dumoulin bei uns teilweise mit so einem nationalistischen Blick diskutieren, wird mir schlecht. Das sind doch auch alles Leute, die irgendwann einmal zu uns gekommen sind, Hugenotten, die bei uns gelandet sind, Polen, Italiener. Auch meine Familie ist 1576 nach Deutschland eingewandert.

Ich gebe meine Meinung nicht dafür auf, daß die Leute sagen, ich sei ein prächtiger Kerl. Wenn es um Anerkennung geht, habe ich ganz andere Kategorien. Für mich ist es etwas ungeheuer Schönes, zu erfahren, auch durch die Post, die ich täglich bekomme, daß es eine Fülle ganz einfacher Bürger gibt, ganz normale Bürger, weder reich noch arm, die sich die Finger wundschreiben.

Und in diesen Tagen erhalte ich den Brief eines Mannes, dem ich geholfen habe, und der schreibt: »Nun, wo Sie denn bald gehen, möchte ich mich nochmals bei Ihnen bedanken. Bis zu meinem letzten Atemzug werde ich daran denken, was Sie für mich getan haben.« Ich habe dem Mann geantwortet, der Brief hätte mir viel Freude bereitet. Aber er solle sich nicht damit quälen, ständig an mich denken zu müssen.

Meine Ehen

Sie werden an anderer Stelle etwas über meine Vorliebe für Statistik gelesen haben, aber hätten Sie vermutet, daß ich noch genau weiß, wann ich das erste Mädchen küßte? Das heißt, ich wurde geküßt. Es war an einem 27. August auf der Landwehr zwischen Viersen und Dülken. Sie war eine schöne schwarzhaarige Teufelin, die mir vorübergehend den Kopf verdrehte.

Etwas intensiver gestalteten sich meine Beziehungen zu einer Lyzeastin im Viersener Gymnasium. Morgens hatten die Jungen Unterricht, mittags die Mädchen, nächste Woche umgekehrt. Sie hieß Marlies. Natürlich weiß ich noch ihren Nachnamen, wenigstens den von damals, als ich sie verließ, um mich ihrer Freundin zu widmen. Sie hat mir dann einen Brief geschrieben, der unter anderem die Drohung enthielt, sie wolle die Gasluft atmen, weil ich sie ab nun verschmähte. Sie hat sich aber verständlicherweise zurückgehalten, später einen anderen Mann geehelicht und drei Kinder in die Welt gesetzt.

Zur Abwechslung hat mich Marlies' Freundin auch verlassen, und zwar nach einer Schlittenfahrt, bei der ich gegen einen Baum fuhr. Sie saß aber gar nicht hintendrauf. Das war alles in Viersen, meiner Heimatstadt.

Meine erste Frau lernte ich, wie schon früher erzählt, mit einer Zeitungsanzeige kennen. 1960 haben wir nach sechs Jahren Bekanntschaft geheiratet. Edelgard brachte dann im gleichen Jahr Frank und viereinhalb Jahre später Jan zur Welt. Unsere Ehe dauerte fünfzehn Jahre und endete mit einer unschuldigen

Scheidung für mich. Das gibt es heute nicht mehr. Ist auch nicht von Belang, denn wir beide hatten uns nicht zuletzt aus beruflichen Gründen auseinandergelebt. Meine Doppelbelastung als Leiter des Planungsstabes der Stadt Duisburg und als Landtagsabgeordneter, und ihr beruflicher Aufstieg zur Sozialarbeiterin waren sicher die wichtigsten Ursachen, Schuld hatten wohl wir beide.

Das Vormundschaftsgericht hat den jüngsten Sohn, Jan, 10 Jahre alt, meiner Ex-Frau und Frank mir zugesprochen. Noch heute weiß ich nicht, ob diese Entscheidung richtig war. Die Kinder hatten aber so votiert.

Drei Jahre später bin ich dann in eine zweite Ehe gestolpert, die eng mit meiner Landtagstätigkeit zu tun hatte. Ich heiratete meine Sekretärin Marlies, eine Frau, auf die auch andere Männer flogen beziehungsweise die zu ihr Freundschaft hielten, darunter auch heute noch sehr Exponierte. Ich nenne aber deren Namen nicht, sie sollen lediglich beim Lesen dieser Zeilen rot werden oder bleich. Die Herren sind aber im Namensregister erwähnt.

Die Ehe klappte nicht, über die Gründe will ich schweigen. Auch hier gab es keine einseitigen Schuldzuweisungen. Nach neun Monaten war die Sache zu Ende. Es gab keine Auseinandersetzungen wegen Geld oder sonstiger Ansprüche. Lediglich eine Kaffeemaschine von Melior habe ich streng zurückverlangt – für sechs Personen. Das Ende dieser Ehe geschah öffentlich. Der »Express« meldete am 1. Mai 1979, als ich in Rom weilte: »Präsident läßt sich scheiden«. Da war mir der Ausflug nach Rom tüchtig vermiest.

Es vergingen wieder drei Jahre. Da kam ich auf den Gedanken, ein gebrauchtes Damenfahrrad zu verkaufen und stand gerade vor dem Eingang des Regierungspräsidiums, als sich Elfi näherte, eine Mitarbeiterin der Abteilung 6, Architektin und für Regionalplanung zuständig. Ich empfahl ihr spontan das Rad, sie lehnte es aber mit dem Hinweis ab, sie wolle keine Farhräder von Verflossenen erwerben. Weil mir die Dame schon lange, auch wegen ihrer Kratzbürstigkeit, aufgefallen war, wagte ich einen Vermittlungsversuch. Wenn sie schon ein Rad hätte, könnten wir als Ersatz eine Fahrradtour machen, sie willigte erstaunlicherweise ein.

Wir verabredeten uns für einen der nächsten Tage um 17 Uhr am Stadtwald, ausgerechnet an diesem Tag mußte ich eine Städtebau-Busfahrt in den Norden von Köln machen und die dauerte und dauerte. Als ich schließlich am Stadwald anlangte, war es schon 18 Uhr und Elfi war noch da.

Das gab mir Mut und anschließend haben wir noch viele Touren gemacht, wobei sie mir verriet, daß sie auch ein Auge auf mich geworfen hätte, schon vor längerer Zeit. Sie war aber ebenfalls verheiratet und lag in Scheidung, wie man so schön sagt.

Im März 1983 haben wir in Wegberg geheiratet, der Heimat meiner Vorfahren. Im September kam bereits Sarah und vier Jahre später, fast auf den Tag genau Nicolas zur Welt. Dessen Geburt hätte ich um ein Haar verpaßt, denn die Nachricht über die Wehen bekam ich in einem Heißluftballon im Bergischen. Nach einer halben Bruchlandung zwischen Kühen kam ich doch noch zur rechten Zeit.

Meine Frau Elfi ist eine sehr selbständige Person. Ihre Geschichte als Stillmutter haben Sie an anderer Stelle gelesen, aber sie ist auch sehr aktiv im Vorstand der Aids-Hilfe und als Vorsitzende des Paritätischen Wohlfahrtsverbandes in Köln und sitzt in verschiedenen Ratsausschüssen. Gefragt, ob sie diese Funktionen übernehmen kann, hat sie nicht. Die Kinder sind alle prächtig gediehen. Die Söhne Jan und Frank aus erster Ehe betreiben ein eigenes Unternehmen als Aktiengesellschaft und machen unter anderem medizinische Werbung, was auch naheliegt, denn Frank ist als Arzt und Zahnarzt ausgebildet und Jan kümmert sich als Diplom-Kaufmann um die Finanzen. Frank hat gerade geheiratet – für meine Begriffe spät, aber das scheint heute normal zu sein.

Sarah ist schon fast 16 und meine Frau und ich haben alle Hände voll zu tun, mit zahlreichen Anrufern fertig zu werden, natürlich männlichen Geschlechts. Neulich hat ein übler Zeitgenosse zu mir gesagt: »Sie haben aber eine hübsche Tochter, ein Glück, daß sie Ihrer Frau ähnelt.« Wie gemein!

Nicolas ist ein leidenschaftlicher Fußballer, kennt alle Bundesligaspieler mit Namen und hat vor einer Woche 400.000 Punkte beim Gameboy erspielt und mich damit erstmalig geschlagen. Er hat gerade entdeckt, daß ich mal sitzengeblieben bin, daraufhin habe ich meine Zeugnisse mit den herrlichen Kopfnoten »könnte fleißiger sein« versteckt und kann sie nicht mehr finden.

Sie werden vielleicht sagen, eine umfangreiche Geschichte, das alles und diese Trennungen. Aber bedenken Sie bitte, ich habe neulich gelesen, daß die Zahl der Scheidungen erneut gestiegen sei. Das ist für Sie und für mich nichts Umwerfendes. Daß aber in Nordrhein-Westfalen sich 16 Ehepaare nach der Goldenen Hochzeit haben scheiden lassen, das überrascht Sie sicherlich genauso wie mich. Ob es Sie tröstet, weiß ich nicht. Aber mich.

Namenregister

Adenauer, Konrad 19, 38, 112
Alba, Herzog 17
Ander, Wolfram 120
Antwerpes, Edelgard 314
Antwerpes, Familie 17f., 170
Antwerpes, Frank 314f., 317
Antwerpes, Jan 18, 74, 314f., 317
Antwerpes, Jan 18
Antwerpes, Marlies 315
Antwerpes, Nicolas 162, 187, 272, 316f.
Antwerpes, Peterken 18, 22
Antwerpes, Sarah 131, 187, 189, 269, 272, 316f.
Antwerpes, Walter 49
Assenmacher, Bernd 92

Baedeker, Hans 160
Bäumer, Hans-Otto 243f., 251
Baumgarten, Paul 153
Beatrix, Königin der Niederlande 150, 265
Beck, Kurt 188
Becker, Jürgen 97
Behrens, Fritz 182, 232
Beikircher, Konrad 310
Bell, Wolfgang 111f.
Berger, Heiner 108, 168
Berve, Raghilt 227
Beucher, Friedhelm Julius 115, 274
Bey, Ralf 170
Biolek, Alfred 52ff., 179
Bismarck, Otto Fürst von 215
Boeselager, Baronin Csilla von 299f.
Böll, Heinrich 304
Bönninghaus, Heinrich 168
Brandenburg, Walter 120
Brandt Willy 308
Braun, Egidius 168
Brügelmann, Jan 185
Burger, Norbert 77, 93
Büssow, Jürgen 146, 225

Carturan, Alfredo 168
Carturan, Elisabeth 168
Castro, Fidel 109, 269, 277, 280–285, 288f., 297
Castro, Raoul 282
Che Guevara, Ernesto 269
Chruschtschow, Nikita Sergejewitsch 270
Clemenceau, Georges Benjamin 303
Clemens August, Kurfürst 149, 219
Clement, Wolfgang 144, 161, 166, 231
Clinton, Bill 287
Collins, Joan 171
Cuvilliés, François de 149

Daniels, Wilhelm 122
Daniels, Hans 122
Davidoff, Zino 293, 295
Decker, Karl-Heinz 120
Deneuve, Catherine 295
Diekmann, Hans Dieter 123
Dumaine, Jean-Marie 171

Dumaine, Nicolette 171
Dundee, Sean 201
Dywan, Henryck von 87

Eichel, Hans 34
Eiermann, Egon 153
Ermert, Ernst 34f., 58
Esser, Harald 93
Esser, Theo 106

Farthmann, Friedhelm 147, 244, 251
Flimm, Otto 126
Fricke, Walter 110
Friedrich Wilhelm III. 64
Frohn, Rüdiger 300

Gainsbourg, Serge 295
Gerstenmeier, Eugen 153
Goldbaek, Bjaerne 201
Gorbatschow, Michail Sergejewitsch 109
Grass, Günter 11
Gruber, Karl 106
Gysi, Gregor 97

Haas, Armin 121
Hallauer, Friedolin 84
Halstenberg, Fritz 41ff., 243
Heerwagen 119
Heidecke, Günter 57f., 86
Heidtmann, Herbert 245
Heimes, Theo 115
Heinemann, Hermann 114
Heino 121f.
Hemingway, Ernest 276
Henckel zu Donnersmarck, Graf 26
Herrmanns, Siegfried 299, 302
Herterich, Günter 57, 75, 77f., 92
Herzog, Roman 265
Heugel, Klaus 70, 77f., 80, 82
Hirsch, Burkhard 20, 58f., 153
Hlubek, Prof. Werner 147
Höhn, Bärbel 89, 145f.
Holthoff, Fritz 243
Homneac, Domina 199, 201
Hubner, Ramon 200f.
Hüllenkremer, Marie 175

Infante, Guillermo 294
Ipsen, Knut 208
Isabella (spanische Statthalterin) 17

Jansen 28
Jansen, Friedrich 110
Jenninger , Philipp 153

Kayser, Franz-Josef 118
Kaldenkerken, Karl Heinz van 122
Kallmann 301
Kanther, Manfred 274
Karl der Große 152
Kaßmann, Fritz 42
Kelly, Angelo 212f.
Kelly, Daniel Jerome 212
Kelly, Familie 213f.
Kennedy, John Fitzgerald 296
Kern, Hans 115
Kesselburg, Familie 19
Kier, Hiltrud 64, 67
Kieras, Paul 117
Kiwitt, Walter 117
Kleimann, Karl-Heinz 119
Kniola, Franz-Josef 68ff.
Koch, Hans 57
Kochheim, Hans-Joachim 115
Koerber, Giv von 275
Kohl, Helmut 117, 125, 311
Kühn, Frithjof 117f.

Kühn, Heinz 26, 57, 59, 243, 247, 249

Labusga, Heribert 64
Lafontaine, Oskar 312
Lage, Carlos 277, 280, 283
Lambertz, Franz 290
Lange, Erwin 40, 243
Lennartz, Klaus 111f.
Lenz, Bobby s. Lenz, Wilhelm
Lenz, Wilhelm (Bobby) 60
Ley, Robert 151
Linden, Jürgen 109, 120
Liven, Wilhelm 111
Lüttgen, Heinz 191

Mai, Gerd 199
Malangré, Kurt 108
Martinez, Lucio 276
Martinez-Cordovez, Oscar (»Oscarito«) 276
Mathews, Horst 209
Matthiesen, Klaus 144, 247, 252
Meisner, Joachim, Kardinal 26
Melchers, Kardinal 89
Mende, Erich 113
Mende, Walter (»Zack-Zack-Mende«) 113f.
Merl, Edmund 170
Meulenbergh, Carl 110
Moeller, Eduard von 215
Möller, Franz 117
Möller, Walter 34
Monteagudo, Aldo 273, 293
Mühr, Heiner 93, 96
Müntefering, Franz 247

Nes Ziegler, John van 33, 74, 77
Neuber, Friedel 41
Neumann, Balthasar 149
Neuss, Wolfgang 178
Nogge, Günter 190ff.
Nolte, Claudia 305
Noris, Günter 187

Offermann, Josef 107f.
Ohnesorg, Franz-Xaver 194

Pelster, Josef 119
Petermann, Sabine 88
Philipp, König 17
Plum, Familie 168, 172
Plum, Marlene 168
Pohl, Ottmar 176
Posser, Dieter 244, 251
Pütz, Jean 48

Rau, Johannes 41, 59, 69, 189, 215, 217f., 227, 230, 244–247, 249–254
Rhiem, Josef C. 120
Ribbeck, Erich 199f.
Richter, Horst 36
Riotte, Wolfgang 227
Rohr, Heribert 114
Römer, Joachim 169
Rossa, Kurt 57, 78f.
Rubens, Familie 17, 18
Rubens, Peter-Paul 18
Rudy, Andrzej 201
Ruf, Sep 153
Ruschmeier, Lothar 79f.
Rüther, Norbert 77
Rüttgers, Jürgen 126

Saint-Saëns, Camille 192
Schäfke, Werner 73
Schaper, Heinrich 121
Scharping, Rudolf 188
Schiller, Friedrich 21
Schinkel, Karl Friedrich 83

Schlatter, Günter 189
Schlichter 164
Schmidt, Detlef 120
Schnabel, Alois 177
Schneider, Manfred 166
Schnoor, Herbert 182, 199, 206
Scho-Antwerpes, Elfi 187f., 316
Schönenborn, Familie 93
Schönenborn, Andrea 93, 96
»Schöppe Jupp« s. Vosen, Jupp
Schreiber, Reiner 123
Schröder, Gerhard 125, 305
Schubert, Horst 75
Schumacher, Michael 112
Schürgers, Josef 41
Schürmann, Joachim 83
Schuwerack 26
Schwarz, Günter 243
Schwedje, Gerhard 188
Sell, Barbara von 187
Sell, Freiherr Friedrich von 180
Solms-Laubach, Gräfin Madeleine zu 63, 65
Solms-Laubach, Reichsgraf Friedrich zu 62–65
Sommer, Alois 152
Stein, Freiherr von 62
Steinheuer, Gabi 169
Steinheuer, Stefan 169
Strenger, Hermann 166
Szmentanenko, Xenia 201

Thönnissen, Leo 106
Tutt, Heinz 176

Vesper, Michael 240
Vogel, Bernhard 188f.
Voorst tot Voorst, Baron van 265
Vosen, Jupp (»Schöppe Jupp) 110f.

Waffenschmidt, Horst 115
Wapnewski, Peter 20
Warsch, Wilhlem 86
Wenmacher 290
Wertz, Hans 244
Weyer, Willy 42, 244, 249
Witt, Joachim 109, 120
Witt, Romain 169
Wolf, Hasso 178
Woltersdorf, Sascha 88
Worms, Bernhard 42, 112

Yiuna, Yan 201

»Zack-Zack-Mende« s. Mende, Walter
Zeller, Dieter 120
Zöpel, Christoph 76, 128, 154, 244f.
Zündel, Firma 229

Franz-Josef Antwerpes
»Sehr geehrtes Arschloch!«

Briefe an den Regierungspräsidenten
Broschur

Wer kennt sie nicht, die kernigen Sprüche des ehemaligen Kölner Regierungspräsidenten? Aber keiner kennt die Antworten auf dieses laute Leben in der Öffentlichkeit. Franz-Josef Antwerpes hat sie gesammelt: kuriose Briefe aus den letzten 14 Jahren. Sie geben Zeugnis vom Verhältnis der Kölnerinnen und Kölner zur Obrigkeit.